JAMES W. GOLL

EL TRIUNFO

GUÍA COMPLETA PARA LA

GUERRA ESPIRITUAL

WHITAKER
HOUSE
Español

El triunfo
Guía completa para la guerra espiritual

godencounters.com

Traducción al español por:
Belmonte Traductores
www.belmontetraductores.com

Edición: Henry Tejada Portales

ISBN: 979-8-88769-256-2
eBook ISBN: 979-8-88769-257-9
Impreso en los Estados Unidos de América
© 2024 by James W. Goll

Whitaker House
1030 Hunt Valley Circle
New Kensington, PA 15068
www.espanolwh.com

1 2 3 4 5 6 7 8 9 10 11 ⨃ 31 30 29 28 27 26 25 24

"James Goll continúa equipando e inspirando al cuerpo de Cristo de maneras nuevas y poderosas. Su libro más reciente es lectura esencial para los creyentes de todos los trasfondos, desde la Generación Z hasta los 'santos más experimentados'. La Biblia declara que somos más que vencedores por medio de Jesucristo (Romanos 8:37). ¡Es momento de caminar en victoria en tu destino como una hija o un hijo del Dios que siempre te llevará en triunfo!".

Dr. Ché Ahn, líder principal de Harvest Rock Church, Pasadena, CA;
presidente de Harvest International Ministry;
rector internacional de la Universidad Wagner

"El nuevo libro de James Goll es un excelente compendio sobre guerra espiritual. Para los cristianos que batallan para comprender la realidad del mundo invisible, este libro describe la estructura de ese ámbito y también cómo reconocemos los ataques espirituales que Satanás lanza contra nosotros. James enseña de modo claro y conciso acerca de nuestras armas espirituales y cómo podemos pelear y salir victoriosos. Este no es un libro que habla sobre el poder del diablo, sino más bien sobre el triunfo de la cruz".

Ken Fish, fundador de Orbis Ministries

"Dios está sustituyendo el reino de la oscuridad hoy día por el suyo propio. Está llenando la tierra del conocimiento de su gloria. Las huestes celestiales se están enfrentando a Satanás, cuyo tiempo está terminando. Amigos, no peleamos para la victoria sino desde la victoria y con victoria. *El triunfo* te equipará con estrategias y te empoderará para participar en la guerra espiritual victoriosa y ver las maquinaciones del enemigo retroceder, ser desarraigadas y derrotadas".

Becca Greenwood, cofundadora de Christian Harvest International
y Strategic Prayer Apostolic Network

"James Goll ha escrito una de las coberturas más claras del área de la guerra espiritual que conozco. Es genuino, bíblico, y es un gozo leerlo. Te encantará, ¡y aprenderás cómo derrotar al diablo!".

Cindy Jacobs, cofundadora de Generals International

"Jesús no vivió reaccionando al diablo sino respondiendo al Padre. Al hacerlo así, modeló el estilo de vida victorioso que está a disposición de todo aquel que lo sigue a Él. Mi amigo James Goll es uno de los estudiantes de la Palabra más dedicados que he conocido nunca. Uniendo su pasión por el Espíritu Santo con su dedicación a la Palabra escribió *El triunfo*, un manual para la victoria. En este libro comunica de modo brillante las perspectivas necesarias para caminar en la libertad que Jesús obtuvo para todos nosotros. Estoy seguro de que *El triunfo* equipará totalmente al lector para vivir triunfantemente".

Bill Johnson, Iglesia Bethel, Redding, CA; autor de *Cielos abiertos*
y El poder sobrenatural de una mente transformada

"James Goll es un pionero y padre profético en esta generación que está abriendo una senda para los guerreros entre nosotros. Recurriendo a décadas de victoria en la guerra espiritual y de obtener perspectiva profética estratégica, nos da sabiduría práctica y claves que bendecirán a cualquiera que lea este nuevo libro. Lo recomiendo especialmente a quienes tienen hambre de triunfar sobre la oscuridad y caminar en el verdadero poder y autoridad del reino".

Jeremiah Johnson, fundador de Altar Global,
www.JeremiahJohnson.tv

"¡*El triunfo* es extremadamente oportuno! Estamos en una era en la que nuestro enemigo invisible, el diablo, trabaja horas extras para robar, matar y destruir. Si no somos conscientes de sus tácticas y no nos equipamos para vencerlo, entonces estaremos en un estado lamentable, sin duda. Somos verdaderos vencedores en Cristo y somos llamados a marcar una diferencia al expulsar la oscuridad con las armas de nuestra guerra. Una vez más, el Dr. James Goll ha dado un verdadero regalo al Cuerpo al compartir las revelaciones profundas y precisas de la verdad contenidas en este libro".

Patricia King, autora, ministro, productora en los medios, y presentadora

"*El triunfo* responde a una de las mayores necesidades del pueblo de Dios en este tiempo, ofreciendo una nueva formación en la guerra espiritual intelectualmente accesible, arraigada tanto bíblica como teológicamente. *El triunfo* te equipará con herramientas prácticas y la confianza llena de esperanza en que Cristo verdaderamente ha triunfado sobre todas las potestades de la oscuridad".

Kim Maas, fundadora/CEO de Kim Maas Ministries; conferencista Internacional; presentadora de TV y del podcast *Move Forward with Dr. Kim Maas*; autora de *Prophetic Community, The Way of the Kingdom* y *Finding Our Muchness*

"James Goll ha escrito una obra maestra en *El triunfo*. Fuiste creado para hacer guerra por tu porción, en la tierra, así como en el cielo. James te toma de tu morada celestial y te ayuda a aprender a estar firme en tu ámbito terrenal con el Ungido que derrotó y destruyó a tus enemigos. Estarás vestido para la batalla. *El triunfo* es un manual de instrucción que te enseñará a vestirte adecuadamente para la guerra ahora y en los días venideros. ¡Este libro es lectura obligada para prepararte para ganar en el viaje llamado VIDA!".

Dr. Chuck D. Pierce, presidente de Glory of Zion International, Kingdom Harvest Alliance

DEDICATORIA

A lo largo de los años he tenido el honor de participar en varios movimientos del Espíritu Santo, y así captar perspectivas de líderes internacionales estratégicos, cada uno de los cuales con diferentes puntos de vista bíblicos y reveladores. Con esto en mente, me gustaría dedicar *El triunfo: Guía completa para la guerra espiritual* a tres padres en la fe cuya huella está en estas páginas.

En primer lugar, y sobre todo, a Derek Prince,
el maestro de maestros del movimiento carismático,
que fue pionero en el camino.

En segundo lugar, a C. Peter Wagner,
quien presentó distintas aplicaciones y modelos
para el movimiento de oración global.

Por último, a Ed Silvoso,
quien definió lenguaje y enfoques integrados para
empoderar a la *ekklesia* para avanzar.

¡Que este libro sea una herramienta que ayude a las personas
a crecer, de modo que sean partícipes de la victoria del Calvario!

ÍNDICE

Prólogo 13

Reconocimientos 15

Introducción: Naciste para la batalla 17

PARTE 1 – LA GRAN BATALLA

Sección 1: Reinos en guerra 21

   1. La gran batalla entre dos reinos 23

   2. La naturaleza del conflicto y la guerra 29

   3. El archienemigo de Dios 34

Sección 2: La rebelión de Lucifer 40

   4. El ABC de los ángeles 42

   5. La caída de Lucifer 48

Sección 3: Los resultados de la rebelión de Lucifer 56

   6. La trampa del orgullo y la inseguridad 58

   7. Los planes y tácticas de Satanás 65

Sección 4: Guerra en los lugares celestiales 71

   8. Cinco niveles de conflicto espiritual 73

   9. La jerarquía del dominio de Satanás 79

PARTE 2 – NUESTRAS ARMAS ESPIRITUALES

Sección 5: El triunfo de Cristo: la derrota del diablo 89

10. Cómo destruyó Jesús las obras del diablo 91

11. El intercambio divino en la cruz 97

12. La posición del diablo cambiada por la cruz 104

Sección 6: Tus armas de guerra 108

13. Cómo podemos ser fuertes:
    Una mirada nueva a Efesios 6:10-14 110

14. Armas espirituales con poder divino:
    Una mirada nueva a 2 Corintios 10:3-5 117

15. El poder que está detrás de la armadura 121

Sección 7: La armadura de Dios 126

16. Verdad y justicia 128

17. Vístete de la armadura pieza por pieza 134

Sección 8: Las alabanzas de Dios en tu boca 143

18. Inspiración de Josué y Jonás 145

19. El poder de la adoración y la acción de gracias 150

20. El arma de la alabanza 155

PARTE 3: HACER CUMPLIR LA VICTORIA DE CRISTO

Sección 9: Los poderosos nombres de Dios 165

21. ¿Qué importancia tiene un nombre? 167

22. Los nombres de Jesús desde el Génesis hasta el Apocalipsis 171

Sección 10: La sangre de Cristo habla 184

23. El poder de la sangre en el Antiguo y el Nuevo Testamento 186

24. La importancia de la Cena del Señor 195

25. Cómo vencemos por la sangre 201

Sección 11: Cómo lidiar con espíritus territoriales 206

26. La territorialidad de las huestes demoniacas 208

27. Mapeo espiritual... 214

28. Cómo confrontar sabiamente a las potestades de oscuridad 219

Sección 12: Hacer cumplir la victoria del calvario 228

29. La obra de la cruz y principios de la batalla 230

30. Barreras para el avance del reino 234

31. Hacer cumplir la victoria con sabiduría y con armas.................239

32. El resultado final...245

Notas...252

Acerca del autor 255

PRÓLOGO

El triunfo, de James Goll, es uno de los libros más fascinantes e instructivos que he leído sobre el tema de la guerra espiritual, y debido a cómo nos enseña a vencer, creo que está destinado a ser un punto de referencia importante en la cristiandad.

James es un amigo personal en quien confío y al que admiro, un verdadero general en el reino de Dios que ha experimentado de primera mano la guerra espiritual, peleando batallas en muchos frentes y con frecuencia bajo circunstancias desconcertantes; él nunca se ha rendido ni se ha dado por vencido. James comprende y personifica la verdad de que la guerra no es el *fin* sino el *medio* hacia una vida de victoria por medio de Cristo Jesús nuestro Señor.

El enfoque que James ha adoptado en este libro es brillante y atraerá a creyentes de todas las edades y niveles de comprensión. Tengo muchas ganas de poner ejemplares en las manos de las generaciones *millenial*, Z y alfa, ya que necesitarán ser equipados para la batalla espiritual en la cultura hoy día más que nunca antes. Las verdades bíblicas contenidas en las tres secciones del libro (La gran batalla, Nuestras armas espirituales y Hacer cumplir la victoria de Cristo) se presentan en un lenguaje contemporáneo y práctico, y están organizadas de un modo que ayuda al lector a aplicar fácilmente lo que está aprendiendo. Te animo a que prestes mucha atención a la sección "Para reflexión y oración" al final de cada capítulo.

En Efesios 6:13 se nos exhorta a tomar "toda la armadura de Dios, para que podáis resistir en el día malo". Alabado sea Dios porque nos ha equipado con armas que son poderosas y eficaces, y si nos mantenemos firmes y no nos damos por vencidos, veremos el Día del Señor: una victoria triunfante que da gloria y honor a nuestro Dios. Este libro indica el camino de modo brillante.

Dr. Ed Silvoso
Fundador de Transforma nuestro mundo,
autor de *Ekklesia* y *Ungido para los negocios*

RECONOCIMIENTOS

Todos los libros son siempre un esfuerzo de equipo. Mientras más años cumplo, más consciente soy de esta realidad. Yo soy un hombre muy limitado. Dios da gracia a los débiles, y parte de esa gracia se manifiesta en otras personas que Dios ha puesto cerca de mí y por medio de ellas. Este libro ha tomado años en escribirse. Comenzó como una clase detallada con el nombre de "Guerra en los lugares celestiales", que yo enseñé cuando nos mudamos por primera vez de Kansas City a Nashville. Sí, esa clase se convirtió en una de muchas guías de estudio con una cubierta roja y tinta negra acompañada por unos veinte mensajes grabados en veinte casetes de audio rasposo.

Por lo tanto, ¿dónde comienzo a plasmar mis reconocimientos? Comencemos con los muchos y diferentes equipos y juntas directivas de Ministerio a las Naciones, que se convirtió en *God Encounters Ministries*. Quiero mostrar una gratitud especial a Jeffrey Thompson, que ha servido en este ministerio por veinte años. Ha trabajado con excelencia en cada área de este ministerio. Gracias por sostener mis manos. Varios años después, comencé a enseñar clases en el internet en colaboración con *Empower 2000* y sus muchos y distintos miembros del equipo. ¡Gracias por su colaboración!

Después estaba la tarea de convertir mis bosquejos y transcripciones en un manuscrito operativo. Mi gratitud a Angela Shears, que tomó todos esos conceptos y me ayudó a darles forma en el manuscrito original.

Entonces, por medio de un sueño, tuve la idea de modificar el formato de todo el libro y convertirlo en un estilo nuevo de redacción que no había empleado anteriormente, ¡y también de cambiarle el título!

Afortunadamente, el equipo de *Baker Publishing Group* estuvo de acuerdo y asignó a su colega y mi amigo durante años, David Sluka, para ser el editor de esta compleja tarea. No puedo ni siquiera comenzar a expresar cuán profundamente agradecido estoy con este hombre de Dios por su corazón dedicado al Señor Jesucristo y por sus muchas horas de perseverancia y fidelidad.

Gracias a cada uno de ustedes.

INTRODUCCIÓN

NACISTE PARA LA BATALLA

Naciste en una guerra, sin importar dónde o cuándo naciste; y naciste para reclamar la victoria en esa guerra. Ni siquiera tienes que ofrecerte como voluntario para participar en esta batalla continua. ¡Tan solo por nacer de nuevo te encuentras en medio de ella!

Este hecho no parece una buena noticia al principio, pero mientras más aprendemos sobre la guerra, mejor noticia es. Se te ha concedido el privilegio de decidir en qué lado pelear; y cuando decides seguir a Jesús, ¡estás automáticamente en el lado vencedor!

¿Cómo puedo estar tan seguro de ese resultado? Debido a la maravillosa victoria de Jesús en el Calvario. Cuando nuestro amado Mesías colgaba de la cruz, hecho maldición por los pecados del mundo, pronunció estas palabras: "¡Consumado es!". Son dos de las palabras más extraordinarias jamás expresadas, que han hecho eco gloriosamente a lo largo de la historia. "¡Consumado es!". La obra de la cruz de Cristo fue, es, ¡y seguirá siendo perfectamente completa!

Y ahora, como seguidores de Jesús, somos llamados a hacer cumplir el triunfo de Cristo sobre las fuerzas de la oscuridad. No solo hemos sido liberados del castigo del pecado, la enfermedad y la muerte eterna, sino que también somos usados por el Espíritu Santo como parte del ejército de Dios de los últimos tiempos para liberar a otros cautivos. ¡*Eso sí* es una buena noticia!

Sin embargo, para ser sincero contigo, es necesario realizar entrenamiento de campo si queremos ser guerreros victoriosos en el ejército de Dios. ¿Por qué? Porque cuando entramos en batalla con el enemigo, él devuelve el golpe. Como probablemente ya sabes por tu viaje espiritual hasta ahora, es útil tener un manual o guía para ayudarte cuando te diriges hacia un territorio desconocido y peligroso.

Este libro está lleno de enseñanzas excelentes extraídas de nuestra guía suprema: la Palabra de Dios, la Biblia. Está dividido en tres secciones: La gran batalla, Nuestras armas espirituales y Hacer cumplir la victoria de Cristo. He dividido a propósito cada sección en capítulos cortos, de modo que cada capítulo pueda enfocarse en un tema principal, alentándote a tomar un punto de aprendizaje clave y después aplicarlo a tu vida. Quienes oyen la Palabra y la ponen en práctica son capaces de resistir las grandes lluvias, inundaciones y vientos que golpean sobre nuestras casas (ver Mateo 7:24-27).

Aunque me emociona presentarte esta extensa guía sobre la guerra espiritual, me emociona todavía más que uses estas herramientas para hacer cumplir la victoria de Cristo en tu vida diaria. Es mi oración que estés tan armado con la Palabra de Dios, que cuando el enemigo marche hacia ti, puedas mantenerte firme y fuerte, resistiendo todo ataque de maldad. Que el manto del guerrero esté sobre ti, y seas lleno con esta revelación: mayor es el que está en ti que el que está en el mundo (ver 1 Juan 4:4).

Sea derramada la gracia sobre ti al marchar hacia el campamento de entrenamiento y después demostrar la victoria de Cristo para la gloria de nuestro Capitán, Comandante y Rey: ¡Jesucristo el Señor!

¡Bendiciones!
James W. Goll

PARTE 1

LA GRAN BATALLA

SECCIÓN 1

REINOS EN GUERRA

Porque no tenemos lucha contra sangre y carne, sino contra principados, contra potestades, contra los gobernadores de las tinieblas de este siglo, contra huestes espirituales de maldad en las regiones celestes.

Efesios 6:12

Seamos sinceros. A algunos de nosotros nos han golpeado bastante duro en nuestro viaje al seguir a Jesús. ¡A mí me ha sucedido! Pero, al final, todos somos vencedores en Él. En esta primera sección examinaremos la gran batalla en la que nace cada persona en la tierra.

Desgraciadamente, a muchos nos enseñaron como si no hubiera ninguna lucha espiritual, y en ocasiones actuamos como si así fuera. Tomamos la primera parte de Efesios 6:12 y nos detenemos después de "porque no tenemos lucha". Somos ignorantes de las maquinaciones de Satanás y creemos que no hay ninguna batalla, o entramos en la batalla pasivamente porque creemos que Jesús ya triunfó; y, si Jesús lo ha hecho todo, entonces ¿por qué nosotros tenemos que hacer algo más?

Sí, entramos en la obra terminada que Jesús ya ha realizado, pero veamos lo que escribió realmente el apóstol Pablo: *Porque no tenemos lucha contra sangre y carne*. Por lo tanto, ¿sabes una cosa? Tu cónyuge no es tu enemigo. Tu jefe no es tu enemigo. El líder de tú país tampoco es tu enemigo.

El enemigo es el diablo (llamado también Satanás, Lucifer, y otros nombres que exploraremos en el capítulo 3), sus fuerzas demoniacas y otros espíritus de oscuridad manipuladores. No tenemos lucha contra sangre y carne en la guerra espiritual.

LA GRAN BATALLA ENTRE DOS REINOS

Igual que existe el reino de Dios, también existe el reino de Satanás. Permíteme decir con toda claridad desde el principio que Satanás no es un rey. Satanás es un príncipe que se disfraza como rey, con un dominio o "reino" que se opone al único Rey verdadero. Estos dos reinos (un reino verdadero y un reino falso) están en conflicto directo el uno con el otro.

Yo fui testigo personalmente de este claro y continuo conflicto cuando lideré un equipo ministerial que viajó desde los Estados Unidos a la isla de Haití en el Caribe. Esta tierra tan golpeada ahora por la pobreza era antes una tierra tan próspera y una gema de tal belleza natural, que se llamaba la Perla de las Antillas. Sin embargo, por medio de un pacto que se hizo manifiestamente con el diablo, se había convertido en uno de los países más esclavizados y oprimidos del mundo, y en el país más pobre del hemisferio occidental.

El evangelista Mahesh Chavda, un apreciado amigo mío, predicaba durante las reuniones de la noche con señales y maravillas que seguían, mientras yo lideraba a nuestro equipo en oración y ayuno las veinticuatro horas. Nuestras reuniones fueron cobrando ímpetu tanto en asistencia como en cambiar la atmósfera espiritual sobre la tierra oscura. Como resultado, escuchamos que un sacerdote de vudú anunció en la estación de radio nacional por todo el país: "Todos los santeros en toda la nación deben reunirse en nuestro lugar y hora conocidos ¡porque nuestro reino está bajo asedio!". Indudablemente, este anuncio fue un resultado directo de que el reino de Dios causó un impacto significativo en el campo de batalla espiritual en Haití.

¡Estábamos en medio de un enfrentamiento en la batalla de dos reinos en guerra! A pesar de una gran resistencia espiritual, muchos llegaron a la fe. Los ciegos veían, los sordos oían, ¡y Jesús era glorificado!

Jesús caminó por nuestro campo de batalla espiritual cuando vivía en la tierra. Por ejemplo, un día de reposo, sus discípulos y Él atravesaban unos campos de trigo, y como los discípulos tenían hambre, agarraron algunas espigas y comieron el grano. Los fariseos los reprendieron y lanzaron normas religiosas a Jesús. ¿Su respuesta?

> *¿No han leído lo que hizo David en aquella ocasión en que él y sus compañeros tuvieron hambre? Entró en la casa de Dios; él y sus compañeros comieron los panes consagrados a Dios, lo que no se les permitía a ellos, sino solo a los sacerdotes. ¿O no han leído en la Ley que los sacerdotes en el Templo profanan el sábado sin incurrir en culpa? Pues yo les digo que aquí está algo más grande que el Templo. Si ustedes supieran qué significa esto: "Lo que pido de ustedes es misericordia y no sacrificios", no condenarían a los que no son culpables.* Mateo 12:3-7, NVI

Jesús era muy consciente de las fuerzas opositoras mientras caminaba por la tierra. También nosotros debemos serlo.

Más avanzado ese mismo día, los fariseos preguntaron a Jesús si era lícito sanar en día de reposo, esperando acusarlo de un delito. Jesús declaró que *el Hijo del Hombre es Señor del día de reposo* (Mateo 12:8), y procedió a sanar a un hombre que tenía una mano seca y también a un hombre poseído por un demonio que era ciego y no podía hablar, todo lo cual enfureció tanto a los fariseos que conspiraron para destruir a Jesús (ver Mateo 12:9-24; Juan 10:10). Conociendo sus pensamientos, Jesús les dijo:

> *Todo reino dividido contra sí mismo, es asolado, y toda ciudad o casa dividida contra sí misma, no permanecerá. Y si Satanás echa fuera a Satanás, contra sí mismo está dividido; ¿cómo, pues, permanecerá su reino? Y si yo echo fuera los demonios por Beelzebú, ¿por quién los echan vuestros hijos? Por tanto, ellos serán vuestros jueces. Pero si yo por el Espíritu de Dios echo fuera los demonios, ciertamente ha llegado a vosotros el reino de Dios.* Mateo 12:25-28

Pocos cristianos comprenden plenamente el alcance de la influencia de Satanás, ni tampoco comprenden (o ejercitan) la autoridad de Cristo sobre el enemigo. Profesamos ser hijos de Dios, como la primera parte de 1 Juan 5:19 nos dice: *Sabemos que somos hijos de Dios*, pero en raras ocasiones reconocemos la segunda parte de este importante versículo: *El mundo entero está bajo el control* [poder] *del maligno* (NVI). La palabra griega que se usa aquí para "mundo" es *cosmos*, que significa el sistema del mundo o el orden mundial de cosas (no hay que confundirlo con la "tierra" que se usa en Salmos 24:1 (NVI): *Del Señor es la tierra y todo cuanto hay en ella*. Dios nos envía como creyentes empoderados con su Espíritu Santo para entrar en el sistema de este mundo y hacer brillar la luz de las Buenas Noticias de Jesucristo. Recuerda: ¡la luz siempre vence a la oscuridad!

De los dos reinos en guerra, podemos encontrar refugio y consuelo en las palabras de 1 Juan 4:4: *Hijitos, vosotros sois de Dios, y los habéis vencido; porque mayor es el que está en vosotros, que el que está en el mundo.*

DOS ZANJAS A EVITAR

No hay ningún terreno neutral en la guerra espiritual. Solamente hay dos ejércitos que se oponen en el campo de batalla: discípulos dedicados del Señor Jesucristo y las huestes celestiales de ángeles guerreros versus el ejército de Satanás con sus legiones de demonios. Cuando te colocas del lado de Dios, te advierto que seas consciente de las dos zanjas en las que podemos caer a lo largo de nuestro camino si no tenemos cuidado: la preocupación y la indiferencia complaciente.

Cuando nos preocupa cualquier otra cosa que no sea vivir para Dios mientras luchamos contra Satanás, el enemigo puede colarse e infiltrarse en nuestro "campo de la mente". De igual modo, si somos complacientes o inconscientes de cuán astuto y conspirador es el enemigo, no pasará mucho tiempo hasta que estemos levantando la bandera blanca de rendición. Dios no lo quiera. C. S. Lewis dijo:

> Hay dos errores opuestos e iguales en los cuales puede caer nuestra raza con respecto a los demonios. Uno de ellos es no creer en su existencia. El otro es creer, y sentir un interés excesivo y poco

saludable en ellos. A ellos mismos [por ej., los demonios] les agradan igualmente ambos errores, y reciben a un materialista o a un mago con el mismo agrado.[1]

En el mundo físico, los reinos en guerra pueden estar entre vecinos, negocios, partidos políticos, países e incluso iglesias. En el ámbito espiritual existen solamente dos reinos en guerra: el bien y el mal (ver Génesis 2:9, 17). Esta guerra se ha propagado desde el primer Adán, y continúa en la actualidad. El último Adán (Jesús) ha asegurado y proclamado la victoria para nosotros con su sacrificio en la cruz. ¡Aleluya!

Una paráfrasis de Efesios 6:12 dice: *Nuestra batalla no es contra personas; luchamos contra gobernadores, potestades, fuerzas de oscuridad, gobernadores espirituales y espíritus de maldad en los lugares celestiales.* Considerando todo eso, veamos cinco declaraciones que debemos comprender si queremos mantenernos fuertes, perseverar y terminar en el lado del triunfo de Cristo.

CINCO DECLARACIONES FUNDAMENTALES ESTRATÉGICAS

Las siguientes cinco certezas acerca de la guerra espiritual se presentan en todo este libro. Te insto a que tengas en mente estas verdades mientras lees, ya que son la base para comprender el conflicto continuado que enfrentas y cómo puedes caminar en victoria en tu vida cristiana.

1. Todos nacemos *en* una guerra y nacemos *para* la guerra.

2. Toda guerra espiritual verdadera se centra en el Hijo de Dios: Jesucristo.

3. Fuiste creado para agradar a Dios.

4. La fuente de toda guerra espiritual es la raíz de la rebelión.

5. Una de las armas más poderosas de la guerra espiritual es el perdón.

Ahora, examinemos brevemente cada declaración.

1. Todos nacemos en una guerra y nacemos para la guerra. Tú no pediste nacer. Nadie lo pidió. Sin embargo, como hijo o hija de Dios, tú mismo eres un arma: un arma poderosa de guerra espiritual en las manos del Señor. Por lo tanto, estás a la altura de la tarea. Naciste para pelear batallas espirituales en la guerra contra el mal y ser un vencedor para la gloria de Dios.

2. Toda guerra espiritual verdadera se centra en el Hijo de Dios: Jesucristo. Si miras la caída de Lucifer y sus declaraciones de lo que "hará", como se registran en Isaías 14:13-14, su enfoque está en Dios y en su deseo de exaltarse por encima de Él. Toda guerra espiritual verdadera no se centra en ti; se centra en la ubicación del Hijo de Dios en tu vida, en tu familia, en tu ciudad y en las naciones. Esa es una verdad estratégica fundamental.

3. Fuiste creado para agradar a Dios. ¿Crees que fuiste creado para agradar a Dios? Puede que te estés preguntando por qué hago tal declaración cuando el tema es la guerra espiritual. Digo esto porque es verdad, y creerlo te ayudará en la guerra espiritual. Muchos creyentes se cansan como guerreros de oración agotados con cargas significativas en la vida que tienen mucho peso en su espíritu; sin embargo, la Biblia dice que la vida no debe ser un trabajo pesado. Deuteronomio 23:5 (RVC) dice: *Por el amor que el Señor tu Dios te tiene, convirtió la maldición contra ti en bendición.* Números 14:8 (RVC) nos dice: *Si el Señor se agrada de nosotros, él mismo nos introducirá a esta tierra y nos la entregará; ¡es una tierra que fluye leche y miel!* Isaías 66:14 dice: *Y veréis, y se alegrará vuestro corazón, y vuestros huesos reverdecerán como la hierba.* Te exhorto a que transfieras a tu vida esa alegría, comprendiendo que Dios te mira con agrado. Punto final.

4. La fuente de toda guerra espiritual es la raíz de la rebelión. Desobediencia es hacer nuestra propia voluntad y no la voluntad de Dios. Es una forma de rebelión y la causa de toda agitación y conflicto. Desgraciadamente, el mundo está lleno de obras rebeldes realizadas por sociedades, culturas, sistemas e individuos rebeldes. Examinaremos está declaración en el capítulo 3.

5. Una de las armas más poderosas de la guerra espiritual es el perdón. Perdón es caminar en el espíritu opuesto al del mal. Perdón es caminar en los principios del Sermón del Monte de Jesús (ver Mateo 5-7). Una de las armas más poderosas de la guerra espiritual que desarma a las potestades de la oscuridad es el perdón. El perdón es realmente la base fundamental de nuestro triunfo en la guerra espiritual.

Recuerda: las guerras son finitas, pero el reino de Dios es eterno. La guerra no es el fin sino el medio para vivir victoriosamente en Cristo.

PARA REFLEXIÓN Y ORACIÓN

+ ¿Dónde tienes el mayor espacio para crecer en tu atención a la guerra espiritual, para participar más porque has sido principalmente indiferente, o para enfocarte en ella de modo distinto porque has estado demasiado preocupado?

+ Cuando enfrentas tiempos difíciles u oposición, ¿te encuentras presentando resistencia más veces a personas (carne y sangre) o a un enemigo espiritual?

+ ¿Cuál de las cinco declaraciones fundamentales de la guerra espiritual crees con más confianza?

Toma unos momentos ahora para conversar con Dios sobre cuál de las cinco declaraciones fundamentales de la guerra espiritual sientes que Él quiere fortalecer en tu vida en este tiempo.

2

LA NATURALEZA DEL CONFLICTO Y LA GUERRA

Yo solía pasar mucho tiempo en los cinco distritos de la ciudad de Nueva York, invirtiendo cientos de horas en paseos de oración, conversando con Dios sobre el estado de una de las ciudades que son puerta de entrada en los Estados Unidos. Por lo tanto, me resulta fácil imaginar a un taxi saliendo del laberinto de la Gran Manzana de Manhattan, ciudad de Nueva York, a las cinco de la tarde. ¿Qué es más probable que veamos al mirar por la ventanilla? ¿Parques tranquilos y serenos con fuentes de agua, un bloque tras otro, con parejas agarradas de la mano caminando por senderos con filas de flores a los lados? ¿O miles de autos atascando las calles y personas atravesando rápidamente los pasos de peatones para no ser atropelladas?

Cuando manejas por la ciudad de Nueva York en la hora pico, debes estar preparado adecuadamente y deberías esperar un tráfico pesado, ¡o terminarás con histeria! Del mismo modo, tienes que estar preparado de modo realista en tu vida diaria y deberías esperar conflicto espiritual en la vida y que no sea solo un paseo por el parque, porque esa es la naturaleza del mundo en que vivimos. Según la Biblia, el conflicto y la guerra espiritual son aspectos normales de nuestras vidas. Por lo tanto, ¡será mejor que estés en alerta y preparado!

Veamos algunos pasajes de la Escritura que muestran la naturaleza de nuestra batalla.

- Segunda de Corintios 10:3-5 (NVI) dice que *aunque vivimos en el mundo, no libramos batallas como lo hace el mundo. Las armas con que luchamos no son del mundo.* Este pasaje dice que el campo de batalla de nuestra mente, nuestros pensamientos y nuestras armas espirituales *tienen el poder divino para derribar fortalezas. Destruimos argumentos y toda altivez que se levanta contra el conocimiento de Dios, y llevamos cautivo todo pensamiento para que obedezca a Cristo.* **Los enemigos espirituales requieren armas espirituales y poder divino. Dios nos da armas espirituales para pelear nuestras batallas.**

+ Primera de Timoteo 1:18 dice que, cuando recuerdes las profecías de la Escritura, *milites por ellas la buena milicia.* **Absorber la Palabra de Dios antes de cada batalla es vital para un resultado victorioso.**

+ Segunda de Timoteo 2:3-4 declara que debemos sufrir *penalidades como buen soldado de Jesucristo. Ninguno que milita se enreda en los negocios de la vida, a fin de agradar a aquel que lo tomó por soldado.* **Con Cristo como nuestro Comandante en Jefe tenemos su autoridad para abordar a cada enemigo.**

+ Efesios 6:12 (NVI) nos dice que luchamos *contra poderes, contra autoridades, contra potestades que dominan este mundo de tinieblas, contra fuerzas espirituales malignas en las regiones celestiales.* **Debemos recordar siempre quién es el verdadero enemigo.**

¿Te has preguntado si tú eras el único que estaba experimentando esta lucha? ¿Si eres el único que lucha por el bien cuando el mal parece rodearte? Querido amigo, la lucha es una parte normal de la vida cristiana. No eres anormal. Ni siquiera eres de la élite. Lo que estás experimentando es parte de la lucha de los creyentes.

DIOS COMO LÍDER VICTORIOSO

Una dimensión de la naturaleza de Dios que se pasa por alto con frecuencia es que Él es un líder victorioso en cada batalla espiritual. Dios se nos presenta como un comandante militar, lo cual significa facciones en guerra, soldados, armas, y todo lo que conlleva la guerra. En Éxodo 15:1-3 los hijos de Israel cantaron al Señor que Él *se ha magnificado grandemente* y que el Señor es *varón de guerra.* En Josué 5:13-14 (NVI) se dice que Dios es *comandante del ejército del Señor.*

Según Isaías 13:4 (RVC), *el Señor de los ejércitos* es una referencia a toda una compañía de ángeles. "El Señor de los ejércitos" es la terminología que usa la versión Reina-Valera Contemporánea, y yo prefiero esta terminología. Algunas de las traducciones más modernas usan "El Señor de los Ejércitos Celestiales" y "el Señor todopoderoso".

La presencia, el poder y el carácter de Dios están todos ellos contenidos en sus nombres. La Biblia está llena de una gran variedad de nombres de Dios. Vamos a verlos, y después haremos un examen más profundo en un capítulo posterior.

La Palabra de Dios cita 140 nombres para el Hijo de Dios. He escogido 50 de estos maravillosos nombres, y cada uno de ellos destaca un aspecto particular de la naturaleza de Dios en la guerra espiritual. Te animo a que leas el versículo asociado con cada nombre y estudies cada uno de ellos. Deja que el Espíritu Santo te revele quién es Jesús. Cada nombre revela un aspecto de la naturaleza de Jesús. Para tener una experiencia de aprendizaje suprema, haz de estos versículos una oración desde tu corazón.

1. Simiente de la mujer (Génesis 3:15)

2. Roca de salvación (Deuteronomio 32:15)

3. El Ungido de Dios (Salmos 2:2)

4. Santuario (Isaías 8:14)

5. Consejero (Isaías 9:6)

6. Dios Fuerte (Isaías 9:6)

7. Padre Eterno (Isaías 9:6)

8. Príncipe de Paz (Isaías 9:6)

9. Escogido (Isaías 42:1)

10. Redentor (Isaías 59:20)

11. Ángel de su presencia (Isaías 63:9, NVI)

12. El Señor es nuestra justicia (Jeremías 23:6, NVI)

13. Mesías Príncipe (Daniel 9:25; Juan 4:25)

14. Sol de justicia (Malaquías 4:2)

15. Cristo/Mesías (Mateo 1:17; 2:4)

16. Emanuel (Dios con nosotros) (Mateo 1:23)

17. Rey de los judíos (Mateo 2:2; 21:5)

18. Hijo del Altísimo (Lucas 1:32)

19. Salvación (Lucas 2:30)

20. El Verbo (Juan 1:1-2)

21. Luz verdadera (Juan 1:9)

22. Salvador del mundo (Juan 4:42)

23. Luz del mundo (Juan 8:12)

24. El Camino, la Verdad, la Vida (Juan 14:6)

25. Señor de todos (Hechos 10:36)

26. El Libertador (Romanos 11:26

27. El poder de Dios (1 Corintios 1:24).

28. Señor de gloria (1 Corintios 2:8

29. Nuestra Pascua (1 Corintios 5:7)

30. Mediador (1 Timoteo 2:4-5)

31. Rescate por todos (1 Timoteo 2:6)

32. Bendita esperanza (Tito 2:13, nvi)

33. Gran Dios y Salvador (Tito 2:13)

34. Resplandor de su gloria (Hebreos 1:3)

35. Sustentador de todas las cosas (Hebreos 1:3)

36. Autor de la salvación (Hebreos 2:10)

37. Testador (Mediador) de un nuevo pacto (Hebreos 9:16-17)

38. Autor y consumador de la fe (Hebreos 12:2)

39. Gran Pastor de las ovejas (Hebreos 13:20)

40. Pastor y Obispo de las almas (1 Pedro 2:25)

41. Jesucristo el justo (1 Juan 2:1)

42. El testigo fiel (Apocalipsis 1:5, NVI)

43. Soberano de los reyes de la tierra (Apocalipsis 1:5)

44. Alfa y Omega (Apocalipsis 1:8; 21:6; 22:13)

45. Principio y fin (Apocalipsis 1:8)

46. El principio de la creación (Apocalipsis 3:14; Efesios 3:9; Colosenses 1:15-18).

47. León de la tribu de Judá (Apocalipsis 5:5)

48. El Verbo de Dios (Apocalipsis 19:13)

49. Rey de todos los reyes, Señor de todos los señores (Apocalipsis 19:16, NTV)

50. Estrella resplandeciente de la mañana (Apocalipsis 22:16)

Esta lista de nombres de Dios destaca aspectos de sus atributos divinos que revelan que Él es nuestro defensor victorioso que nos lleva siempre en triunfo. Sí, Él es un Guerrero compasivo para cada uno de nosotros en todas las circunstancias que enfrentamos en nuestras vidas. También sabemos por la Palabra de Dios que indudablemente hay una batalla que se libra en los lugares celestiales, y que Él es el Líder triunfante y Vencedor glorioso de los ejércitos que dominan. ¡Amén y amén!

PARA REFLEXIÓN Y ORACIÓN

+ ¿Hasta qué grado eres consciente de la batalla espiritual en la que estás cada día? ¿La esperas, o te sorprende o defrauda?

+ Cuando piensas en la naturaleza de Dios, ¿qué atributos llegan en primer lugar a tu mente por lo general?

+ ¿Cómo afecta tu modo de ver a Dios a través de su naturaleza como líder guerrero victorioso?

Toma unos momentos ahora para volver a leer los nombres de Jesús enumerados anteriormente. Identifica de tres a cinco que sean especialmente significativos para ti en la actualidad y clama a Dios usando esos nombres.

3

EL ARCHIENEMIGO DE DIOS

Satanás, el diablo, es descrito claramente como el enemigo de Dios a lo largo de toda la Biblia. Se halló orgullo en el corazón de este ser creado cuando se comparó consigo mismo. Lucifer aspiraba a ser igual al Creador mismo, o incluso a estar por encima de Él.

Cuando intentó elevarse por encima de los otros arcángeles principales, que parece que estaban contentos con permanecer en sus papeles majestuosos, resbaló. Perdió su función y su papel en lo que la Biblia llama el tercer cielo, que es donde Dios habita. Había comenzado la guerra cósmica. Dios el Creador tenía ahora un enemigo. Uno de sus propios ángeles había roto filas, ¡y decidió hacer guerra contra el Señor y sus ungidos!

Este enemigo tiene muchos nombres en la Biblia, entre los que se incluyen los siguientes:

1. La palabra *Satanás* se cita cincuenta y cuatro veces en la versión Reina-Valera Contemporánea. La palabra significa literalmente "el adversario", aquel que se opone. En Job 1:6-9, 12; 2:1-4, 6, 7 "el que se opone" no es tanto un nombre sino una descripción del carácter y la actividad de Satanás. Más que ninguna otra frase o palabra, el nombre *Satanás* se utiliza para describir al enemigo de Dios.

2. *Diablo* o *diabolos* se cita treinta y cuatro veces en el Nuevo Testamento, y significa literalmente "calumniador, acusador". Notemos especialmente Lucas 4:2, 13 y Apocalipsis 12:9, 12 donde el objetivo del diablo es difamar. Es una fuente constante de reportes falsos y maliciosos.

3.   *Lucifer* significa literalmente "el resplandeciente". Haré una pausa con este nombre porque hablaremos en los próximos capítulos de la creación, la caída y la rebelión de Lucifer, descrita particularmente en Isaías 14.

4.   *Serpiente antigua* se cita en Apocalipsis 12:9, 15, una alusión obvia a Génesis 3. Comparemos 2 Corintios 11:3 y Romanos 16:20, que dice: *Y el Dios de paz aplastará en breve a Satanás* [serpiente antigua] *bajo vuestros pies.*

5.   *Gran dragón* se cita en Apocalipsis 12:3, 7, 9, 17 y se presenta como una bestia aterradora y destructiva.

6.   *Gobernador* o *príncipe de este mundo* se menciona en Juan 12:31; 14:30; 16:11. Examino en detalle este término en mi libro *Strike the Mark* [Dar en el blanco].

7.   *Gobernador* o *príncipe de la potestad del aire* se cita en Efesios 2:2. Satanás gobierna sobre un dominio espiritual que se centra y actúa en la atmósfera de la tierra.

8.   *Dios de este siglo*: 2 Corintios 4:4 (ver también Salmos 24:1; 89:11).

9.   *Maligno*: Mateo 6:13; 13:38; Juan 17:15; 1 Juan 2:14; 5:18).

10.   *Príncipe/gobernador de los demonios; Beelzebú/Belial*: Mateo 10:25; 12:24; Lucas 11:15; 2 Corintios 6:15. El nombre o título de *Beelzebú* significa "señor de las moscas", un título dado a uno de los dioses paganos de los filisteos y trasladado al judaísmo como un nombre para Satanás. Más gráficamente, significa "dios de la suciedad".

11.   *Destructor*: Apocalipsis 9:11. Conocido también como *Abadón* en hebreo, que significa "ruina, destrucción", o *Apolión* en griego, que significa "exterminador, destructor".

12.   *Tentador*: Mateo 4:3; 1 Tesalonicenses 3:5.

13.   *Acusador*: Apocalipsis 12:10.

14.   *Engañador*: Apocalipsis 12:9; 20:3.

Estos nombres son sinónimos de maldad y la esencia misma de lo que la esfera oscura de Satanás defiende. Él es el enemigo moral de los hijos de Dios. No hay nada bueno o redimible en el opresor, ni tampoco hay espacio para la concesión o la capitulación.

Los creyentes en Jesús deben mantenerse fuertes, en el lado contrario de la línea de demarcación, sabiendo que el reino de Dios defiende el amor, la luz, la justicia, la rectitud, la paz, el gozo, y todo lo bueno (ver Romanos 14:17, Hebreos 1:9, y otros).

Además de los nombres y atributos del enemigo que he enumerado, los resultados de la rebelión y caída de Lucifer son evidentes también cuando examinamos su naturaleza y diversas características.

+ Satanás es el maestro de la distorsión. Considerémoslo el líder de la fiesta de disfraces. Sí, es la verdad (ver 2 Tesalonicenses 2:9 y 2 Corintios 11:14-15).

+ El diablo es poderoso, pero no es omnipotente (ver Mateo 4:5, 8). Solamente Dios es todopoderoso. Satanás, un ángel caído, no es todopoderoso.

+ Satanás es inteligente pero no omnisciente. Solamente Dios tiene todo el conocimiento. El enemigo tiene un ámbito de conocimiento e intenta aumentarlo, pero solo Dios tiene todo el conocimiento.

+ El diablo es activo, pero no es omnipresente. Solamente Dios es omnipresente; está en todas partes al mismo tiempo. Satanás no tiene la capacidad de estar en todo lugar en todo momento.

LA REBELIÓN ES LA CAUSA DE TODA AGITACIÓN Y CONFLICTO

La sencilla verdad es que la rebelión es la causa de toda agitación y conflicto. La negativa a someternos al justo gobierno de Dios es la fuente de la guerra. Por desgracia, el mundo está lleno de obras rebeldes realizadas por sociedades, culturas, sistemas y personas individuales rebeldes.

Por muchos siglos, países en todo el mundo han estado viviendo y muriendo en medio de guerras físicas terrenales y también guerras espirituales celestiales. Existe una gran paradoja que no debería existir. Seúl, en Corea del Sur, se ha conocido durante años como ubicación de una de las iglesias más grandes del mundo, con más de 800 mil creyentes. Ese gran mover del Espíritu Santo tuvo su inicio hace más de cien años atrás en la parte norte de Corea, en Pyongyand, que ahora está bajo una dictadura feroz, atea y comunista. De algún modo, ¡esa raíz de rebelión contra Dios y sus caminos sigue levantando su cabeza! La batalla entre la luz y la oscuridad continúa.

Nigeria es un país conocido por su gran número de creyentes. Hay muchas megaiglesias, y las reuniones de oración más grandes del mundo, con más de un millón de personas, tienen lugar en esta amada nación. Sin embargo, Nigeria también es conocido por tener parte de la mayor corrupción en el gobierno, crimen y engaño en todo el mundo. ¿Cómo puede ser? Luz y oscuridad coexisten en este país, y el mismo escenario se produce también en otros países.

Para traer el reino de Dios a la tierra debemos estar dispuestos a liderar el camino, creando aplicaciones prácticas que generen no solo avivamientos esporádicos sino también una cultura de avivamiento que manifieste vidas transformadas que revolucionarán comunidades, sistemas de gobierno, la educación y también naciones. Debemos hacer algo más que predicar el evangelio de la salvación; ¡debemos modelar el evangelio de la transformación!

HAS SIDO EMPODERADO PARA CAMINAR EN VICTORIA

En Mateo 6:9-10 nuestro Señor Jesucristo nos enseña a orar: *Venga tu reino. Hágase tu voluntad, como en el cielo, así también en la tierra.* ¿Cómo empiezan a manifestarse en la tierra su reino y su voluntad? Todo comienza cuando tú y yo rechazamos la rebelión y los actos rebeldes de desobediencia.

Habacuc 2:13-14 (NTV) dice: *¿No ha prometido el Señor de los Ejércitos Celestiales que las riquezas de las naciones se convertirán en cenizas? ¡Se esfuerzan mucho, pero todo es en vano! Así como las aguas llenan el mar, la tierra se llenará del conocimiento de la gloria del Señor.* Mientras enseñaba sobre este versículo hace años atrás, escuché al Espíritu Santo preguntarme: *¿Cómo cubrirá la gloria de Dios la tierra como las aguas llenan el mar?* He aprendido durante mi viaje que, cuando Dios hace una pregunta, no se debe a que no tenga la respuesta. Toda pregunta es una invitación a la participación.

Ahora sé cómo devolver la pregunta a Dios, de modo que respondí mientras enseñaba: "Bien, ¿cómo, Dios?". Y recibí una respuesta muy sencilla: *Una vasija cada vez.* Por lo tanto, "venga tu reino. Hágase tu voluntad" comienza conmigo. Comienza contigo.

Tengo una pregunta para ti. ¿Qué pasos de acción tomarás para implementar el triunfo de la guerra espiritual de Cristo? ¿Seguirás esperando a que Dios haga algo espectacular, o podría ser que Él está esperando a que tú hagas algo sencillo y práctico con lo que Él ya ha logrado?

PARA REFLEXIÓN Y ORACIÓN

+ ¿Qué aspecto de la naturaleza del enemigo te ha confrontado más en tu vida? En otras palabras, ¿cómo son la mayoría de sus ataques?

+ ¿Dónde has logrado éxito contra el enemigo, y dónde te sentiste derrotado?

+ ¿Cómo has batallado con la rebelión?

Al final de cada uno de los doce temas sobre la guerra espiritual incluiré también una oración de guerra espiritual victoriosa. Te animo a que la hagas en voz alta, con valentía y fuerza. Recuerda: el reino de Dios es un reino que se activa con la declaración. Por lo tanto, dila una vez, órala dos veces, ¡y declárala una tercera vez!

ORACIÓN PARA LA GUERRA ESPIRITUAL VICTORIOSA

Padre Dios, en el nombre poderoso de Jesús vengo ante ti, sabiendo que me has empoderado para la victoria. Desde el inicio del tiempo, nací en medio de una gran guerra cósmica. Nací para participar en la guerra espiritual, que se requiere para avanzar tu voluntad y tu reino en la tierra.

El diablo es un mentiroso, un usurpador y un ladrón, y todo lo que él ha hecho siempre es robar, matar y destruir; sin embargo, tú, Jesús, eres el Hombre de guerra, que te revelas en tu Palabra como el Rey y el

Capitán del ejército del Señor, gobernando sobre principados y potestades de las tinieblas.

Tú, Señor, eres mi Comandante, y seguiré tu dirección y obedeceré tus mandamientos. Haz de mí un instrumento de tu gloria. Declaro que mayor eres tú que estás en mí que quienes están con el enemigo. Tú, Dios, eres victorioso, y siento gratitud por estar contigo en el lado vencedor. ¡Amén y amén!

SECCIÓN 2

LA REBELIÓN DE LUCIFER

¡Cómo has caído del cielo, oh estrella luciente, hijo de la mañana! Has sido arrojado a la tierra, tú que destruías a las naciones del mundo.

Isaías 14:12, NTV

Nosotros, los seres humanos en la tierra, no estamos solos. Ángeles, demonios y otros seres sobrenaturales también están presentes e interactúan con nuestro mundo. Para entender adecuadamente la guerra espiritual, necesitamos entender el ámbito de las huestes angélicas.

Por más de tres décadas he estudiado los trescientos versículos de la Biblia que hablan sobre los ángeles. También he leído o extraído cosas de más de cien libros de autores creíbles cuando hice mi estudio para este libro sobre la guerra espiritual e investigación para el libro *Encuentros angelicales*.

Mi investigación intensa abrió la puerta para que mi casa se convirtiera en un lugar de habitación angelical. Durante nueve semanas seguidas, mi difunta esposa Michal Ann y yo experimentamos visitaciones angelicales que comenzaban a la medianoche y concluían a las cinco de la mañana. Estos encuentros giraban en torno a Michal Ann, y cada encuentro fue extraordinario.

Las sesenta y cuatro visitas en la madrugada incluyeron a ardientes serafines, una liberación por parte de la hueste del fuego, ángeles mensajeros que nos daban revelación, oír coros de ángeles cantando, y muchas cosas más. Conozco estos ámbitos. Mi difunta esposa, Michal Ann, caminaba en estas esferas. Me siento impulsado a compartir parte de lo que aprendí, para que así puedas crecer en tu conocimiento acerca de estos seres celestiales y participar en la guerra espiritual más eficazmente a la manera de Dios.

4

EL ABC DE LOS ÁNGELES

¿Podemos ver, sentir y experimentar a los ángeles en la actualidad como sucedía en tiempos bíblicos? Pues bien, ¿sabes qué? ¡Estos siguen siendo tiempos bíblicos! Jesucristo es el mismo ayer, hoy ¡y para siempre! Lo que Él hizo antes, lo sigue haciendo hoy. De hecho, en mi propia vida y ministerio he tenido personalmente más de cien encuentros angelicales en los que ellos llegaron y se me aparecieron: comunicando mensajes, la presencia tangible de Dios, y la obra empoderadora del Espíritu Santo. Sí, los ángeles son llamas de fuego y espíritus ministradores enviados para ayudarnos en nuestras tareas en Dios.

Sí, Dios creó a los ángeles. ¿No es extraordinario meditar en la realidad de que solo Dios mismo no es un ser creado? Dios simplemente es. ¡Punto! Lucifer, por otro lado, es un ser creado, y fue creado originalmente como un príncipe angelical. Por lo tanto, Dios el Padre y Lucifer ni siquiera pertenecen a la misma esfera cuando se trata de rangos de autoridad, función, lugar en el cosmos, orígenes y vida en la eternidad.

Hay cientos de versículos que podríamos examinar que confirman que Dios creó a los ángeles, pero he seleccionado en oración algunos de los más reveladores, como Salmos 148:2-5, Juan 1:1-3 y Colosenses 1:16. Y debo citar por adelantado versículos muy importantes de la Escritura que nos advierten que adoremos solamente a Dios, que no adoremos a los ángeles: Apocalipsis 22:8-9, Colosenses 2:18, Lucas 4:7-8, Romanos 1:25 y Mateo 4:9-10. Nosotros adoramos *con* los ángeles; no adoramos a los ángeles. No adoramos a seres creados; adoramos al Creador.

Cada ángel individual es una creación maravillosa, distintiva y directa de Dios el Padre. Dios habló y ellos fueron. Contrariamente a la humanidad, los ángeles no procrean (ver Mateo 22:28-30). Este es un punto importante para tener en mente, en especial al lidiar con la guerra espiritual y la actividad intimidatoria de los espíritus demoniacos.

DOS PREGUNTAS QUE MÁS HACEN SOBRE LOS ÁNGELES

Dos preguntas pragmáticas que me hacen con frecuencia sobre los ángeles son: ¿cuántos ángeles hay? ¿Cuándo fueron creados los ángeles? En cuanto al número de ángeles que Dios creó, me referiré a Hebreos 12:22, que afirma: *Sino que os habéis acercado al monte de Sion, a la ciudad del Dios vivo, Jerusalén la celestial, a la compañía de muchos millares de ángeles.* Además, hay un comentario divino que se encuentra en Apocalipsis 5:11, y dice: *Miré entonces, y alrededor del trono oí la voz de muchos ángeles, y de los seres vivientes y de los ancianos. Eran una multitud incontable; ¡miríadas y miríadas de ellos!* (RVC).

¿Cuántos ángeles son *miríadas y miríadas*? La etimología o historia de la palabra indica que *miríadas* viene de una palabra griega que significa "incontable" o "diez mil". La indicación desde una perspectiva humana es que hay un número tan vasto de ángeles, ¡que parecen ser innumerables según la capacidad humana de contar!

Sin embargo, los ángeles no están limitados solamente a llenar el cielo. También están entre nosotros. Lo vemos en el sueño de la escalera de Jacob como se registra en Génesis 28:12: *Y he aquí ángeles de Dios que subían y descendían por ella.* Primero subían. Eso significa que ya estaban en la tierra.

Pasemos a la segunda pregunta que más se plantea: "¿Cuándo fueron creados los ángeles?". Igual que a la humanidad, Dios creó a los ángeles en algún punto específico en el tiempo. Génesis 1:16 relata el día cuarto de la creación en el que Dios *hizo también las estrellas.* Ahora bien, está claro que esa es una referencia a las estrellas literales en los lugares celestiales; sin embargo, hay muchas referencias bíblicas a "estrellas" que se usan también como un término descriptivo para los ángeles. Aunque yo creo que Génesis 1:16 es una referencia literal a las estrellas que vemos en la noche, no descartaré la posibilidad de que también pudiera incluir a los ángeles como parte de las muestras resplandecientes de Dios de su brillante creación el día cuarto (en breve daré otra explicación posible para esta pregunta).

Consideremos el pasaje de Job 38:4-7 (NVI):

¿Dónde estabas cuando puse las bases de la tierra? ¡Dímelo, si de veras sabes tanto! ¡Seguramente sabes quién estableció sus dimensiones y quién tendió sobre ella la cinta de medir! ¿Sobre qué están puestos sus cimientos, o quién puso su piedra angular mientras cantaban a coro las estrellas matutinas y todos los ángeles gritaban de alegría?

He escrito extensamente sobre este tema en particular en mis libros *Encuentros angelicales* y *Guía de estudio de Encuentros angelicales*. Para una enseñanza más profunda, consulta estos dos recursos.

¿Quiénes son estos seres celestiales? Diferentes tradiciones de la fe ofrecen una variedad de perspectivas. En su libro *Charlas de sobremesa*, el reformador protestante Martín Lutero nos ofrece una definición maravillosa de estos seres angelicales: "Un ángel es una criatura espiritual, sin cuerpo, creada por Dios para el servicio de la cristiandad y de la iglesia".[1]

El reformador y teólogo Juan Calvino escribió mucho sobre los ángeles en su inmenso número de obras teológicas. En *Institución de la religión cristiana* afirma: "Los ángeles son los dispensadores y administradores de la beneficencia divina hacia nosotros... ellos guardan nuestra seguridad, acometen nuestra defensa, dirigen nuestras sendas, y ejercen una solicitud constante para que no nos ocurra ningún mal".[2] Unas frases brillantes, ¿no es cierto?

Desde una perspectiva católica: "Un ángel es un espíritu puro creado por Dios. La teología del Antiguo Testamento incluía la creencia en los ángeles: el nombre se aplicaba a ciertos seres o inteligencias espirituales de residencia celestial, empleados por Dios como los ministros de su voluntad... Cuando tenemos un encuentro con mensajeros que hacen cosas sobrenaturales, no hay duda de que son seres celestiales: mensajeros de Dios que trabajan para Él y para el beneficio supremo de la humanidad".[3]

Desde un trasfondo teológico judío, el rabino Geoffrey Dennis nos ofrece una vislumbre del papel de los ángeles en la tradición judía: "Los ángeles pueden llegar en una asombrosa variedad de formas... Parecen humanoides en la mayoría de los relatos bíblicos... pero también se manifiestan como columnas de fuego y de nube, o como un fuego dentro de una zarza (Éxodo 3). Los Salmos caracterizan fenómenos naturales, como los relámpagos, como [ángeles] de Dios (Salmos 104:4). Otras criaturas divinas parecen ser partes aladas del trono de Dios (Isaías 6) o del carro divino (Ezequiel 1). El aspecto de los querubines es bastante conocido para ser representado de modo artístico en el arca del pacto (Éxodo 25)... Los ángeles de la Biblia cumplen diversas funciones, entre las que se incluyen comunicar información a seres mortales, proteger, rescatar y cuidar de los israelitas, y destruir a enemigos de Israel".[4]

Uno de los mejores libros que leí sobre el tema de los ángeles es *Ángeles: Agentes secretos de Dios* del reverendo Billy Graham, el estadista evangélico de la época reciente. Él escribió: "Vemos que los ángeles pertenecen a una dimensión de la creación singularmente única que nosotros, limitados al orden natural, apenas si podemos comprender. En este ámbito angélico, las limitaciones son distintas a las que Dios ha impuesto al orden natural... Ellos son los mensajeros de Dios cuya tarea principal es llevar sus órdenes al mundo. Él les ha dado un encargo de embajadores. Los ha diseñado y empoderado como santos suplentes para realizar actos de justicia".[5]

Soy bastante consciente de que hay otros puntos de vista sobre cuándo fueron creados los ángeles. Algunos creen que los ángeles fueron creados muy temprano y, por lo tanto, la caída de Lucifer se produjo en el espacio y el tiempo anterior al caos que entró en el cosmos perfectamente creado por Dios antes de que el pecado de Adán cambiara el clima espiritual del huerto del Edén. La caída de Lucifer creó desorden en los lugares celestiales, dando entrada a la oscuridad y la confusión, las cuales algunos comentaristas bíblicos sienten que ocurrió entre Génesis 1:1 y Génesis 1:2.

Sí, hay diferentes perspectivas sobre cuándo fueron creados los ángeles. Con toda claridad, yo no estuve allí. No lo sé.

LOS TRES GRANDES PRÍNCIPES ANGELICALES

Los tres ángeles "principales" revelados en el Antiguo y el Nuevo Testamentos son Gabriel, Miguel y Lucifer. Examinemos concretamente los versículos que mencionan a Lucifer creado como lo que yo denomino un "príncipe angelical". Otro modo de hacer referencia a estos ángeles podría ser como arcángeles.

Lucifer se representa como "el que resplandece" en Isaías 14:12, que ya hemos examinado y volveremos a examinar en el capítulo siguiente.

Puede que estés familiarizado con el ángel Gabriel, cuyo nombre significa "Dios es poderoso" o "el poderoso de Dios". Varios versículos en la Biblia mencionan a Gabriel, incluyendo Daniel 8:16; 9:21 y Lucas 1:19, 26.

El nombre Miguel significa "quien es como Dios", y se menciona en Daniel 10:13, 21. Judas 9 es una mención muy interesante de Miguel, el príncipe o arcángel. Apocalipsis 12:7 dice específicamente: *Después hubo una gran batalla en el cielo: Miguel y sus ángeles luchaban contra el dragón.*

Cuando estudiaba las perspectivas protestantes, me resultó muy interesante que se reconocieran tres arcángeles; sin embargo, en otras tradiciones del cristianismo hay cierta variación sobre este punto. Algunas tradiciones católica y ortodoxa enseñan que podría haber hasta doce arcángeles, e incluso les ponen nombres como Tobías y otros que se mencionan en el libro de Enoc y en escritos de esta naturaleza.[6]

LA ESTRUCTURA DE AUTORIDAD DE LOS ÁNGELES

Antes de la caída de Lucifer, es probable que cada uno de los tres arcángeles tuviera el mando sobre una tercera parte de las huestes angelicales. Es muy fácil hacer referencia a esa presunción al leer Apocalipsis 12:4: *Y su cola arrastraba la tercera parte de las estrellas del cielo, y las arrojó sobre la tierra.* Estrellas es una palabra muy importante, porque en muchos lugares en la Biblia se usa la palabra *estrellas* de modo intercambiable para ángeles.

Colosenses 1:16 afirma: *Porque en él fueron creadas todas las cosas, las que hay en los cielos y las que hay en la tierra, visibles e invisibles; sean tronos, sean dominios, sean principados, sean potestades; todo fue creado por medio de él y para él.* Este versículo describe cuatro órdenes principales del ámbito espiritual invisible:

1. Tronos.

2. Dominios. Algunas traducciones dicen "señoríos".

3. Principados. Otras traducciones dicen "gobernadores".

4. Potestades. Otras traducciones dicen "autoridades", lo cual denota el ámbito de autoridad bajo un príncipe, un gobernador. Por lo tanto, la rebelión comenzó a nivel de principados.

Examinemos ahora lo que podemos aprender de las apariciones de Satanás en el libro de Job: *Un día, cuando los hijos de Dios vinieron a presentarse delante del Señor, Satanás vino también entre ellos* (NBLA). Job 2:1 es fascinante: *Y sucedió que el día cuando los hijos de Dios vinieron a presentarse delante de Señor, vino también Satanás entre ellos para presentarse delante del Señor* (NBLA).

Estos dos versículos en el libro de Job (1:6 y 2:1) indican que había una asamblea periódica de los ángeles. Podemos comparar esta asamblea con la que se menciona en Salmos 89:5-7. ¿Por qué los ángeles se reunían periódicamente en el cielo y presentaban un reporte de actividad? No solo se reportaban, sino que también recibían instrucciones y tareas. Además, podemos compararlo con el Salmo 103 donde se enumeran los beneficios del Señor y sus obras.

El nombre Lucero se utiliza en la mayoría de las versiones en español de Isaías 14:12; otras versiones citan el nombre Lucifer. Cada vez que se nombra a Lucifer, veremos que está relacionado con la adoración. Cada vez que se menciona al arcángel Gabriel, es un mensajero de Dios relacionado con la entrega de mensajes de parte de Dios. Cada vez que se nombra al arcángel Miguel, lo vemos como un guerrero y defensor de Israel.

Los ángeles son reales, y Dios los creó para nuestro bien. Sin embargo, uno de los príncipes angélicos cayó, lo cual examinaremos a continuación.

PARA REFLEXIÓN Y ORACIÓN

+ Antes de comenzar a leer este libro, ¿qué conocimiento tenías acerca de los ángeles?

+ ¿Qué circunstancias en tu vida sientes que podrían ser el resultado de la actividad angelical?

Toma ahora un momento para conversar con Dios acerca de tu deseo de tener encuentros angelicales y protección en tu vida. Recuerda: los ángeles están disponibles para la tarea.

5

LA CAÍDA DE LUCIFER

¿Cómo cayó Lucifer? Los profetas del Antiguo Testamento Isaías y Ezequiel actúan como reporteros detallados para responder a esta pregunta. Estos santos profetas de Dios hablaron de acontecimientos históricos de su época abordando problemas reales y, sin embargo, como hacen los profetas, miraron más allá de su propio tiempo y escudriñaron el futuro, aparentemente en caminos paralelos. Por lo tanto, las palabras descriptivas que leeremos se refieren a más de una esfera de tiempo y espacio a la misma vez. ¿Es complicado? ¡Sí! Sin embargo, no lo es cuando entendemos verdaderamente la naturaleza y la operación del don profético.

Isaías y Ezequiel, y otros profetas del Antiguo Testamento, han ayudado a dar forma a nuestras creencias cristianas del Nuevo Testamento acerca de nuestro adversario el diablo y su principio, su actividad actual, y su futuro. Isaías 14:12-15 nos da un destello de esta caída y del asalto al trono de Dios:

¡Cómo caíste del cielo, oh Lucero, hijo de la mañana! Cortado fuiste por tierra, tú que debilitabas a las naciones. Tú que decías en tu corazón: Subiré al cielo; en lo alto, junto a las estrellas de Dios, levantaré mi trono, y en el monte del testimonio me sentaré, a los lados del norte; sobre las alturas de las nubes subiré, y seré semejante al Altísimo. Mas tú derribado eres hasta el Seol, a los lados del abismo.

Examinemos este pasaje, línea por línea, para obtener una mayor comprensión.

* "Cómo caíste del cielo". Esto revela que el lugar de Lucifer era originalmente en el cielo, pero fue derribado a la tierra cuando cayó o pecó contra Dios.

+ "Oh Lucero, hijo de la mañana (o «estrella luciente, hijo de la mañana» en la NTV)". Encontramos el uso del término *estrella* como descripción de su forma creada como un ángel.

+ "Cortado fuiste por tierra". Este ser que fue creado por Dios como una "estrella" brillante y resplandeciente en el cielo fue expulsado y cortado a causa de su orgullo. ¿Cambió esta degradación la actitud de Lucifer? ¡Ni en lo más mínimo! A continuación lo encontramos proclamando su supuesta supremacía.

+ "Subiré al cielo". Aunque ya estaba en el cielo y en uno de los rangos más altos entre el orden creado de Dios, su aseveración fue que subiría incluso más alto que el rango y la posición que Dios le había dado.

+ "En lo alto, junto a las estrellas de Dios, levantaré mi trono". Quería exaltarse a sí mismo por encima de los otros arcángeles y gobernar sobre todas las huestes celestiales.

+ "En el monte del testimonio me sentaré, a los lados del norte". Esto muestra su arrogancia y su deseo de gobernar sobre la asamblea de los ángeles, usurpando la tarea y el puesto que Dios le asignó.

+ "Sobre las alturas de las nubes subiré". Quería vivir sobre las alturas, mostrando ser mejor que quienes tienen su hogar en el cielo.

+ "Y seré semejante al Altísimo". Esta declaración llega al extremo porque él no solo quiere ser el gobernador principal del orden creado, sino que ahora también declara que es digno de estar en un plano igual a Aquel que no es un ser creado: Dios mismo.

Jesús, como el Hijo de Dios eterno, fue testigo de la caída de Satanás tal como se registra en Lucas 10:18: *Y les dijo: Yo veía a Satanás caer del cielo como un rayo.* El término *rayo* en la Escritura se utiliza para hacer referencia a muchas cosas. Job 36:32 (NVI) afirma que las manos de Dios están cubiertas de gloria o con rayos o relámpagos, y Él los lanza para dar en el blanco.

Como mencionamos anteriormente, las estrellas se usan también como referencia a los ángeles. El rayo o relámpago es una representación muy clara de la esfera de la gloria de Dios. Por lo tanto, cuando Lucifer cae (creado originalmente como un ángel majestuoso lleno de las dimensiones gloriosas y brillantes de Dios), tiene sentido que lo hiciera con una colisión o un relámpago. Por lo tanto, Jesús pudo decir: *Yo veía a Satanás caer del cielo como un rayo.*

EL CORAZÓN ARROGANTE DE LUCIFER

Ezequiel 28:12-19 es otro pasaje que nos muestra lo que sucedió con Lucifer, específicamente cómo se volvió orgulloso y rebelde a causa de su belleza. Aunque es una porción extensa de la Escritura, te animo a que la leas con atención.

> *Hijo de hombre, dedícale un lamento al rey de Tiro, y dile de mi parte: "Tú, tan lleno de sabiduría, y de hermosura tan perfecta, eras el sello de la perfección. Estuviste en el Edén, en el huerto de Dios; tus vestiduras estaban adornadas con toda clase de piedras preciosas: cornalina, topacio, jaspe, crisólito, berilo, ónice, zafiro, carbunclo, esmeralda y oro; todo estaba cuidadosamente preparado para ti en el día de tu creación. A ti, querubín grande y protector, yo te puse en el santo monte de Dios, y allí estuviste. ¡Te paseabas en medio de las piedras encendidas! Desde el día en que fuiste creado, y hasta el día en que se halló maldad en ti, eras perfecto en todos tus caminos. Pero por tantos negocios que hacías te fuiste llenando de iniquidad, y pecaste. Por eso, querubín protector, yo te expulsé del monte de Dios y te arrojé lejos de las piedras encendidas. Era tanta tu hermosura que tu corazón se envaneció. Por causa de tu esplendor corrompiste tu sabiduría. Por eso yo te haré rodar por tierra, y te expondré al ridículo delante de los reyes. Y es que profanaste tus santuarios con tus muchas maldades y con tus perversos negocios. Por eso yo hice que de ti saliera fuego para que te consumiera; te hice rodar por el suelo, a la vista de todos los que te admiran. Todos los pueblos que te conocieron se sorprenderán al verte; serás motivo de espanto, y para siempre dejarás de existir.* (RVC)

Tomemos tiempo para desarrollar las revelaciones contenidas en lo que Dios tiene que decir acerca de Lucifer en este pasaje de la Escritura. En primer lugar, debemos distinguir entre el "hijo del hombre" y el "rey de Tiro". El hijo del hombre era un hombre mortal (vv. 2 y 9), y el rey era una entidad demoniaca, un querubín angélico caído, sin duda Lucifer mismo (vv. 12-16).

En mis comentarios de inicio de este capítulo afirmé que los profetas con frecuencia hablaban de varias esferas en sendas paralelas al mismo tiempo. A menudo pintaban artísticamente en un momento, intercalaban una narrativa arraigada como historiadores, y cambiaban su mirada; miraban arriba y más allá, y escribían como un vidente o profeta. De ese modo, aparecen tres esferas en su literatura como círculos concéntricos superpuestos: historia pasada, historia presente e historia futura. Por lo tanto, encontramos términos, ciudades y nombres de personas que se usan de modo intercambiable: tanto de forma espiritual, como natural, históricamente y en tiempo futuro.

Ahora bien, también comprendo esta dimensión porque es el modo en que algunos instrumentos proféticos actúan hoy día. Esto es cierto en el caso de profetas videntes en particular. C. Peter Wagner solía referirse a mí como el historiador de los profetas. Sé lo que es comenzar en un plano de revelación, cambiar a la esfera de maestro, y terminar en una esfera de vidente futurista plenamente desarrollado. Confío en que esto ayudará a algunos en sus habilidades interpretativas.

El Salmo 149 hace eso por nosotros cuando el v. 6 afirma: *Exalten a Dios con sus gargantas*. Entonces, el v. 8 afirma claramente: *Para aprisionar a sus reyes con grillos, y a sus nobles con cadenas de hierro*. El v. 9 culmina declarando: *Para ejecutar en ellos el juicio decretado; gloria será esto para todos sus santos*. ¿Quiénes son los reyes y nobles de los que habla el v. 8? ¿Son naturales o espirituales? Pronto aprenderemos que estos términos se utilizan con frecuencia de modo dual. Quienes son versados en la guerra espiritual comprenden que el Salmo 149 habla de potestades demoniacas de oscuridad territoriales en rangos de autoridad descendentes que están sujetas a las alabanzas del pueblo de Dios.

Con esto en mente, cuando examinamos este pasaje detallado en Ezequiel podemos entender que Tiro era, y es, una ciudad literal y también hace referencia al rey como una potestad de tinieblas gobernante y temporal en los lugares celestiales.

Examinemos el pasaje versículo a versículo, viendo cómo Ezequiel describió a Lucifer, la "estrella resplandeciente":

- Sello de la perfección, lleno de sabiduría, de hermosura tan perfecta (v. 12).

- Estuviste en el Edén, el huerto de Dios (v. 13).

- Adornado con toda clase de piedras preciosas (v. 13).

- Creado como el querubín grande y protector en el santo monte de Dios (v. 14).

- Creado perfecto, pero se halló maldad en él (v. 15).

- Lleno de abundancia, lo cual condujo a violencia y pecado (v. 15).

- Expulsado debido a su rebelión y arrojado del monte de Dios o el lugar donde Él habita (v. 16).

- Se llenó de orgullo y arrogancia pecaminosos, y su sabiduría fue corrompida (v. 17).

- Posiblemente enfrentándose a la última etapa de juicio, o en el futuro (v. 18).

Este pasaje dibuja una imagen muy gráfica de cuán perfecta era la creación de Dios y cómo la maldad de Lucifer hizo que fuera expulsado de la presencia de su Creador en la esfera celestial.

UN PERFIL PROBABLE DE LA REBELIÓN DE LUCIFER

Lucifer (o Lucero), un ángel creado, se convirtió en Satanás, el adversario y opositor, según lo que Dios dijo por medio de Ezequiel. Apocalipsis 12:3-4 nos dice que *un dragón rojo muy feroz (Satanás)… su cola barrió [el cielo] y arrastró a una tercera parte de las estrellas del cielo y las lanzó a la tierra* (AMP, traducción libre). Y Apocalipsis 12:9 (NVI) dice: *Así fue expulsado el gran dragón, aquella serpiente antigua que se llama Diablo y Satanás que engaña al mundo entero. Junto con sus ángeles, fue arrojado a la tierra.*

Cuando juntamos los detalles que nos dan Isaías, Ezequiel y Apocalipsis, ¿qué vemos? Vemos que Dios creó perfectos el cielo y la tierra. Dios encomendó una tarea especial de adoración a Lucifer, un querubín protector ungido. Lucifer se enorgulleció de su propia sabiduría y belleza, y aspiró a una posición igual a Dios. Esta posición estaba ocupada por el Hijo de Dios.

Lucifer fomentó sistemáticamente la rebelión y sedujo a los ángeles a su cargo a que no fueran leales a Dios. Entonces los lideró en un asalto al trono de Dios. Como resultado de esas acciones, él mismo y una tercera parte de los ángeles engañados que se rebelaron con él fueron expulsados del cielo de la presencia de Dios.

Entonces establecieron un reino rival en oposición a Dios. Este reino falso está situado en los lugares celestiales, pero por debajo de lo que la Biblia llama el tercer cielo. El primer cielo es lo que nosotros vemos con nuestra vista natural: nubes, sol, luna y estrellas. El tercer cielo es el lugar donde habita Dios y nuestro hogar eterno. El segundo cielo está por debajo del lugar de morada de Dios y por encima del primer cielo. Este segundo cielo, o cielo medio, es el dominio de Satanás y donde tiene lugar con mayor frecuencia la guerra espiritual.

Después de que Satanás estableció su esfera de gobierno, tomó la forma de una serpiente astuta y engañó a Adán y Eva, quienes posteriormente pecaron y cayeron de su lugar de dominio en el huerto del Edén (ver Génesis 3). Por lo general, se hace referencia a ello como el "pecado original", o el primer pecado que afectó el futuro de toda la humanidad para todos los tiempos.

Entonces comenzó la mayor guerra de todas.

Todos los seres humanos nacen en medio de esa batalla entre el bien y el mal. No hay terreno neutral o posición intermedia para ninguno de nosotros. Cuando las personas intentan creer o actuar al contrario, entonces estamos a un lado de este choque cósmico o en el otro. Repito, por lo tanto, lo que dije anteriormente en la sección sobre reinos en guerra: nacemos *en* la guerra y nacemos *para* la guerra.

EL ORGULLO ES ANTES DE UNA CAÍDA

Hemos leído en Isaías 14 las cuatro veces que Lucifer se promovió a sí mismo: "Subiré… levantaré… me sentaré… seré". Esta actitud no tiene nada que ver con el reino de Dios. Esta clase de autopromoción va en contra de la mentalidad de poner "a otros primero" y de servicio que identifica al reino de Dios. El orgullo es algo con lo que cada uno de nosotros tiene que lidiar, ¿no es cierto?

Una cosa es que entiendas tus dones, tu llamado ante Dios y ser un perseguidor de tu destino, y eso es saludable. Sin embargo, la autopromoción, la autoexaltación y la arrogancia son otra muy distinta, y en ocasiones hay una línea muy delgada entre ellas.

Por eso necesitamos el ministerio del Espíritu Santo en nuestras vidas. Por eso necesitamos aprender lecciones prácticas acerca de la guerra espiritual. No debemos hacer concesiones junto con un "resplandeciente" que fue creado para adorar a Dios, pero que se promovió a sí mismo, se convirtió en un engañador y cayó del cielo.

Necesitamos reconocer dónde estamos: con Dios o con Satanás. Debemos invitar al Espíritu Santo, incluso en este mismo momento, a que señale áreas en nuestra vida en las que nos estemos exaltando a nosotros mismos y colocando nuestro terreno común, incluso sin darnos cuenta, con las potestades de las tinieblas. Debemos permitir que la sangre de Jesús nos limpie. Hemos de estar agradecidos por tener nuevas oportunidades cada día para servir a Dios y a otros.

Aunque hemos examinado la rebelión de Lucifer y sus planes malvados, podemos decir con confianza que somos más que conquistadores vencedores en Cristo Jesús cuando nos sometemos humildemente a su señorío en nuestras vidas. ¡A Él sea la gloria y el honor por cada victoria!

PARA REFLEXIÓN Y ORACIÓN

+ ¿Cómo abrió tus ojos todo el contexto de Isaías 14, Ezequiel 28 y Apocalipsis 12 a lo que sucedió con Lucifer?

+ ¿Por qué tiene tanta importancia el orgullo cuando se trata de guerra espiritual?

ORACIÓN PARA LA GUERRA ESPIRITUAL VICTORIOSA

Padre celestial, estoy agradecido porque el reino de Dios es un reino al revés, donde el gobierno de la humildad y la bondad gana sobre la auto-afirmación y la autopromoción. Me aparto de las cinco "declaraciones" de Lucifer, un ser creado, y me coloco en consonancia con el reino de Dios: la justicia, la paz y el gozo en el Espíritu Santo.

Estoy agradecido por la enseñanza que me concediste por medio de la Palabra de Dios sobre la rebelión y caída de Lucifer, un ser angélico creado para adorarte a ti. Me arrepiento del orgullo en mi propia vida, me humillo delante de ti y te pido tu gracia, pues tu Palabra declara que resistes a los soberbios, pero das gracia a los humildes. Ahora tomo mi lugar legítimo en adoración, y declaro: "Digno, digno, digno es el Cordero de Dios de recibir gloria, y honor y majestad, ahora y para siempre". ¡Amén y amén!

SECCIÓN 3

LOS RESULTADOS DE LA REBELIÓN DE LUCIFER

*Ustedes son de su padre, el diablo, cuyos deseos quieren cumplir. Desde
el principio este ha sido un asesino, y no se mantiene en la verdad,
porque no hay verdad en él. Cuando miente, expresa su propia naturaleza, porque es un mentiroso. ¡Es el padre de la mentira!*

Juan 8:44, NVI

El contraste entre luz y oscuridad nunca ha sido más claro que cuando
comparamos la naturaleza del Hijo de Dios, Jesucristo, no creado, y la naturaleza del arcángel caído Lucifer, quien intentó ser como el Dios altísimo.

Jesús dijo: *Yo soy la luz del mundo. Si ustedes me siguen, no tendrán que
andar en la oscuridad porque tendrán la luz que lleva a la vida* (Juan 8:12,
NTV).

Una de las tácticas de Satanás es mantenernos en la oscuridad intentando evitar que la luz del amor de Dios resplandezca. Demasiadas veces
permitimos que nuestras circunstancias diarias formen una nube oscura

sobre nosotros, colocándonos precisamente donde Lucifer quiere que estemos: en la oscuridad, donde él pueda comunicarnos sus mentiras.

¿Cuál es nuestra defensa y cómo triunfaremos? La Palabra de Dios tiene nuestra respuesta: la luz. Salmos 18:28, 105:39, 112:4, Juan 1:5, Juan 8:12, Efesios 5:8, 1 Juan 1:5 y muchos más versículos de "iluminación" en la Palabra de Dios lo dejan claro. Mateo 4:16 (NTV) nos dice: *La gente que estaba en la oscuridad ha visto una gran luz. Y para aquellos que vivían en la tierra donde la muerte arroja su sombra, ha brillado una luz.*

Al leer los dos capítulos siguientes, acepta las palabras de 1 Juan 1:5 (NTV), que dice: *Este es el mensaje que oímos de Jesús y que ahora les declaramos a ustedes: Dios es luz y en él no hay nada de oscuridad.* ¡Amén y amén!

6

LA TRAMPA DEL ORGULLO Y LA INSEGURIDAD

Recuerdo cuando yo era nuevo en el ministerio y el Espíritu Santo me susurró una palabra de sabiduría: *A la honra precede la humildad*. En ese momento yo no era consciente de que era una frase de la Biblia que está en Proverbios 15:33, sin embargo, sabía que había escuchado una palabra que llegó al núcleo del orgullo de mi propio corazón, y se relacionaba con un problema de autopromoción delante del hombre, en mi propia vida y ministerio, en aquel periodo de tiempo formativo.

Lo comprendí de un modo muy personal; por lo tanto, me propuse en mi corazón que no ocuparía el papel principal en ese momento en nuestra comunidad emergente *Jesus People*, y daría prioridad de paso a alguien más joven que yo en edad, pero quizás más avanzado en los caminos de Dios. Tenía que confiar en la verdad de que "a la honra precede la humildad". Por lo tanto, decidí ocupar el asiento secundario y servir a otra persona.

¿Sabes qué? Incluso si eso era lo correcto que había que hacer, aun así, dolió. Hirió mi orgullo; y tuve que resignarme. Sin embargo, cuando aprendemos que estamos viviendo nuestras vidas para Dios y sus caminos, y no para tener una posición delante de los hombres, al final los caminos de Dios valen la pena. El orgullo es sutil, y el Espíritu Santo tiene su manera de socavarlo una y otra vez en nuestras vidas.

HUMILDAD VERSUS ORGULLO

El reino de Dios es el reino de la humildad, y el de Lucifer es el pináculo del orgullo.[1] Cuando leímos los pasajes de Isaías y Ezequiel vimos que el orgullo de Lucifer causó su caída desde su posición en el cielo. Un resultado de su rebelión es el orgullo generalizado que instiga el caos en todo el mundo actualmente. El orgullo por un trabajo bien hecho puede ser bueno; pero el orgullo que hace creer a las personas que tienen más derechos que otras, que merecen un trato especial o demandan privilegios extra, no es un orgullo piadoso.

La marca de orgullo de Lucifer causa guerras entre familias, iglesias, organizaciones, comunidades, regiones y naciones.

Un espíritu de humildad es lo contrario al orgullo. Caminar en humildad es caminar en autoridad y victoria en la guerra espiritual. Un arma clave de la guerra espiritual es caminar en el espíritu opuesto al orgullo. Cuando caminamos en humildad, lo hacemos en el carácter y la naturaleza de Jesucristo.

Santiago, el medio hermano de Jesús, recordó a la iglesia primitiva: *Dios se opone a los orgullosos pero da gracia a los humildes* (Santiago 4:6, NTV). La gracia se libera mediante la humildad, y la mano de Dios sobrenatural interviene para pelear por nosotros. Nuestra tendencia es querer pelear por nosotros mismos. Hay momentos para ocuparnos de las necesidades personales, levantar la voz y actuar para proteger lo que Dios nos ha confiado, pero Dios no quiere que utilicemos armas carnales cuando hacemos eso.

Lucas 14:11 (NVI) afirma: *Porque todo el que así mismo se enaltece será humillado y el que se humilla será enaltecido.* De hecho, la Escritura declara con valentía que Dios *se burla de los burladores, pero muestra su favor a los humildes* (Proverbios 3:34, NVI).

En relación con los valores y las prioridades del mundo, los de Dios están al revés. Esto queda revelado en Filipenses 2:5-11 (NVI) mediante la vida sacrificial del Señor Jesucristo:

> *La actitud de ustedes debe ser como la de Cristo Jesús, quien, siendo por naturaleza Dios, no consideró el ser igual a Dios como algo a qué aferrarse. Por el contrario, se rebajó voluntariamente, tomando la naturaleza de siervo y haciéndose semejante a los seres humanos. Y al manifestarse como hombre, se humilló a sí mismo y se hizo obediente*

hasta la muerte, ¡y muerte de cruz! Por eso Dios lo exaltó hasta lo sumo y le otorgó el nombre que está sobre todo nombre, para que ante el nombre de Jesús se doble toda rodilla en el cielo y en la tierra y debajo de la tierra, y toda lengua confiese que Jesucristo es el Señor, para gloria de Dios Padre.

Este pasaje de la Escritura es un ejemplo excelente del modo en que la humildad da como resultado la exaltación. Jesús mostró siete actos de humildad, que fueron seguidos por siete pasos de exaltación por Dios el Padre como respuesta.

1. Jesús no consideró el ser igual a Dios. No ejerció control sobre otros.

2. Jesús se rebajó voluntariamente; se vació. Estaba lleno solamente de amor y compasión.

3. Jesús tomó la forma, la naturaleza, de siervo (ver también Mateo 20:28).

4. Jesús dejó el cielo y vino a la tierra con semejanza humana. Llegó como un niño nacido de una joven.

5. Jesús se veía como un hombre común. Era carpintero, no un rey sobre un caballo blanco.

6. Jesús se humilló a sí mismo. Incluso lavó los pies de los discípulos.

7. Jesús fue obediente hasta la muerte en una cruz (ver también Lucas 22:42). Murió como un criminal, aunque no tenía pecado.

Los vv. 9-11 muestran la respuesta de Dios de siete actos de exaltación:

1. Dios exaltó, o elevó, a Jesús.

2. Dios dio a Jesús el mayor honor.

3. Dios dio a Jesús el nombre que está sobre todo nombre.

4. Dios le dio honor y gloria al nombre de Jesús.

5. El nombre de Jesús hace que toda rodilla se doble y lo alabe.

6. Jesús será adorado por todos en el cielo, en la tierra y debajo de la tierra.

7.   Todos declararán y reconocerán que Jesucristo es Señor, para gloria de Dios Padre.

Debemos creer y vivir dos verdades:

1.   El carácter piadoso desplaza las obras del mal.

2.   La humildad desplaza y destruye el orgullo.

Al caminar en el espíritu contrario al del mundo, es decir en el carácter y el amor de Jesús, extendemos el reino de Dios. *Señor, por favor ayúdanos. Enséñanos tus caminos.*

¿Cómo podemos vivir de ese modo? La seguridad en Cristo es la clave.

SEGURIDAD VERSUS INSEGURIDAD

Otro efecto en cadena de la rebelión de Lucifer es que trajo al mundo los sentimientos sutiles pero desastrosos de inseguridad. Incontables millones de personas, tanto jóvenes como gente de edad avanzada, carecen de confianza, tienen ataques de pánico y se sienten ansiosos o amenazados. Nuestra guerra espiritual de los últimos tiempos ha escalado hasta tal grado que ahora estamos en medio de una generación suicida.

Solíamos pensar que la oscuridad acechaba solamente en los callejones y en las dimensiones evidentes de lo oculto. Los tiempos han cambiado, pero sus métodos no lo han hecho. Lucifer está ocupado imponiendo su agenda antigua, demoniaca y de autopromoción en las artes, el entretenimiento y los medios de comunicación, el periodismo, los hogares y en cada región. Él tiene un plan para cada país e incluso conspiraciones en iglesias.

Sin embargo, Jesús es siempre la respuesta, y la cercanía con Él es una clave vital para sentirnos lo bastante seguros para adoptar una postura de resistencia cuando arrecia la batalla. Ser triunfante en la guerra espiritual comienza con deshacernos de cualquier terreno interno que podamos tener en común con el enemigo. La seguridad en Jesús, saber que somos libres de peligro y amenazas, se desarrolla desde la cercanía con nuestro Señor y Salvador.

Este no es el modo usual en que se enseña la guerra espiritual. Caminar en las verdades que Jesús compartió en su Sermón del Monte es el requisito previo para una guerra espiritual eficaz y de largo plazo. Por lo general, se dice a las personas algo más parecido a lo siguiente: "Invoquemos el nombre de Jesús, declaremos la sangre, ¡y conquistemos al enemigo!". Sin embargo, cuando apartamos cualquier opinión, actitud o intereses que podamos compartir con el enemigo (como orgullo, ambición malsana y celos), tenemos mayor seguridad en nuestra relación con Jesús, y entonces podemos ejercitar una autoridad auténtica sobre el diablo y sus maquinaciones.

Antes de participar en el conflicto espiritual, debemos considerar atentamente el pasaje de Efesios 1:3-14.

Bendito sea el Dios y Padre de nuestro Señor Jesucristo, que nos bendijo con toda bendición espiritual en los lugares celestiales en Cristo, según nos escogió en él antes de la fundación del mundo, para que fuésemos santos y sin mancha delante de él, en amor habiéndonos predestinado para ser adoptados hijos suyos por medio de Jesucristo, según el puro afecto de su voluntad, para alabanza de la gloria de su gracia, con la cual nos hizo aceptos en el Amado, en quien tenemos redención por su sangre, el perdón de pecados según las riquezas de su gracia, que hizo sobreabundar para con nosotros en toda sabiduría e inteligencia, dándonos a conocer el misterio de su voluntad, según su beneplácito, el cual se había propuesto en sí mismo, de reunir todas las cosas en Cristo, en la dispensación del cumplimiento de los tiempos, así las que están en los cielos, como las que están en la tierra.

En él asimismo tuvimos herencia, habiendo sido predestinados conforme al propósito del que hace todas las cosas según el designio de su voluntad, a fin de que seamos para alabanza de su gloria, nosotros los que primeramente esperábamos en Cristo. En él también vosotros, habiendo oído la palabra de verdad, el evangelio de vuestra salvación, y habiendo creído en él, fuisteis sellados con el Espíritu Santo de la promesa, que es las arras de nuestra herencia hasta la redención de la posesión adquirida, para alabanza de su gloria.

En estas palabras está revelada la bendición de Dios para nosotros en la esfera espiritual: Él nos escogió y nos adoptó, se agrada de nosotros, y su redención. También se nos dice que su amor se derramó sobre nosotros en toda sabiduría y entendimiento; se nos habla de su predestinación y su plan para nosotros, y su sello con la promesa del Espíritu Santo.

Vemos que Dios quiere que estemos abiertos a todo lo que Él derrama para nosotros cuando clamamos a Él. Solamente entonces tenemos seguridad de poder resistir en el día de la batalla; de otro modo, seremos movidos de un lado a otro por el enemigo. Estas verdades son muy importantes. En este momento te doy la tarea de orar y leer (sí, orar y leer) Efesios 1. Yo he basado mi vida sobre las verdades fundamentales que se encuentran en esta epístola apostólica.

Efesios 6 es otra lectura importante antes de la batalla, ya que Pablo escribió acerca de ponernos toda la armadura de Dios, la cual incluye el cinturón de la verdad, la coraza de justicia, el calzado de la paz, el escudo de la fe, el casco de la salvación y la espada del Espíritu, que es la Palabra de Dios (ver Efesios 6:13-17, NTV). Debemos saber quiénes somos en Cristo Jesús y lo que Él proveyó para nosotros para sentirnos seguros en nuestra posición en la batalla.

Dios declaró que se agradaba de su Hijo antes de que Él hiciera ni siquiera un milagro, sanara a los enfermos, predicara un sermón, o echara fuera un demonio (ver Mateo 3:17; Lucas 3:22). Jesús estaba seguro en el amor de su Padre, y es ahí donde debe estar arraigada la verdadera y auténtica guerra espiritual.

Como contraste, Satanás ejerce su propia voluntad para promoverse a sí mismo con ambición. No estaba contento en su posición, función o relación con el Padre; por consiguiente, Satanás intenta constantemente obtener reconocimiento; y nosotros se lo otorgamos con frecuencia.

Dos resultados importantes del pecado de Lucifer son el orgullo y la inseguridad, y el orgullo y la inseguridad abren la puerta al pecado. Cuando nos vestimos de la humildad de Cristo y aceptamos nuestra identidad en Él, somos más capaces de tomar autoridad sobre el diablo y sus tácticas, lo cual veremos en el capítulo siguiente.

PARA REFLEXIÓN Y ORACIÓN

+ Describe la batalla entre humildad y orgullo en tu propia vida.

+ ¿Cuándo te ha resistido Dios a causa del orgullo, y cuándo has experimentado la gracia de Dios debido a que te humillaste a ti mismo?

+ ¿Cómo está conectada la cercanía con Dios con la seguridad?

Toma unos momentos ahora para conversar con Dios acerca de tu deseo de caminar en humildad, seguro como su hijo amado.

7

LOS PLANES Y TÁCTICAS DE SATANÁS

Dios tiene un plan para cada persona en la tierra. Nos corresponde a nosotros decidir seguir su senda divina para nuestras vidas. Dios nos dice en el versículo tan conocido de Jeremías 29:11 (LBLA): *Porque yo sé los planes que tengo para vosotros —declara el Señor— planes de bienestar y no de calamidad, para daros un futuro y una esperanza.*

Este era el versículo de vida de Michal Ann. Estaba escrito a mano en una tarjeta y colocado en la ventana de la cocina en nuestra granja. Por lo tanto, veíamos todos los días este versículo tan lleno de propósito. Michal Ann personificaba la esperanza, y esta es también un arma vital de la guerra espiritual.

El enemigo también tiene un plan para cada persona. En lugar de proveer un futuro de esperanza para nosotros, el plan del diablo es robar, matar y destruir (ver Juan 10:10).

Hagamos que esto sea personal: Dios tiene un plan maravilloso para tu vida. Por favor, absorbe esta verdad en tu espíritu. No compares tu vida con la vida de otra persona. El plan del enemigo es evitar que agradezcas la vida que tienes. Dios tiene un plan distintivo y hecho a medida para tu vida.

He tenido el honor de viajar por todo el mundo. Algunos ni siquiera habrían pensado que un muchacho muy flaco de un pueblo de 259 personas, que tenía montones de miedos, viajaría por el mundo, escribiría más de cincuenta libros, hablaría a muchos miles de personas y se sentaría con reyes y presidentes; y aun así, mis mejores años están por llegar. Por lo tanto, quiero que sepas lo siguiente: aunque el enemigo tiene un plan, el plan de Dios siempre triunfa sobre el del diablo.

LAS MAQUINACIONES DEL ENEMIGO

El diablo puede ser pecador, pero indudablemente no es tonto ni actúa descuidadamente sin tener un objetivo a la vista; sin embargo, no lo sabe todo. El apóstol Pablo escribió sobre cómo él se había familiarizado con las maquinaciones malignas de Satanás:

> *Si ustedes perdonan a este hombre, yo también lo perdono. Cuando yo perdono lo que necesita ser perdonado, lo hago con la autoridad de Cristo en beneficio de ustedes, para que Satanás no se aproveche de nosotros. Pues ya conocemos sus maquinaciones malignas.*
>
> 2 Corintios 2:10-11, NTV

El diablo tiene diseños y planes para aventajarnos y ser más astuto que nosotros. La Nueva Versión Internacional utiliza la palabra *artimañas*. No seamos ignorantes de esta táctica de engañar o defraudar mediante el engaño.

Pablo utiliza también la palabra *maquinaciones*, que significa "un método" (ver Efesios 6:11). Nuestro enemigo es extremadamente metódico, incluso más que nosotros, en su enfoque. Nos desgasta y es astuto en sus estrategias. Este enemigo de Dios tiene un plan que va en espiral cuesta abajo para nuestra vida, lleno de maldad y argucias metódicas. Muchos creyentes no comprenden esto con respecto a la guerra espiritual. El diablo encontrará una brecha en tu armadura y actuará metódicamente para meter pecado u otros pesos en tu vida.

Cuando el diablo tentó a Jesús (ver Mateo 4:1-11), utilizó la Palabra de Dios y la torció. Afortunadamente, Jesús conocía la verdad y por eso no fue engañado. Debemos conocer la Palabra de Dios porque el enemigo también conoce la Biblia. ¡En ocasiones me pregunto si el diablo lee la Biblia más que nosotros! Si torció la Palabra con Jesús, desde luego que hará eso con nosotros.

El enemigo no solo tuerce la Palabra de Dios, sino que también actúa para socavar palabras auténticas y guiadas por el Espíritu que recibimos de otras personas. Si alguna vez recibiste una palabra profética, ¿crees que el enemigo no lo sabe? Dios quiere que estemos firmes en sus promesas, hagamos guerra con esas palabras, y reclamemos nuestra victoria en el nombre de Jesús. (¡te va a encantar la última sección de este libro!).

OBRAS ESPECÍFICAS DE SATANÁS

Veamos algunas de las obras del enemigo: lo que se ha producido por causa de su rebelión. Pablo escribe en 2 Corintios 4:3-4 (NVI):

Pero si nuestro evangelio está encubierto, lo está para los que se pierden. El dios de este mundo ha cegado la mente de estos incrédulos, para que no vean la luz del glorioso evangelio de Cristo, el cual es la imagen de Dios.

Según 2 Corintios 4:4, el diablo actúa en oposición activa al evangelio del reino. Cuando presentamos el evangelio, enfrentamos dos obstáculos:

1. Resistencia carnal y pecaminosa a la verdad.

2. Endurecimiento o ceguera demoniaca y satánica.

Debemos presentar la verdad para que atraviese las mentiras, vivir nuestra vida con un carácter y conducta propios de Cristo, y orar para que sea quitada la "ceguera", que es oposición satánica. Debemos comprender que enfrentamos una oposición sobrenatural. Podemos confirmar esta realidad con muchos versículos, entre los que se incluyen Hechos 13:6-12, Mateo 13:4, 19 y 1 Tesalonicenses 2:18. Veamos ahora otras dieciocho obras del enemigo. ¿Cuáles de ellas ves que se producen en tu vida?

1. Recién leímos 2 Corintios 4:4 que dice que el enemigo evita que las personas vean la luz del evangelio.

2. Satanás puede ser la fuente de enfermedad (Hechos 10:38 y otros).

3. El enemigo causa e intensifica el miedo a la muerte (Hebreos 2:14).

4. El diablo planta planes y propósitos de pecado en las mentes de las personas (Juan 13:2, Hechos 5:3 y otros).

5. En ocasiones, Satanás puede poseer a una persona (Juan 13:27).

6. El diablo pone una trampa para capturar a las personas (1 Timoteo 3:7; 2 Timoteo 2:24-26).

7. Nuestro enemigo intenta infiltrarse en la Iglesia y plantar en ella a su propia gente (Mateo 13:39). ¡Sí, lo hace! Se infiltra en múltiples aspectos de la sociedad.

8. Satanás prueba a los cristianos (Lucas 22:31).

9. El diablo incita persecución, encarcelamiento, y opresión política de creyentes (1 Pedro 5:8-9; Apocalipsis 2:10). Lo que sucede actualmente en el mundo no es nada nuevo.

10. Nuestro enemigo es el acusador de los creyentes (Apocalipsis 12:10).

11. Satanás hace falsas señales y maravillas para engañar a los ingenuos (Éxodo 7; Mateo 4:8; 2 Tesalonicenses 2).

12. El enemigo puede matar, robar y destruir (Job 1:13-19; Juan 10:10).

13. El diablo busca intimidar y silenciar el testimonio de la Iglesia (Apocalipsis 12:10-12).

14. Satanás fomenta la desunión. Eso es un asunto de importancia ¿no es así? Dividir por asuntos menores y hacer que se vuelvan importantes para sembrar semillas de amargura y falta de perdón (2 Corintios 2:10-11).

15. El enemigo difunde falsa doctrina. De hecho, él es quien la origina (1 Timoteo 4:1-3; Apocalipsis 2:24).

16. Posiblemente, el diablo puede manipular (y a veces lo hace) el clima (Job 1:18-19; Marcos 4).

17. Satanás intenta influenciar los pensamientos y acciones de los incrédulos (Efesios 2:1-2).

18. El diablo es el tentador (1 Tesalonicenses 3:5).

El diablo es el enemigo de Dios y de la humanidad. No es igual a Dios en presencia, función o poder ejercido. El juicio del diablo ha sido escrito, y tiene prisa por *intentar* (esa es la palabra clave) infligir todo el castigo posible sobre la raza humana antes de que su tiempo se agote. Satanás gobierna mediante dominio dictatorial, en contraste con el gobierno de Dios que está constituido por siervos voluntarios que responden libremente al gran amor de Dios y su liderazgo de servicio, demostrado mediante la muerte sustitutoria de Cristo en la cruz y su resurrección a vida nueva.

Creo que la rebelión de Satanás había de ser una lección para el universo a lo largo de los siglos, un testimonio perpetuo de la naturaleza del pecado y sus terribles resultados. El desarrollo del gobierno de Satanás y su efecto sobre los seres humanos y los ángeles muestran el fruto de apartar la autoridad divina y santa.

Los habitantes del universo, tanto leales como desleales, entenderán un día que Dios es *la Roca, cuya obra es perfecta, porque todos sus caminos son rectitud; Dios de verdad, y sin ninguna iniquidad en él; es justo y recto* (Deuteronomio 32:4). Amén y amén.

PARA REFLEXIÓN Y ORACIÓN

+ ¿En qué parte de tu vida personal has visto obrar el plan del enemigo?

+ ¿Cuál de las "obras específicas de Satanás" reconoces a tu alrededor en este momento? ¿Cómo has lidiado con esos ataques?

Toma unos momentos para conversar con el Señor acerca de los ataques del enemigo que ves, y cómo quiere Él que triunfes sobre cada uno de ellos.

ORACIÓN PARA LA GUERRA ESPIRITUAL VICTORIOSA

Padre todopoderoso, exalto al Señor Jesucristo. Él es, sin duda, digno de mi alabanza y adoración. Me sorprende su humildad cuando se vació a sí mismo, tomó forma de siervo, se hizo un hombre común y vivió una vida sin pecado. Fue obediente incluso hasta la muerte, y en la cruz murió como un criminal, lo cual no merecía; sin embargo, la muerte no pudo retenerlo.

Gracias, Dios, porque al tercer día Jesús resucitó de la muerte, y tú lo exaltaste hasta lo sumo y le diste un nombre que es sobre todo nombre en los cielos, en la tierra y debajo de la tierra. Rechazo el orgullo de Lucifer que lo hizo caer de su posición y su tarea y liderara una rebelión. No quiero tener nada que ver con Satanás el mentiroso, ladrón, engañador y asesino.

En Cristo Jesús, estoy del lado vencedor. Jesús es el triunfador y conquistó a Satanás, la muerte, el infierno, y el dominio de la oscuridad. Permanezco firme en esa victoria hoy y declaro con las huestes celestiales: "Gloria a Dios en las alturas. Santo, santo, santo es el Señor Dios todopoderoso, ¡quien era, quien es, y quien ha de venir!". ¡Amén y amén!

SECCIÓN 4

GUERRA EN LOS LUGARES CELESTIALES

Después hubo una gran batalla en el cielo: Miguel y sus ángeles lucha-ban contra el dragón; y luchaban el dragón y sus ángeles; pero no preva-lecieron, ni se halló ya lugar para ellos en el cielo. Apocalipsis 12:7-8

¿Sabías que tenemos algunas creencias erróneas con respecto al cielo? Algunos dicen que no hay lágrimas en el cielo. Eso suena bien, pero no es lo que dice realmente el buen Libro. Afirma: *Dios enjugará toda lágrima de los ojos de ellos* (Apocalipsis 7:17, 21:4).

Consideremos otra declaración esclarecedora que se encuentra en Apocalipsis 12:7-8, que comienza diciendo: *Después hubo una gran batalla en el cielo*. Esta declaración contradice las creencias teológicas de muchas personas porque pensamos automáticamente que solamente hay paz en el cielo. Sin embargo, Juan deja bastante claro cuando escribe que Miguel y sus ángeles luchaban contra el dragón. El dragón es Lucifer, y sus ángeles caídos están con él en esta batalla.

Sin embargo, la maldad *no* prevaleció. Toda victoria en batalla, como siempre, es del Señor. El v. 8 en la *Nueva Traducción Viviente* dice: *El dragón perdió la batalla y él y sus ángeles fueron expulsados del cielo.*

He afirmado que naciste *en* una guerra y naciste *para* la guerra. Al comenzar esta siguiente sección de capítulos detallados sobre esta guerra en los lugares celestiales, ¡recordemos la buena noticia suprema de que Jesús vence!

8

CINCO NIVELES DE CONFLICTO ESPIRITUAL

¿Alguna vez te has sentido triste sin ningún motivo aparente, o todo lo que hacen quienes te rodean te irrita y quieres alejarte de ellos? Posiblemente has entrado en un lugar público y sentiste una presencia de mal augurio, o simplemente ibas manejando en tu auto y experimentaste una oleada de pensamientos no deseados que pasaron por tu mente. O tal vez sencillamente durante el día te viste amenazado repentinamente por el temor o la ansiedad acerca de una relación o un acontecimiento cercano. Estas experiencias pueden ser síntomas de un conflicto espiritual más amplio que sucede en tu mundo.

Hay diferentes niveles de conflicto espiritual en los que estamos participando, seamos conscientes de ello o no. Vuelvo a subrayar el punto siguiente: naciste en medio de una guerra cósmica, y naciste para ser un arma eficaz de guerra espiritual. Hay cinco niveles de conflicto espiritual que es fundamental que los creyentes comprendan a fin de triunfar en la batalla:

1. El conflicto entre Dios y Satanás.

2. El conflicto entre los ángeles escogidos de los ángeles caídos.

3. El conflicto entre Satanás y los santos.

4. El conflicto entre Satanás y los que no creen.

5. El conflicto entre la mente humana y el Espíritu Santo.

Veamos cada uno de estos conflictos con más detalle.

1. EL CONFLICTO ENTRE DIOS Y SATANÁS

Anteriormente en este libro vimos pasajes de Génesis, Isaías y Ezequiel que describen el conflicto entre Dios y Satanás desde el principio. Génesis 3:15 (NTV) capta las palabras de Dios al enemigo después de que engañó a Adán y Eva. *Y pondré hostilidad entre tú y la mujer, y entre tu descendencia y la descendencia de ella. Su descendiente te golpeará la cabeza, y tú le golpearás el talón.* Hay varias profecías en este versículo, y podemos ver desde el principio que hubo lucha, enemistad y conflicto entre el bien y el mal.

- Dios da una palabra profética al enemigo acerca de la hostilidad que existirá entre el enemigo y el linaje generacional de los seres humanos.

- Este versículo es también una palabra profética acerca de la guerra continuada entre la descendencia (línea generacional) de Satanás y la descendencia de Dios.

- El "Su" en este versículo se refiere a Jesús, quien llegaría a la tierra y golpearía la cabeza del maligno.

Comparemos Hebreos 2:14 y 1 Juan 3:8 con respecto a esta guerra perpetua entre Dios y el diablo:

Debido a que los hijos de Dios son seres humanos —hechos de carne y sangre— el Hijo también se hizo de carne y sangre. Pues solo como ser humano podía morir y solo mediante la muerte podía quebrantar el poder del diablo, quien tenía el poder sobre la muerte.

Hebreos 2:14, NTV

Sin embargo, cuando alguien sigue pecando, demuestra que pertenece al diablo, el cual peca desde el principio; pero el Hijo de Dios vino para destruir las obras del diablo. 1 Juan 3:8 NTV

Con frecuencia, las personas suponen erróneamente que este conflicto espiritual cósmico entre Dios y Satanás se produce entre dos enemigos que son iguales en poder, y que batallan hacia algún fin incierto. Eso es lo que a Satanás le gustaría que creamos. La mayor arma de Satanás es el engaño, y la mayor necesidad de la Iglesia es tener discernimiento sincero y certero.

El engañador intenta llevarnos a creer una mentira fundamental que dice que él tiene oportunidad en esta batalla. Este ser caído y creado ya sabe que ha sido totalmente derrotado por el Señor del universo que todo lo sabe, es todopoderoso, omnipresente y triunfante. Si has decidido seguir a Jesús, ¡estás en el equipo ganador! Por favor, recuerda las palabras de Jesús en la cruz del Calvario: "Consumado es".

2. EL CONFLICTO ENTRE LOS ÁNGELES ELEGIDOS Y LOS ÁNGELES CAÍDOS

Si te interesan los choques de poder y la guerra intensa, entonces este tema es para ti. Apocalipsis 12:7 describe claramente la batalla entre los ángeles justos y los ángeles caídos: *Después hubo una gran batalla en el cielo: Miguel y sus ángeles luchaban contra el dragón; y luchaban el dragón y sus ángeles.*

Por ahora, sin embargo, dejemos en espera este tema controversial, ya que más adelante en este libro veremos la narrativa de dos ángeles guerreros territoriales en el libro de Daniel.

3. EL CONFLICTO ENTRE SATANÁS Y LOS SANTOS

El conflicto entre el enemigo y los santos es directo y también indirecto. El conflicto directo es con frecuencia un encuentro tangible entre un ser maligno y un creyente. Esto puede incluir tentaciones, trampas, enfermedades y más cosas. El conflicto indirecto es el conflicto ineludible que todos enfrentamos simplemente por vivir en una sociedad y un mundo caídos que están bajo el poder del maligno y que tienen valores, ideologías e instituciones que han sido influenciadas y moldeadas por Satanás.

Primera de Juan 5:19 (NTV) dice: *Sabemos que somos hijos de Dios y que el mundo que nos rodea está controlado por el maligno.* Esa afirmación resume la realidad de que los creyentes estamos en el mundo, pero no somos del mundo. Recuerda: *Del Señor es la tierra y su plenitud* (Salmos 24:1; 1 Corintios 10:26, 28). Sabemos que somos hijos de Dios, pero también sabemos que todo el sistema mundial está bajo la influencia y el control del maligno. Esa es la verdad, y lo es incluso más a medida que se desarrollan los conflictos de los últimos tiempos.

4. EL CONFLICTO ENTRE SATANÁS Y LOS QUE NO CREEN

Según 2 Corintios 4:4 (NTV), que vimos anteriormente, *Satanás, quien es el dios de este mundo, ha cegado la mente de los que no creen. Son incapaces de ver la gloriosa luz de la Buena Noticia. No entienden este mensaje acerca de la gloria de Cristo, quien es la imagen exacta de Dios.* Tal vez familiares, compañeros de trabajo o vecinos están cegados por Satanás. Podemos orar para que sus mentes cegadas se abran y la luz del Señor brille con fuerza sobre ellos.

Vemos en Efesios 2:1-2 (NVI) que el mundo y Satanás luchan contra aquellos que no siguen a Dios: *En otro tiempo ustedes estaban muertos en sus transgresiones y pecados, en los cuales andaban conforme a los poderes de este mundo. Se conducían según el que gobierna los aires, según el espíritu que ahora ejerce su poder en los que viven en la desobediencia.*

En Hechos 26:18 (NVI) vemos que Jesús salvó a Pablo para ser parte del plan de Dios *para que les abras los ojos* [a los gentiles que no creen] *y se conviertan de las tinieblas a la luz y del poder de Satanás a Dios, a fin de que, por la fe en mí, reciban el perdón de los pecados y la herencia entre los santificados.*

También vemos en Efesios 2:2 (NTV) que el diablo actúa en contra de los que no creen: *Vivían en pecado, igual que el resto de la gente, obedeciendo al diablo —el líder de los poderes del mundo invisible—, quien es el espíritu que actúa en el corazón de los que se niegan a obedecer a Dios.* Lo puedes ver también en Colosenses 1 y Mateo 13. Satanás aborrece a quienes son creados a imagen de Dios y que todavía no lo conocen, y hace guerra contra ellos para mantenerlos en la oscuridad.

5. EL CONFLICTO ENTRE LA MENTE HUMANA Y EL ESPÍRITU SANTO

Existe una batalla diaria entre la mente y el corazón. Por eso Proverbios 3:5-6 (LBLA) dice: *Confía en el Señor con todo tu corazón, y no te apoyes en tu propio entendimiento. Reconócele en todos tus caminos, y Él enderezará tus sendas.* La Escritura *no* dice que confiemos en el Señor con toda nuestra *mente.*

Vivimos en esta pelea: un combate continuo sobre en qué dirección inclinarnos cuando confiamos en Dios. Todos aprendemos a ir hacia un lado o el otro, y en ocasiones vamos adelante y atrás tantas veces que nos confundimos. Debemos permitir al Espíritu de Dios que habita en nuestros corazones que reine sobre nuestra mente.

Yo he declarado palabras proféticas sobre algunas personas muy intelectuales. Algunas veces en oración he desafiado a algunos maestros de la comunicación a que permitan que la voz de su corazón hable más fuerte que la voz de su mente. Si ellos abrieran intencionalmente sus oídos espirituales para escuchar la voz de su corazón, ¿cuánto más eficaces serían? Mucho más. Debemos permitir que el Espíritu de Dios que habita en nuestro corazón reine sobre nuestra mente humana no renovada.

Otro pasaje que muestra este conflicto está en Gálatas 5:16-23.

Digo, pues: Andad en el Espíritu, y no satisfagáis los deseos de la carne. Porque el deseo de la carne es contra el Espíritu, y el del Espíritu es contra la carne; y estos se oponen entre sí, para que no hagáis lo que quisiereis. Pero si sois guiados por el Espíritu, no estáis bajo la ley. Y manifiestas son las obras de la carne, que son: adulterio, fornicación, inmundicia, lascivia, idolatría, hechicerías, enemistades, pleitos, celos, iras, contiendas, disensiones, herejías, envidias, homicidios, borracheras, orgías, y cosas semejantes a estas; acerca de las cuales os amonesto, como ya os lo he dicho antes, que los que practican tales cosas no heredarán el reino de Dios. Mas el fruto del Espíritu es amor, gozo, paz, paciencia, benignidad, bondad, fe, mansedumbre, templanza; contra tales cosas no hay ley.

El libro de Romanos también tiene mucho que decir acerca de este conflicto:

Así que, queriendo yo hacer el bien, hallo esta ley: que el mal está en mí. Porque según el hombre interior, me deleito en la ley de Dios; pero veo otra ley en mis miembros, que se rebela contra la ley de mi mente, y que me lleva cautivo a la ley del pecado que está en mis miembros. ¡Miserable de mí! ¿quién me librará de este cuerpo de muerte? Gracias doy a Dios, por Jesucristo Señor nuestro. Así que, yo mismo con la mente sirvo a la ley de Dios, mas con la carne a la ley del pecado.

Romanos 7:21-25

Así que, hermanos, deudores somos, no a la carne, para que vivamos conforme a la carne; porque si vivís conforme a la carne, moriréis; mas si por el Espíritu hacéis morir las obras de la carne, viviréis. Porque todos los que son guiados por el Espíritu de Dios, estos son hijos de Dios. Pues no habéis recibido el espíritu de esclavitud para estar otra vez en temor, sino que habéis recibido el espíritu de adopción, por el cual clamamos: ¡Abba, Padre! Romanos 8:12-15

Confío en que puedas ver con más claridad que has nacido en un conflicto muy real, pero también que naciste en el lado ganador. Saber esto desde el principio lo cambia todo. ¡La perspectiva lo cambia todo!

Sin embargo, hablando con franqueza, en ocasiones parece que estás en medio de un ataque demoniaco muy directo. Algunas veces puede ser bastante desafiante, de ahí la necesidad de discernimiento sobre qué batallas son tuyas y cuáles de ellas tiene que lucharlas otra persona.

Comprender estos cinco niveles de conflicto espiritual seguramente te ayudará a luchar en el conflicto adecuado con las armas correctas y eficaces, para que puedas triunfar sobre el enemigo.

PARA REFLEXIÓN Y ORACIÓN

+ ¿Cuál de los cinco niveles de conflicto espiritual crees que tiene el impacto más directo en tu vida diaria? ¿Por qué?

+ ¿De qué área de conflicto eres más consciente, y con cuál de ellas estás menos familiarizado? ¿Qué aspectos de este conflicto te dan consuelo o hacen que tengas temor?

+ ¿En qué área quieres aumentar tu sabiduría para lidiar con el conflicto espiritual?

Toma unos momentos ahora mismo y pídele al Espíritu Santo que te dé sabiduría para discernir un conflicto espiritual que estés enfrentando hoy.

9

LA JERARQUÍA DEL DOMINIO DE SATANÁS

Satanás gobierna un reino falso que está en clara oposición a Dios. Satanás también tiene autoridad legítima sobre todos aquellos que están fuera del reino de Dios, quienes son desobedientes a Dios según Efesios 2:2 (NTV), que dice: *Vivían en pecado, igual que el resto de la gente, obedeciendo al diablo —el líder de los poderes del mundo invisible—, quien es el espíritu que actúa en el corazón de los que se niegan a obedecer a Dios.*

Jesús ofreció perspectiva sobre el reino de Satanás, tal como vemos en Mateo 12:25-26 (NVI):

> *Jesús conocía sus pensamientos y les dijo: Todo reino dividido contra sí mismo quedará asolado; toda ciudad o familia dividida contra sí misma no se mantendrá en pie. Y si Satanás expulsa a Satanás, está dividido contra sí mismo. ¿Cómo puede, entonces, mantenerse en pie su reino?*

Algunas traducciones de la Biblia usan la palabra *Beelzebú* en lugar de Satanás, que significa "señor de las moscas" que gobierna a los demonios: los instrumentos de sus propósitos contra Dios en la tierra.

Gracias a Dios que, mediante la intervención de Jesús, podemos ser liberados de la autoridad de Satanás y trasladados al reino de Cristo. Sin embargo, fuera de Cristo (y esta es una afirmación importante), hay un sistema de oscuridad dirigido desde los lugares celestiales para dominar el sistema mundial. Exploremos eso con más detalle.

MÁS DE UN CIELO

La Biblia revela que hay tres dimensiones diferentes de los cielos, lo cual mencioné brevemente en el capítulo 5, pero que explicaré ahora con más profundidad:

1. El visible, o primer cielo, con el sol, la luna, las estrellas y la atmósfera inmediata que rodea la tierra.

2. El cielo medio, o segundo cielo, donde gobiernan temporalmente espíritus territoriales de oscuridad.

3. El tercer cielo del trono de Dios y el lugar donde habita.

Cuando las personas hablan de ir al cielo, por lo general se refieren al tercer cielo donde Dios habita. Según el libro de Job, Satanás tenía acceso a la presencia de Dios en el tercer cielo.

Hubo un día cuando los hijos de Dios [por lo general se entiende que son los ángeles] vinieron a presentarse delante del Señor, y Satanás vino también entre ellos. Y el Señor dijo a Satanás: ¿De dónde vienes? Entonces Satanás respondió al Señor, y dijo: De recorrer la tierra y de andar por ella. Job 1:6-7, LBLA

Y sucedió que un día cuando los hijos de Dios vinieron a presentarse delante del Señor, vino también Satanás entre ellos para presentarse delante del Señor. Job 2:1, LBLA

Algunas interpretaciones de Apocalipsis 12:10 afirman que el adversario sigue teniendo acceso temporal al cielo, en el sentido de que acusa continuamente a los creyentes delante del trono de Dios:

Entonces oí una gran voz en el cielo, que decía: Ahora ha venido la salvación, el poder, y el reino de nuestro Dios, y la autoridad de su Cristo; porque ha sido lanzado fuera el acusador de nuestros hermanos, el que los acusaba delante de nuestro Dios día y noche.

En referencia a la creación, la Biblia se refiere a los "cielos" en plural, y a la "tierra" en singular. Génesis 1:1 declara: *En el principio creó Dios los* cielos y la tierra. La palabra para "cielos" es la palabra hebrea *shamayim*, que es plural e indica más de un cielo. Efesios 4:10 dice: *El que descendió, es el mismo que también subió por encima de todos los cielos para llenarlo todo* (énfasis añadido). Efesios 6:12 cita "regiones celestes", y también se denominan "lugares celestiales" en la *Nueva Traducción Viviente*, por ejemplo. Efesios 1:3, 1:20, 2:6 y 3:10 también se refieren a más de un cielo.

La existencia de un tercer cielo queda revelada claramente en Hebreos 12:22-24 (NTV).

> *En cambio, ustedes han llegado al monte Sion, a la ciudad del Dios viviente, a la Jerusalén celestial, y a incontables miles de ángeles que se han reunido llenos de gozo. Ustedes han llegado a la congregación de los primogénitos de Dios, cuyos nombres están escritos en el cielo. Ustedes han llegado a Dios mismo, quien es el juez sobre todas las cosas. Ustedes han llegado a los espíritus de los justos, que están en el cielo y que ya han sido perfeccionados. Ustedes han llegado a Jesús, el mediador del nuevo pacto entre Dios y la gente, y también a la sangre rociada, que habla de perdón en lugar de clamar por venganza como la sangre de Abel.*

Este es el tercer cielo, el cielo más alto, donde reside Jesús. La referencia que hace el apóstol Pablo a un tercer cielo se encuentra en 2 Corintios 12:2.

> *Conozco a un hombre en Cristo, que hace catorce años (si en el cuerpo, no lo sé; si fuera del cuerpo, no lo sé; Dios lo sabe) fue arrebatado hasta el tercer cielo.*

Pablo manejó la revelación con el temor del Señor, sin presumir ni pasar a la autoexaltación. Pablo era humilde, ni siquiera se nombró a sí mismo como "un hombre en Cristo" que tuvo este encuentro en el tercer cielo.

Técnicamente, el término "segundo cielo" no se utiliza en ningún otro lugar en la Biblia, pero "en medio del cielo" se utiliza en Apocalipsis 14:6.

> *Vi volar por en medio del cielo a otro ángel, que tenía el evangelio eterno para predicarlo a los moradores de la tierra, a toda nación, tribu, lengua y pueblo.*

El segundo cielo, por lo tanto, es el campo de batalla de la guerra espiritual: donde tiene lugar la guerra en los lugares celestiales (puedes leer más sobre los cielos en mi libro *El vidente*, con respecto a sueños, visiones y cielos abiertos).

Ahora, demos la vuelta a la esquina y echemos un vistazo a la jerarquía del dominio de Satanás; es decir, fortalezas y potestades espirituales.

FORTALEZAS Y POTESTADES ESPIRITUALES[1]

He dicho antes que el enemigo no actúa descuidadamente. Tiene argucias, planes y metas, con estrategias y métodos para llevarlos a cabo. El apóstol Juan escribió que "el mundo entero está bajo el maligno" (1 Juan 5:19).

Una de las estrategias del enemigo es crear fortalezas espirituales en las vidas de las personas. Una fortaleza espiritual, tal como la define Ed Silvoso, uno de mis mentores espirituales, es "una mentalidad inundada de desesperanza que nos fuerza a aceptar como inmutables situaciones o resultados que sabemos que son contrarios a la voluntad de Dios".[2] Yo creo que el Dr. Silvoso nos hace un gran favor al afirmar esta definición de una sola frase porque muchas veces podemos espiritualizar en exceso lo que es una fortaleza.

Sí, hay fortalezas de la mente, y también hay fortalezas y potestades espirituales de oscuridad ubicadas en medio del cielo. ¿Contra cuáles luchamos? He aprendido que, cuando discernimos una potestad de oscuridad, una fortaleza o un principado de maldad espiritual, debemos lidiar con ello en primer lugar en nuestras propias vidas.

Jesús afirmó: *Viene el príncipe de este mundo, y él nada tiene en mí* (Juan 14:30). ¿Qué significa eso? Compartiré algo que es fundamental. Debemos eliminar el terreno común interior que tengamos con el enemigo o con las potestades de oscuridad que discernamos.

Por ejemplo, si discernimos una fortaleza o espíritu de avaricia en nuestra ciudad, en una organización o dentro de la cultura, primero debemos lidiar sin compasión con cualquier avaricia que haya en nuestro propio corazón. Cuando recibimos perdón, limpieza, sanidad y liberación en nuestra propia esfera, nuestra propia vida y nuestras propias iniquidades generacionales, entonces tendremos autoridad actualizada sobre las fortalezas o potestades de oscuridad *externas* en las regiones celestiales.

SEIS CLASES DE FORTALEZAS ESPIRITUALES

Al examinar esta guerra en las regiones celestiales, es vital conocer y entender seis clases de fortalezas espirituales que batallan unas contra otras.

1. Principados y gobernadores. La palabra hebrea para principado, gobernador, potestad es *arche* (*Strong's* #746). Un gobernador debe tener alguien, algo, algún lugar sobre el cual ejercer dominio o gobierno. Los siguientes versículos en los libros de Efesios y Colosenses nos dan una descripción clara de principados y gobernadores.

+ *Muy por encima de todo gobierno y autoridad, poder y dominio, y de cualquier otro nombre que se invoque, no solo en este mundo, sino también en el venidero* (Efesios 1:21, NVI).

+ *El fin de todo esto es que la sabiduría de Dios, en toda su diversidad, se dé a conocer ahora, por medio de la iglesia, a los poderes y autoridades en las regiones celestiales* (Efesios 3:10, NVI).

+ *Porque no tenemos lucha contra sangre y carne, sino contra principados, contra potestades, contra los gobernadores de las tinieblas de este siglo, contra huestes espirituales de maldad en las regiones celestes* (Efesios 6:12).

+ *Porque en él fueron creadas todas las cosas, las que hay en los cielos y las que hay en la tierra, visibles e invisibles; sean tronos, sean dominios, sean principados, sean potestades; todo fue creado por medio de él y para él* (Colosenses 1:16).

2. Autoridades. La palabra griega para autoridad es *exousia* (*Strong's* #1849), la cual demanda un subordinado. Los mismos versículos anteriores de Efesios y Colosenses se aplican a las autoridades.

3. Poderes. La mayoría de los creyentes conocen la palabra *dunamis* (*Strong's* #1411) como se usa en Efesios 1:21. *Dunamis* significa "poder". Posiblemente algunos demonios son más fuertes y, por lo tanto, más poderosos que otros. Si estos poderes tienen una jerarquía de diferenciación basada en la fuerza espiritual, se requiere un nivel de fuerza espiritual diferente y más dominante para luchar contra ellos y expulsarlos.

4. Dominios. Dominio es señorío. Dios resucitó a Jesús de la muerte y lo sentó en los lugares celestiales, muy por encima de todo el gobierno de Satanás, su autoridad, poder y dominio (ver Efesios 1:20-21 y Colosenses 1:16).

5. Tronos. Con frecuencia pensamos que los tronos se refieren únicamente al trono de Dios el Padre todopoderoso: a Él sentado en el trono en el cielo. Aunque eso es verdad, creo que hay más de un trono. ¿Y Salmos 22:3 (NTV), que dice que Dios está *entronizado en las alabanzas de Israel*? Veamos Daniel 7:9 (NTV), que dice: *Observé mientras colocaban unos tronos en su lugar, y el Anciano se sentó a juzgar. Su ropa era blanca como la nieve; su cabello se parecía a la lana más pura. Se sentó sobre un trono ardiente con ruedas en llamas.*[3] Por lo tanto, hay tronos establecidos no solamente para Dios sino también para las potestades.

6. Gobernadores del mundo. La palabra griega para gobernador de este mundo es *kosmokrator* (*Strong's* #2888) y se utiliza solamente en Efesios 6:12. Dios es el gobernador del mundo. El problema es que Satanás replica esa posición por toda la tierra mediante sistemas mundiales como el comunismo y el secularismo. El humanismo es una de las formas más fuertes del sistema del anticristo de los últimos tiempos que eleva al hombre. En la Biblia, este sistema es identificado por el número 666.

El número 6 representa al hombre, ya que Dios creó al hombre en el día sexto, de modo que el anticristo identificado por el número 666 es la exaltación de los seres humanos que dicen: "Yo puedo hacerlo", desplazando la necesidad de un salvador: el Salvador. Un enemigo muy real y peligroso es el humanismo: la adoración al yo.

¿DÓNDE ESTÁN ESTAS FORTALEZAS?

Efesios 6:12 ayuda a esclarecer la discusión sobre este tema tan candente sobre dónde se ubican estas fortalezas. Pablo afirmó claramente que estas fortalezas de maldad operan "en las regiones celestes". Algunos líderes utilizan el término *espíritus territoriales* para describir a estas fortalezas y su dominio de autoridad. Desde mi perspectiva, un espíritu territorial es una fortaleza demoniaca que actúa en medio del cielo pero sobre una esfera geopolítica, en una región específica de la tierra (examinaremos con más profundidad los espíritus territoriales más adelante en este libro).

Efesios 6:12 nos habla más sobre estas fortalezas y cómo debemos responder. Veamos algunas traducciones diferentes del versículo y comprobemos lo que revelan:

+ Tanto la *Reina-Valera 1960* como la *Nueva Versión Internacional* revelan que estas fortalezas espirituales están en regiones celestiales o regiones celestes.

+ La *Nueva Biblia Viva* hace hincapié en la lucha activa en la que estamos inmersos. ¡La pasividad no funciona! *Porque nuestra lucha no es contra seres humanos, sino contra los poderes, las autoridades y los gobernantes de este mundo en tinieblas; o sea, que luchamos contra los espíritus malignos que actúan en el cielo.*

+ La *Amplified Version (Versión Amplificada)* subraya la idea que he compartido de que nacemos en la guerra y nacemos para la guerra: *Porque nuestra lucha no es contra carne y sangre* [contendiendo solamente con oponentes físicos], *sino contra los gobernadores, los poderes, contra las fuerzas del mundo de esta* [presente] *oscuridad, contra las fortalezas espirituales de maldad en los lugares celestiales (sobrenaturales).* (Traducción libre)

Los demonios difieren según la pecaminosidad (ver Mateo 12:45) y también según la fuerza (ver Marcos 9:29). ¿Podría ser esto lo que determina su posición organizativa? Pues bien, eso no es lo que realmente importa, ¿cierto? Lo que importa es *tu* posición. Tu posición y la mía están determinadas por lo que Jesús hizo en la cruz por nosotros.

Efesios 2:6-7 dice que Dios *juntamente con él nos resucitó, y asimismo nos hizo sentar en los lugares celestiales con Cristo Jesús, para mostrar en los siglos venideros las abundantes riquezas de su gracia en su bondad para con nosotros en Cristo Jesús.* ¡Esto son buenas noticias! Con eso en mente, reflexionemos y alabemos a Dios, pausando en este momento como un acto de adoración y de guerra espiritual, para exaltar el nombre triunfante del Señor Jesucristo.

PARA REFLEXIÓN Y ORACIÓN

+ ¿Cómo te ayuda en la guerra espiritual comprender que hay tres cielos y diferentes clases de fortalezas espirituales?

+ Pensando en la definición de Ed Silvoso de una fortaleza espiritual, ¿puedes identificar "una mentalidad inundada de desesperanza que nos fuerza a aceptar como inmutables situaciones o resultados que sabemos que son contrarios a la voluntad de Dios"4 en tu propia vida?

+ ¿Con qué frecuencia sientes que algo no está bien? ¿Cómo respondes normalmente?

Toma unos momentos ahora para conversar con Dios acerca de cualquier fortaleza que reconozcas que está actuando en tu vida o en la vida de alguien que te importa.

ORACIÓN PARA LA GUERRA ESPIRITUAL VICTORIOSA

Jesús, no hay nadie como tú. Tú eres el Hijo de Dios, el Hijo de David, el Mesías, el Príncipe de Paz, y el Rey de reyes que pronto regresará. ¡Te alabo, Señor! Según Efesios 6:12, declaro que mi lucha no es contra carne y sangre, sino contra gobernadores demoniacos con rangos de autoridad descendentes, contra los dominadores del mundo de esta oscuridad temporal presente, y contra fuerzas espirituales de maldad en las regiones celestiales.

Me someto con alegría a tu señorío en mi vida al participar en esta guerra espiritual en los lugares celestiales. Deseo tener comunión contigo y crecer en la guerra espiritual eficaz. Doy la bienvenida a que las huestes angelicales acudan a ayudarme en mi mandato celestial de proclamar: "Venga tu reino, como en el cielo, así también en la tierra". ¡Amén y amén!

PARTE 2

NUESTRAS ARMAS ESPIRITUALES

SECCIÓN 5

EL TRIUNFO DE CRISTO: LA DERROTA DEL DIABLO

Para esto apareció el Hijo de Dios, para deshacer las obras del diablo.

1 Juan 3:8

La Biblia es clara: Jesús vino a la tierra para destruir las obras del diablo. La clave para el triunfo del creyente en la guerra espiritual es saber lo que Jesucristo ya ha logrado mediante su vida, ministerio, muerte y resurrección. Jesús nos invita a orar *desde* una mentalidad de victoria, y no a abrirnos camino *hacia* ella.

Los cristianos muchas veces viven con temor a lo que creen que el diablo podría hacer, pero no puede; y con ignorancia de lo que ellos mismos pueden hacer, pero no hacen. Es fundamental que todo creyente se enfrente a la realidad del entronamiento de Cristo, el destronamiento del diablo, y nuestra posición en las regiones celestiales con Cristo a la derecha del Padre.

Veamos de nuevo 1 Juan 3:8: *Para esto apareció el Hijo de Dios, para deshacer las obras del diablo.* Observemos que la palabra *obras* está en plural. Sabemos que el diablo es astuto en su meta de reclamar victoria sobre el reino del Señor. La palabra *destruir* significa aplastar y arruinar, pero también significa soltar, desatar o disolver. No significa solamente aniquilar. En ocasiones, tan solo queremos conseguir un martillo grande y golpear al diablo en la cabeza, pero en realidad necesitamos soltarlo, desatarlo y disolverlo.

El erudito de la Biblia Stephen S. Smalley afirma que Jesús "quería desbaratar la red de maldad en la cual el diablo siempre ha intentado atrapar a los seres humanos".[1] Eso es extraordinario. ¿Lo comprendes? El enemigo crea una "red de maldad" que atrapa a las personas.

¿Cuáles son las obras de Satanás? Moralmente, el diablo nos tienta al pecado. Físicamente, el diablo inflige enfermedad. Intelectualmente, el diablo introduce el error. Espiritualmente, el diablo ciega las mentes de los que no creen, para que no vean y crean el evangelio del reino.

Entonces, ¿qué destruyó Jesús? El versículo no dice que Jesús vino a destruir al diablo; dice que vino a destruir las *obras* del diablo. No pases por alto este punto estratégico: Jesús vino a desbaratar la red en la que las personas quedan atrapadas. Sí, ¡alabemos al Señor!

10

CÓMO DESTRUYÓ JESÚS LAS OBRAS DEL DIABLO

A lo largo de la vida de cada persona existen "momentos decisivos". Yo tuve varios, incluyendo uno durante mis años como universitario. Era el punto álgido del movimiento *Jesus People*. Ya podría haberme graduado de la universidad; digamos que era el año 1974. El conservador Jim Goll fue haciendo *autostop* desde Warrensburg, Missouri, hasta una iglesia presbiteriana entre las calles 55 y Oak en Kansas City donde las noches de los domingos se reunía una comunidad informal y contemporánea. Todo ello era fascinante: la adoración, la gente, líderes jóvenes, los maestros, los *hippies* que seguían siendo *hippies*, los exdrogadictos, los buscadores de la verdad, y el poder del Espíritu Santo en medio de una revolución cultural. Tal como lo recuerdo, algunos eran salvos, otros no lo eran, y algunos otros estaban en el proceso.

Yo me senté hacia el final en una dura banca de madera. Derek Prince fue quien habló: un erudito británico que se convirtió en un profundo maestro de maestros de la Biblia, en lo que se conoció globalmente como el movimiento carismático. En algún momento durante su presentación hizo una declaración que fue como una flecha que me llegó directamente al corazón: "El camino de la cruz conduce al hogar". No sé si escuché alguna otra cosa que dijo este hombre distinguido, porque aquellas palabras llegaron a lo más hondo de mi ser.

Yo conocía ya al Señor Jesús y estaba apasionadamente prendido por Él, pero aquella afirmación llegó hasta mí como si fueran "clavos hincados" (ver Eclesiastés 12:11). Aquella noche, después de oír esas palabras fui llevado hasta Dios el Padre todopoderoso, el Creador del cielo y de la tierra, de un modo asombroso y accesible. ¿Por qué? Porque "el camino de la cruz conduce al hogar". Este momento decisivo fue una victoria, y también lo que el Espíritu Santo utilizó para destruir las obras del enemigo en mi propia vida personal.

Yo conocía a Jesús como mi amoroso Salvador, Señor y Amigo más querido; sin embargo, Dios el Padre había parecido un Hombre distante y bastante austero en el cielo, sentado sobre un trono elevado que parecía mantenerme a la distancia. Pero ¿estaba siendo dirigido yo a un lugar llamado hogar? Este concepto de Dios el Padre como alguien seguro, que proporcionaba un lugar seguro y creaba un lugar llamado hogar para mí por medio de Jesús, disipó mis temores. Mientras estaba sentado bajo la autoridad de la enseñanza apostólica de la Palabra de Dios por medio de Derek Prince, fui liberado soberanamente del espíritu de rechazo, del temor al hombre y de deseos suicidas.

Allí sentado, temblaba literalmente bajo la autoridad de la Palabra de Dios, y al final del mensaje fui hecho libre. Las obras del diablo fueron expuestas por la luz de la Palabra de Dios, y la oscuridad del espíritu de orfandad tuvo que huir. Conocí la verdad, y la verdad me hizo libre. La oscuridad perdió el agarre que tenía sobre mí, y todo lo demás que tenía otro nombre, excepto el de Jesús, tuvo que postrarse. Esto me sucedió hace muchos años atrás. ¡Y puede sucederte a ti! ¡Jesús sigue destruyendo las redes del diablo!

¿CÓMO DESTRUYÓ JESÚS LAS OBRAS DEL DIABLO?

Jesús vino a destruir todas las obras del diablo. ¿Cómo lo hizo? En primer lugar, ¡al venir a la tierra! Su presencia en la tierra lo cambió todo. Su vida y ministerio fueron el regalo supremo de Dios al mundo al revelar al Padre celestial. Podemos ver en Mateo 2 que el diablo usó al rey Herodes, gobernador de Jerusalén, para intentar matar a Jesús cuando era un niño; sin embargo, ángeles guiaron a José, el papá de Jesús, para escapar de esos planes y mantener a salvo a Jesús.

Jesús también destruyó las obras del diablo viviendo la Palabra de Dios: utilizaba la Palabra y confiaba en la Palabra. Cuando el diablo tentó a Jesús tras cuarenta días de ayuno en el desierto, Él respondió: "Escrito está", y citó la Escritura para refutar las mentiras de Satanás y vencer sus tentaciones (ver Mateo 4:1-11). Confiaba totalmente en Dios, y nunca dependía únicamente en su propia fortaleza o sus esfuerzos.

Uno de los motivos por los que no ganamos todos nuestros asaltos en la batalla es porque no conocemos lo bastante bien la Palabra de Dios. No sabemos sacar la espada del Espíritu, que es la Palabra de Dios, y utilizarla para destruir las tácticas del enemigo (ver Efesios 6:17). Podemos decir: "Te reprendo, diablo", pero no sabemos cómo contrarrestar con las palabras vivas de la Escritura.

Otro modo en el que Jesús venció y destruyó las obras del diablo fue al expulsar demonios y destruir fortalezas espirituales, lo cual compuso una tercera parte del ministerio público de Jesús.[1] Lucas 11:21-22 dice:

Cuando el hombre fuerte armado guarda su palacio, en paz está lo que posee. Pero cuando viene otro más fuerte que él y le vence, le quita todas sus armas en que confiaba, y reparte el botín.

Satanás es el "hombre fuerte". Su casa, palacio u hogar es esta actual era malvada. Sus posesiones son los hombres y las mujeres que están bajo su influencia (ver 2 Timoteo 2). Con la venida de Jesús, el reino de Dios ha llegado y ha invadido el reino de la oscuridad. El poder del diablo ha sido roto y sus cautivos han sido liberados. Esto es solamente parte del triunfo de Cristo.

LA GLORIA DE LA CRUZ

En tanto que la cruz de Cristo glorificó a Dios, también derrotó a Satanás. ¿Cómo glorificó la cruz al Padre? Vaya, esa pregunta podría responderse con todo un estudio bíblico (ver Juan 12:23-33, Romanos 3:21-26, y muchos pasajes más). En su magnífico libro *Los deleites de Dios*, John Piper dice:

Por lo tanto, todo su dolor, vergüenza, humillación y deshonra sirvieron para magnificar la gloria del Padre porque mostraron cuán infinitamente valiosa es la gloria de Dios, de modo que habría que sufrir tal pérdida para demostrar su valor. Cuando vemos el horrible dolor y la muerte en la cruz del Hijo de Dios perfectamente inocente e infinitamente digno, y oímos que Él lo soportó todo para que la gloria de su padre, profanada por los pecadores, pudiera ser restaurada, entonces sabemos que Dios no ha negado el valor de su propia gloria... No ha sido desleal a sí mismo. No ha cesado de defender su honor y mostrar su gloria. Él es justo, y quien justifica a los pecadores.[2]

Jesús recibió el juicio de Dios contra el pecado, contra lo que había denigrado la gloria de Dios. Jesús vino para reivindicar y difundir la gloria de Dios por todo el mundo.

Satanás busca que los hombres y las mujeres sigan viviendo en su pecado, bajo su castigo, atados a su poder y sufriendo derrota mental y emocional debido a sus acusaciones culpables. La muerte de Cristo en la cruz aseguró redención del pecado y su culpa, y destruyó las obras del diablo (ver Colosenses 2:13-15).

Mientras Satanás pueda mantener a las personas en su pecado, puede atormentarles con el temor a la muerte, porque ese es el castigo del pecado. Veamos Hebreos 2:14-15 (NTV):

Debido a que los hijos de Dios son seres humanos —hechos de carne y sangre— el Hijo también se hizo de carne y sangre. Pues solo como ser humano podía morir y solo mediante la muerte podía quebrantar el poder del diablo, quien tenía el poder sobre la muerte. Únicamente de esa manera el Hijo podía libertar a todos los que vivían esclavizados por temor a la muerte.

¡Vaya! Puedes ser libre del temor a morir si estás en Cristo Jesús. Satanás persuadió a Adán y Eva para que se alejaran de la amorosa dirección de Dios en el huerto del Edén, y la muerte entró en el mundo por medio del pecado. El diablo posee ahora la capacidad de instigar el temor a la muerte en los corazones de hombres y mujeres, aterrorizándolos con la posibilidad de lo que producirá. Sin embargo, ¡el temor es destruido mediante la obra de la cruz! ¡Amén!

Podemos ver en 1 Corintios 15:50-57 que la muerte de Cristo derrotó al castigo por el pecado: la muerte eterna.

Pero esto digo, hermanos: que la carne y la sangre no pueden heredar el reino de Dios, ni la corrupción hereda la incorrupción. He aquí, os digo un misterio: No todos dormiremos; pero todos seremos transformados, en un momento, en un abrir y cerrar de ojos, a la final trompeta; porque se tocará la trompeta, y los muertos serán resucitados incorruptibles, y nosotros seremos transformados. Porque es necesario que esto corruptible se vista de incorrupción, y esto mortal se vista de inmortalidad. Y cuando esto corruptible se haya vestido de incorrupción, y esto mortal se haya vestido de inmortalidad, entonces se cumplirá la palabra que está escrita: Sorbida es la muerte en victoria. ¿Dónde está, oh muerte, tu aguijón? ¿Dónde, oh sepulcro, tu victoria? ya que el aguijón de la muerte es el pecado, y el poder del pecado, la ley. Mas gracias sean dadas a Dios, que nos da la victoria por medio de nuestro Señor Jesucristo.

Gloria sea a Aquel que eliminó el aguijón de la muerte eterna para que podamos vivir con Cristo para siempre.

LA RESURRECCIÓN DE JESÚS Y SU EXALTACIÓN

A pesar de cuán poderosa fue la muerte de Cristo, su resurrección es lo que nos da esperanza eterna. Al resucitar a Jesús de la muerte y exaltarlo para sentarse a la derecha de Dios el Padre, Él ratificó, confirmó y proclamó abiertamente la suficiencia de la cruz.

Hay muchos versículos acerca del triunfo de Cristo, entre los que se incluyen:

+ Somos reconciliados con Dios por la muerte de su Hijo (Romanos 5:1-11).

+ Dios resucitó a Cristo de la muerte para que todos podamos ser resucitados cuando Él regrese para reinar en la tierra (1 Corintios 15).

+ La incomparable grandeza del poder de Dios levantó a Jesús de la muerte y lo sentó en lugares celestiales (Efesios 1:19-23).

+ Apocalipsis 1:17-18 declara estas gloriosas palabras del Cristo resucitado: *Y el que vivo, y estuve muerto; mas he aquí que vivo por los siglos de los siglos, amén. Y tengo las llaves de la muerte y del Hades.*

Al examinar a continuación todo lo que Cristo logró en la cruz, quiero que sepas que siempre hay un lugar en la mesa del Padre para ti. La cruz de Jesús ha creado un lugar llamado hogar, para que puedas habitarlo y disfrutarlo. Igual que yo tuve un momento decisivo en mi vida cuando escuché a Derek Pince declarar: "El camino de la cruz conduce al hogar", ahora declaro para ti: "Debido a la obra de la cruz de Cristo Jesús hay un lugar preparado con tu nombre, reservado en la mesa del Padre. Nadie puede ocupar tu lugar. ¡Eres especial para Dios el Padre porque el camino de la cruz conduce al hogar!".

Ahora, esa revelación, esa comprensión, esa declaración de verdad ¡destruirá las obras del diablo en tu vida como lo hizo en la mía!

PARA REFLEXIÓN Y ORACIÓN

+ ¿Qué momento decisivo en tu vida ha producido un nuevo nivel de victoria contra el enemigo?

+ ¿Cuántas veces utilizas la Escritura para combatir al enemigo, y cuán eficaz es esta estrategia en tu vida cuando la utilizas?

+ ¿Cuál es tu canto favorito que proclama la victoria de Jesús sobre el enemigo? ¿Qué se aviva en tu espíritu mientras oyes o cantas la letra?

Toma un versículo que esté cerca de tu corazón en este momento y conviértelo en una oración de triunfo que destruya las obras del diablo en tu vida.

11

EL INTERCAMBIO DIVINO
EN LA CRUZ

La cruz se ha convertido en un símbolo en la cultura actual. Vemos cruces en iglesias, en aretes o collares para hombres y también para mujeres, en pegatinas en autos, en los medios de comunicación, y en más lugares. Algunos deciden ponerse una cruz como joya incluso si no practican la fe cristiana. Tristemente, algunos ni siquiera saben que la cruz está conectada con Cristo; sin embargo, aquellos de nosotros que llevamos una cruz, vemos una cruz en el edificio de una iglesia o sabemos que Jesús murió en la cruz, ¿conocemos la plenitud de lo que Cristo logró en aquella cruz?

Si llevo esta idea un paso más lejos, algunos siguen llevando un emblema de Cristo crucificado en la cruz y no tienen ninguna enseñanza, comprensión o revelación de que fue crucificado, muerto y sepultado, ¡y al tercer día resucitó de la muerte! Comprendo el honrar lo que Jesús hizo en la cruz, pero toda la fe cristiana se basa en la realidad de que Él no se quedó en la cruz. De hecho, no se quedó en un sepulcro. ¡Él resucitó! ¡Ciertamente ha resucitado!

Cuando Jesús gritó "consumado es", ¿qué fue lo que consumó o terminó? Si respondieras que pagó el castigo por tus pecados, tendrías razón; sin embargo, Jesús hizo mucho más que eso, y quiere que recibas una nueva revelación de la cruz para así poder recibir todos los beneficios de lo que muchos maestros y comentaristas bíblicos han denominado "el intercambio divino".

Yo me beneficié personalmente y aprendí de las muchas enseñanzas que recibí de Derek Prince. Hay ocho aspectos del intercambio que se produjo en la cruz. Estas verdades son fundamentales y a la vez reveladoras. Vamos a echarles un vistazo:

1. Nuestro castigo a cambio de su paz.

2. Nuestros dolores a cambio de su sanidad.

3. Nuestro pecado a cambio de su justicia.

4. Nuestra enfermedad a cambio de su salud.

5. Nuestra maldición a cambio de sus bendiciones, su bondad y su misericordia.

6. Nuestra pobreza a cambio de su riqueza.

7. Nuestra naturaleza humana a cambio de su naturaleza espiritual.

8. Nuestra muerte a cambio de su vida.

¡Esto es glorioso! ¡Alguien necesita ponerse de pie y gritar de alegría! Examinemos con más detalle cada uno de estos ocho aspectos. Lee con atención y siente el peso de lo que Jesús hizo por su gran amor por ti.

1. NUESTRO CASTIGO A CAMBIO DE SU PAZ

> *Mas él herido fue por nuestras rebeliones, molido por nuestros pecados; el castigo de nuestra paz fue sobre él, y por su llaga fuimos nosotros curados.* (Isaías 53:5)

Jesús recibió el castigo que era para nosotros debido a nuestros actos de pecado, para que así pudiéramos recibir su paz, perdón y reconciliación con el Padre. A causa de la cruz podemos recibir su paz. ¡Vaya!

2. NUESTROS DOLORES A CAMBIO DE SU SANIDAD

> *Ciertamente llevó él nuestras enfermedades, y sufrió nuestros dolores… y por su llaga fuimos nosotros curados.* (Isaías 53:4-5)

Jesús tomó sobre su propio cuerpo nuestros dolores y nuestra enfermedad para que podamos recibir sanidad. Esta verdad también se cita en el Nuevo Testamento (ver Mateo 8:17; Hebreos 9:28). En la esfera espiritual,

Jesús intercambió su paz a cambio de nuestras transgresiones e iniquidades. En la esfera física, Jesús intercambió su salud y sanidad a cambio de nuestros dolores y enfermedades.

3. NUESTRO PECADO A CAMBIO DE SU JUSTICIA

Cuando su vida sea entregada en ofrenda por el pecado.

(Isaías 53:10, NTV)

Jesús cambió el pecado de la humanidad por su falta de pecado. La ofrenda por el pecado identificaba el pecado de aquel que la ofrecía. Según 2 Corintios 5:21 (NVI): *Al que no cometió pecado alguno [Jesús], por nosotros Dios lo trató como pecador, para que en él recibiéramos la justicia de Dios.* Comparemos este versículo con Juan 3 y Números 21.

Además, leemos en 1 Juan 1:8-10: *Si decimos que no tenemos pecado, nos engañamos a nosotros mismos, y la verdad no está en nosotros. Si confesamos nuestros pecados, él es fiel y justo para perdonar nuestros pecados, y limpiarnos de toda maldad. Si decimos que no hemos pecado, le hacemos a él mentiroso, y su palabra no está en nosotros.* Observemos la diferencia entre *pecado* (singular) y *pecados* (plural) en este pasaje. La naturaleza de pecado produce actos pecaminosos, y Jesús lo llevó todo sobre sí mismo.

4. NUESTRA ENFERMEDAD A CAMBIO DE SU SALUD

Formaba parte del buen plan del Señor aplastarlo [a Jesús] y causarle dolor [la enfermedad incluida]. Sin embargo, cuando su vida sea entregada en ofrenda por el pecado, tendrá muchos descendientes. Disfrutará de una larga vida, y en sus manos el buen plan del Señor prosperará.

(Isaías 53:10, NTV)

Según Miqueas 6:13: *Por eso yo también te hice enflaquecer hiriéndote, asolándote por tus pecados.* ¿Cómo? Es Dios el Padre hablando acerca de su Hijo. Jesús fue enfermo con nuestra enfermedad para que nosotros fuéramos sanos con su salud.

En Hechos 3:16 vemos que la fe en el nombre de Jesús produce "completa sanidad". Además, 3 Juan 2 nos muestra la provisión física de Dios para el creyente: *Que tengas salud, así como prospera tu alma.*

Isaías 52 es otro ejemplo del sufrimiento físico extremo de Jesús. En la cruz, Jesús se identificó con nuestra rebelión y llevó las consecuencias de nuestro pecado. Su posterior exaltación y los beneficios de su muerte fueron puestos a disposición de todas las personas. ¡Gracias, precioso Señor Jesús!

5. NUESTRA MALDICIÓN A CAMBIO DE SUS BENDICIONES, SU BONDAD Y MISERICORDIA

Sin embargo, los que dependen de la ley para hacerse justos ante Dios están bajo la maldición de Dios, porque las Escrituras dicen: «Maldito es todo el que no cumple ni obedece cada uno de los mandatos que están escritos en el libro de la ley de Dios». Queda claro, entonces, que nadie puede hacerse justo ante Dios por tratar de cumplir la ley, ya que las Escrituras dicen: «Es por medio de la fe que el justo tiene vida». El camino de la fe es muy diferente del camino de la ley, que dice: «Es mediante la obediencia a la ley que una persona tiene vida».

(Gálatas 3:10-13, NTV)

Jesús soportó la maldición que cada uno de nosotros merecía por haber quebrantado la ley de Dios. Nosotros, a cambio, recibimos sus abundantes bendiciones mediante la fe, que han llegado por medio del poder de la obediencia de Cristo en nuestro lugar.

Aquellos que dependen de su propia observancia de la ley para ser justos, todavía está bajo maldición. Solamente mediante la fe en Cristo es como podemos ser rescatados de la maldición de nuestro fariseísmo. Gran parte del cuerpo de Cristo sigue necesitando una revelación de esta verdad maravillosa con respecto a la gracia versus las obras. Es mediante la fe, y solamente la fe, como podemos recibir las bendiciones de la vida en Cristo.

Según Deuteronomio 28, estas bendiciones son fruto, abundancia, protección, dirección, victoria, éxito, santidad, honor, riquezas y dominio. Muchos cristianos en ocasiones soportan algo que no tienen que soportar cuando podrían estar disfrutando de una bendición. Si caminamos en obediencia, *vendrán sobre ti todas estas bendiciones, y te alcanzarán* (v. 2).

¿Y las bendiciones sobre las que cantaba el salmista? En Salmos 23:3, 6 leemos: *Me guiará por sendas de justicia… el bien y la misericordia me seguirán…* Dios quiere que la bondad y la misericordia te sigan, ¡y sean tus compañeras de viaje!

Deuteronomio 28 habla también de maldiciones que pueden seguirnos, pero esas son las maldiciones que Jesús intercambió en la cruz por nosotros: improductividad, insuficiencia, frustración, fracaso, derrota, atadura, pobreza, temor, y toda forma de enfermedad mental y física.

6. NUESTRA POBREZA A CAMBIO DE SU RIQUEZA

Ya conocen la gracia de nuestro Señor Jesucristo, quien era rico y por causa de ustedes se hizo pobre, para que mediante su pobreza ustedes llegaran a ser ricos. (2 Corintios 8:9, NVI)

Jesús se hizo pobre con nuestra pobreza para que pudiéramos ser hechos ricos con su riqueza. La gracia tiene un solo canal: Jesucristo; tiene una sola base: la cruz; y tiene un solo administrador: el Espíritu Santo. Estoy muy agradecido por este intercambio.

Leemos en 2 Corintios 9:8: *Y poderoso es Dios para hacer que abunde en vosotros toda gracia, a fin de que, teniendo siempre en todas las cosas todo lo suficiente, abundéis para toda buena obra.* ¡Me encantan estas palabras! Observemos las palabras *toda* y *todo*. Jesús se hizo pobre para que nosotros pudiéramos recibir la generosa abundancia de Dios.

7. NUESTRA NATURALEZA HUMANA A CAMBIO DE SU NATURALEZA ESPIRITUAL

Sabemos que nuestra vieja naturaleza fue crucificada con él para que nuestro cuerpo pecaminoso perdiera su poder, de modo que ya no siguiéramos siendo esclavos del pecado. (Romanos 6:6, NVI)

Podemos disfrutar del intercambio entre la vieja naturaleza y la nueva inmediatamente al recibir a Cristo como Salvador y Señor. La vieja naturaleza denota la naturaleza que cada uno de nosotros recibió mediante la herencia de Adán. Nuestro viejo yo fue crucificado con Él. Efesios 2:3 (NTV) nos dice: *Todos vivíamos así en el pasado, siguiendo los deseos de nuestras pasiones y la inclinación de nuestra naturaleza pecaminosa.*

El apóstol Pablo escribe en Gálatas 2:20 (NTV): *Mi antiguo yo ha sido crucificado con Cristo. Ya no vivo yo, sino que Cristo vive en mí. Así que vivo en este cuerpo terrenal confiando en el Hijo de Dios, quien me amó y se entregó a sí mismo por mí.* Eso es cierto para ti también.

8. NUESTRA MUERTE A CAMBIO DE SU VIDA

Efectivamente, por la gracia de Dios, Jesús conoció la muerte por todos. (Hebreos 2:9 NTV)

Jesús conoció la muerte en tres fases consecutivas.

1. La unión y la comunión con su Padre fueron cortadas (ver Habacuc 1:3; Isaías 59:1-2; Mateo 27:46; Juan 6:57; 10:30).

2. Jesús experimentó muerte física (ver Mateo 27:50; Apocalipsis 1:18).

3. Fue apartado de la presencia de Dios (ver Levítico 16:22; Salmos 16:8-11; 71:20-21; 88; Hechos 2:25-31; Efesios 4:9; 1 Pedro 3:18-19).

A cambio de la horrible muerte de Jesús en la cruz, el regalo de Dios para los creyentes es vida en tres fases:

1. Unión y comunión con Dios y estar unidos en espíritu con el Señor (ver Romanos 6:3-5; 1 Corintios 6:17).

2. Vida física: en este momento y vida resucitada en nuestro cuerpo mortal (ver Romanos 8:11 y 2 Corintios 4:10-11). Tras la resurrección, un cuerpo inmortal (ver 1 Corintios 15:51-54).

3. Eternidad en la presencia de Dios. Leemos en 1 Tesalonicenses 4:17: *Y así estaremos siempre con el Señor.* Comparemos este pasaje con Apocalipsis 21:1-5.

No nos familiaricemos demasiado con ninguno de estos intercambios divinos, sino más bien tengamos corazones llenos de asombro y gratitud por los beneficios eternos que tenemos a causa de lo que Jesús logró mediante su sacrificio. ¡Gracias, Jesús!

PARA REFLEXIÓN Y ORACIÓN

+ ¿Cuál de los ocho aspectos del intercambio divino es más conocido para ti? ¿Cuál de ellos no habías considerado tan profundamente antes?

+ Al pensar en la vida que Jesús te ofrece hoy (no solo cuando mueras), ¿qué clase de unión y comunión con Dios deseas tener? ¿Cómo es eso en la vida diaria?

Toma unos momentos ahora para conversar con Dios acerca del aspecto de la cruz del que tengas hambre en tu vida en este momento.

12

LA POSICIÓN DEL DIABLO CAMBIADA POR LA CRUZ

Como vimos en el capítulo anterior, el intercambio divino ha producido muchos beneficios extraordinarios para cada uno de nosotros. Ahora es posible que toda persona reciba perdón, sea vestida de justicia, y tenga comunión y favor ante Dios. Sin embargo, lo que Jesús hizo en la cruz también afecta la función y el futuro del diablo. Cuando las personas aceptan el regalo gratuito de la salvación por medio de la fe en Jesús, Satanás se ve privado de sus armas más siniestras contra nosotros. ¿Cuáles son algunas de esas armas principales? Acusación, vergüenza y culpa.

Debido a la obra completa de la cruz, la posición de Satanás cambió y ya no tiene la autoridad para poner acusación, vergüenza o culpa sobre quienes se arrepienten y ponen su fe en Jesucristo.

Cuando se trata de culpa, cualquier persona puede experimentar culpa verdadera o real, culpa falsa, e incluso una culpa claramente exagerada. La sangre de Jesús es la cura para toda clase de culpabilidad. Recuerda: conocerás la verdad y la verdad te hará libre. ¡Esta verdad es inmensa, amigo! A la oscuridad le gusta mantener a las personas sin información, inmaduras, con poco conocimiento, bajo presión para desempeñarse, y bajo el puño de un capataz duro.

¿Alguna vez dijiste "no me siento bien" o "ahora mismo estoy hundido", o has sentido que estás bajo ataque o sobrepasado por tus circunstancias? Pues bien, no tienes que estar más bajo ninguna de esas cosas. Según Romanos 16:20, el enemigo está bajo tus pies. No solo eso, sino que también se supone que debes hacerle algo al enemigo. ¿Sabes lo que es? ¡Aplastar a ese enemigo! Eso es lo que dice el Libro. Sí, puedes salir de debajo y aprender a colocarte en lo alto y ser un vencedor triunfante.

¡DEBERÍAS QUITARTE LA VERGÜENZA!

¿Has oído alguna vez a alguien decir: "¡Debería darte vergüenza!"? Es casi como si quisiera poner lodo sobre ti y arrastrarte a su nivel para que no puedas sobresalir. Pues bien, tengo unas palabras para ti. "¡Fuera vergüenza!". Y tengo unas palabras para las personas que dicen cosas como esa. "¡Ya basta!".

La vergüenza o la culpa es como un montón de cangrejos en un cubo. Uno de ellos normalmente comienza a subir hasta el borde del cubo para salir, pero entonces otros cangrejos también suben y lo arrastran a su nivel donde creen que pertenece, precisamente en el fondo maloliente de ese cubo. Otro cangrejo tiene la idea de que necesita respirar e intenta encontrar un espacio propio. Comienza a escalar hacia arriba solamente para que otros cangrejos lo alcancen con sus patas y lo arrastren hacia abajo también.

He visto esa misma práctica producirse demasiadas veces en la cultura de la Iglesia, y Dios no lo aprueba. Es el momento de dejar de jugar a esos juegos de cangrejos inspirados por el diablo, y es momento de que seamos animadores en la casa de Dios, ¡en lugar de ser un montón de cangrejos! El enemigo está en el fondo del cubo, de modo que no le permitas que te arrastre abajo junto con él.

Vivir bajo la culpa o la acusación del enemigo, sintiendo culpa y vergüenza, es opresivo y debilitante, y causa trastornos espirituales, mentales y físicos. Sin embargo, veamos la verdad de Efesios 2:4-6 que el diablo no quiere que conozcamos.

Pero Dios, que es rico en misericordia, por su gran amor con que nos amó, aun estando nosotros muertos en pecados, nos dio vida juntamente con Cristo (por gracia sois salvos), y juntamente con él nos resucitó, y asimismo nos hizo sentar en los lugares celestiales con Cristo Jesús.

¿Dónde estamos? En los lugares celestiales con Cristo Jesús. Eso significa que estamos por encima y no por debajo. Estamos arriba y no abajo. Efesios 1:22 dice: *Y sometió todas las cosas bajo sus pies, y lo dio por cabeza sobre todas las cosas a la iglesia.* Si estamos sentados con Cristo en los lugares celestiales y todas las cosas están bajo sus pies, entonces posicionalmente todo está también bajo nuestros pies.

Por lo tanto, si te has sentido bajo el ataque del enemigo, y si sus acusaciones te han enterrado en un montón de culpa y vergüenza, declaro sobre ti: "¡Fuera la vergüenza!". Somos demasiados los que vivimos bajo la vergüenza incluso por cosas que no hicimos, sino que nos hicieron. El diablo no tiene ninguna autoridad para poner sobre ti culpabilidad. Si sientes culpa o vergüenza por encima de tu cabeza, sométete al señorío de Jesús y grita: "Cállate, acusador. Soy perdonado y limpiado por la sangre de Jesús. ¡Me quito la vergüenza en el nombre de Jesús! ¡Me quito la culpa en el nombre de Jesús!".

El negocio del diablo ha cambiado a causa de Juan 12:31 (NTV), que dice: *Ha llegado el tiempo de juzgar a este mundo, cuando Satanás —quien gobierna este mundo— será expulsado.* Además, según Colosenses 2:15, Dios despojó de sus armas a los gobernantes y a las autoridades espirituales, siendo la principal de ellas la acusación. La Biblia dice que Jesús *los avergonzó públicamente con su victoria sobre ellos en la cruz* (NTV). ¿Captaste esas palabras? El enemigo es quien tiene vergüenza, de modo que no permitas que ponga su vergüenza sobre ti.

Al concluir esta sección que se ha enfocado en la cruz de Cristo, recuerda que la muerte de Jesús ha derrotado a Satanás y le ha quitado sus armas y sus motivos de acusación. En pocas palabras, la cruz colocó a Satanás en su lugar: bajo nuestros pies.

El apóstol Pablo concluyó su carta a los Romanos con estas palabras: *El Dios de paz pronto aplastará a Satanás bajo los pies de ustedes. Que la gracia de nuestro Señor Jesús sea con ustedes* (16:20, NTV). La versión *The Passion Translation* dice: *Y el Dios de paz pronto dejará hecho añicos a Satanás bajo los pies de ustedes. Y el maravilloso favor de nuestro Señor Jesús les rodeará* (traducción libre). ¡Me gusta eso! No solo la posición del enemigo fue cambiada por la muerte de Cristo, sino que también anticipamos la destrucción completa de Satanás cuando Cristo regrese.

Estemos arraigados en nuestro lugar en Cristo, cimentados firmemente en el fundamento de su obra terminada en la cruz, al examinar ahora las armas de nuestra guerra espiritual.

PARA REFLEXIÓN Y ORACIÓN

✦ ¿Cuántas veces eres golpeado por las armas del enemigo de acusación, vergüenza y culpa? ¿Cómo respondes?

✦ ¿Cuáles son acusaciones comunes que el enemigo usa contra ti? ¿Cuál es la verdad según la Palabra de Dios?

✦ ¿Cómo puedes caminar en la realidad espiritual de estar sentado con Cristo en los lugares celestiales?

Conversa con Dios acerca de cualquier culpa o vergüenza que sientas. Además, sé consciente de la convicción del Espíritu Santo y confiesa cualquier pecado que venga a tu mente. Entonces, dale las gracias a Jesús por tu posición en Él y pídele que te muestre cómo vivir cada día en esa realidad.

ORACIÓN PARA LA GUERRA ESPIRITUAL VICTORIOSA

Padre Dios, gracias por enviar a tu Hijo Jesús para destruir las obras del diablo. Confieso que he caído en pecado, pero no quiero continuar más en la oscuridad. Decido acercarme a tu luz y alejarme de lo que no te da honra a ti. Perdóname y límpiame de toda maldad. Empodérame por tu Espíritu para caminar de una manera que te agrade.

Padre celestial, gracias porque la obra terminada de la cruz de Cristo lo cambió todo. Tu Hijo Jesús llevó sobre sí mi culpa y mi pecado para que yo pueda tener tu justicia. Jesús se hizo maldición para que yo pueda recibir la abundancia de tu bendición. Jesús, mi Mesías, experimentó la muerte para que yo pueda recibir vida en este mundo y en el venidero. El intercambio divino ha tenido lugar, y yo soy el receptor de tu gran gracia.

Quiero cooperar contigo y destruir las obras del diablo como lo hizo Jesús mediante su vida y ministerio, su muerte en la cruz, y su poderosa resurrección de la muerte. Estoy vivo con Cristo y he sido salvado por su gracia. Tú me has sentado con Cristo en los lugares celestiales, y vivo mi vida contigo desde ese lugar. ¡Aleluya! ¡Amén!

SECCIÓN 6

TUS ARMAS DE GUERRA

Una palabra final: sean fuertes en el Señor y en su gran poder. Pónganse toda la armadura de Dios para poder mantenerse firmes contra todas las estrategias del diablo. Pues no luchamos contra enemigos de carne y hueso, sino contra gobernadores malignos y autoridades del mundo invisible, contra fuerzas poderosas de este mundo tenebroso y contra espíritus malignos de los lugares celestiales.

Por lo tanto, pónganse todas las piezas de la armadura de Dios para poder resistir al enemigo en el tiempo del mal. Así, después de la batalla, todavía seguirán de pie, firmes.   Efesios 6:10-13, NTV

Los tres capítulos siguientes sobre las armas salvadoras de nuestra guerra espiritual son vitales, sin tener en cuenta si son un repaso o totalmente nuevos para ti. Una mirada fresca a toda la armadura de Dios te preparará para tu victoria personal.

¿Quieres ser derrotado por el diablo, o te gustaría derrotar tú mismo al diablo? En mi vida han sucedido ambas cosas, y yo prefiero mucho más derrotar al diablo y sus huestes.

No te estoy presentando los principios en este libro como alguien que ha sido victorioso en cada asalto del "combate de boxeo". El modo más apropiado de describir la lucha que describió Pablo es imaginar un combate de boxeo o de lucha libre. Ambos casos son buenas analogías porque están formados por más de un asalto, y representan un deporte de contacto. Gracias a Dios porque en la vida tenemos más de un asalto.

Igual que yo, puede que seas débil en un asalto y quieras regresar a tu rincón y tomar un descanso. Podrías decir: "He dicho eso, he estado ahí, ¡y ahora es el turno de otro!". Lo comprendo. Pero ¿sabes qué? Hay un tiempo para pulsar el botón de pausa, y hay un tiempo para calcular el costo. Hay un tiempo para reevaluar, y hay un tiempo para ser reequipado y renovado. Y hay un tiempo para acercarnos a la Palabra y agarrar toda la armadura de Dios, saber que Él está en nuestro rincón, y después volver a entrar en la lona.

Recuerda siempre: *Mayor es el que está en vosotros, que el que está en el mundo* (1 Juan 4:4). No estás solo. Si eres nacido de nuevo, en tu interior vive un Guerrero, y Él es el vencedor sobre todo mal, enfermedad y sufrimiento. Jesús venció cada batalla, y es el Vencedor resucitado. ¡Jesús es la mayor arma de guerra espiritual!

Hay armas externas, y examinaremos cada una de ellas, pero la *mayor* arma es el Hombre Cristo Jesús que vive en tu interior. Como declara el himno tradicional y tan conocido:

"¡Él vive! ¡Él vive! ¡Jesucristo vive hoy! Él camina conmigo por la senda angosta de la vida. ¡Él vive! ¡Él vive! ¡Para impartir salvación! ¿Me preguntas cómo sé que Él vive? Él vive en mi corazón".[1]

Es un himno que por lo general se canta durante los servicios de Semana Santa y nos ayuda a construir el puente entre lo espiritual y lo físico, ¡confirmando que la mayor arma de guerra espiritual es Cristo Jesús que vive en nuestro corazón!

13

CÓMO PODEMOS SER FUERTES: UNA MIRADA NUEVA A EFESIOS 6:10-14

El mundo está fascinado con los superhéroes. Las películas que son un taquillazo están llenas de héroes, desde los Cuatro Fantásticos, los Vengadores, Superman, la Mujer Maravilla, y las mujeres y los hombres protagonistas en las últimas versiones de *Misión Imposible* y *En busca del arca perdida*. Nos encanta un perdedor que se convierte en un vencedor, y nos encanta cuando entra en escena la fuerza sobrenatural. Todo cambia. Aplaudimos cuando alguien está a punto de darse por vencido y entonces, en el último minuto, ¡la atmósfera se torna diferente y se produce un cambio!

Efesios 6:10-14 nos da una perspectiva guiada por el Espíritu sobre cómo podemos mantenernos fuertes hasta que se haga realidad nuestro triunfo. Este pasaje comienza con la palabra *final*. *Una palabra final: sean fuertes en el Señor y en su gran poder* (NTV). Finalmente, después de toda la doctrina, las exhortaciones y los ánimos, hay una cosa más. Es como si Pablo estuviera diciendo: "Dejé lo mejor para el final. Ahora presten mucha atención. Van a necesitar esta estrategia de guerra espiritual".

Algunos sugieren que "una palabra final" o "finalmente" significa "de ahora en adelante" o "por el tiempo restante", y otros maestros bíblicos se refieren a ello como un periodo entre la primera y la segunda venida de Jesús. La idea es que, desde ahora en adelante (en todo momento hasta que Jesús regrese), estamos en guerra. Eso es lo que Pablo está diciendo. Por lo tanto, estén alerta. Estén preparados. Estén armados. Es muy probable que Pablo obtuviera la imagen de la armadura de sus observaciones del soldado romano al que estaba encadenado (ver Efesios 6:20). Por lo tanto, examinemos la revelación que Dios le dio a Pablo acerca de nuestras armas de guerra espiritual.

SEAN FUERTES EN EL SEÑOR (V. 10)

Pablo no dijo: "Una palabra final: Sean fuertes. ¡Vamos! ¡Pueden hacerlo!". La autoconfianza en la guerra espiritual es peligrosa y también inútil. No somos llamados a guerrear en nuestras propias fuerzas. Se nos amonesta a que seamos fuertes *en el Señor*. ¿Necesitas ese recordatorio? Yo sí que lo necesito.

Otro pasaje muestra la fortaleza del ánimo de Dios porque Él está con nosotros. Josué 1:6-9 registra las palabras de Dios a Josué cuando estaba a punto de ocupar el papel de liderazgo que había ocupado Moisés antes de su muerte. Tres veces el Señor le dice a Josué que sea fuerte y valiente, y al final del v. 9 vemos que la fuerza y valentía de Josué deben estar arraigadas en la promesa: *El Señor tu Dios está contigo dondequiera que vayas* (NTV).

Y ¿qué decir de 1 Samuel 30:6 (NTV) como ejemplo de la fiel presencia de Dios? *David ahora se encontraba en gran peligro, porque todos sus hombres estaban muy resentidos por haber perdido a sus hijos e hijas, y comenzaron a hablar acerca de apedrearlo.* ¿Qué sucedió después? David estaba muy angustiado, ¿y se fortaleció mirando las redes sociales o Netflix? ¡No! *Pero David encontró fuerzas en el Señor su Dios.*

Segunda de Crónicas 20:15 (NTV) registra una palabra profética de Dios que recibió Josafat: *¡Escuchen, habitantes de Judá y de Jerusalén! ¡Escuche, rey Josafat! Esto dice el Señor: ¡No tengan miedo! No se desalienten por este poderoso ejército, porque la batalla no es de ustedes, sino de Dios.* Esto te anima a que entregues tus batallas a Dios. Dios aceptará tus batallas y las peleará por ti, pero debes entregarlas a Él. Dios quiere que aprendas a depender de Él, que sepas que Él es tu suficiencia en todas las cosas, incluidas las emergencias.

Me gustan las palabras de David que están en Salmos 18:1 (LBLA), que dice: *Yo te amo, Señor, fortaleza mía.* Y Salmos 18:31-32 nos dice: *Pues,*

¿quién es Dios, fuera del Señor? ¿Y quién es roca, sino solo nuestro Dios, el Dios que me ciñe de poder, y ha hecho perfecto mi camino? ¡Me encanta eso! Dios me rodea de poder y fuerza. ¡Que así sea, Señor!

Otro salmo de David refleja su corazón cuando Saúl envió soldados para vigilar la casa de David y matarlo. Salmos 59:16-17 dice: *Pero yo cantaré de tu poder, y alabaré de mañana tu misericordia; porque has sido mi amparo y refugio en el día de mi angustia. Fortaleza mía, a ti cantaré; porque eres, oh Dios, mi refugio, el Dios de mi misericordia.* ¡Vaya!

Encontramos otra vez la promesa de la fortaleza de Dios en Salmos 68:35, que dice: *El Dios de Israel, él da fuerza y vigor a su pueblo,* y Salmos 118:14 (LBLA) declara: *El Señor es mi fortaleza y mi canción.*

Dios quiere darnos su fortaleza cuando la necesitemos. ¿Cómo tenemos acceso a la fortaleza y el poder de Dios? Mediante la oración, el ayuno, guardando la Palabra de Dios en nuestra mente y nuestro corazón, mediante la comunión y el aliento unos de otros, mediante la alabanza y adoración, al tomar la Cena del Señor, mediante la unción y ser llenos del Espíritu Santo, y al vestirnos de toda la armadura de Dios. Hay muchas maneras de recibir la fortaleza de Dios.

VESTIRNOS DE TODA LA ARMADURA DE DIOS (V. 11)

No nacimos vistiendo la armadura de Dios. Debemos tomar el tiempo y hacer el esfuerzo de vestirnos de cada pieza, y cuando tengamos puesta toda la armadura, dejarla puesta. Caminar con ella, trabajar con ella y dormir con ella. Haz todo lo que tengas que hacer mientras llevas puesta tu armadura. Muchos cristianos se la ponen y se la quitan dependiendo de sus circunstancias. Para estar siempre protegido, debes vestirte siempre de toda la armadura de Dios en todo momento.

Después de que Pablo dijera *fortaleceos en el Señor, y en el poder de su fuerza,* nos indica: *Vestíos de toda la armadura de Dios, para que podáis estar firmes contra las asechanzas del diablo.*

Hay un texto destacado del Antiguo Testamento que une la armadura y los atributos de Dios. Isaías 59:17 dice: *Pues de justicia se vistió como de una coraza, con yelmo de salvación en su cabeza; tomó ropas de venganza por vestidura, y se cubrió de celo como de manto.*

Aunque examinaremos partes específicas de nuestra armadura espiritual en capítulos posteriores, quiero afirmar con toda claridad que Dios mismo es nuestro Guerrero. Tu arma de guerra espiritual más eficaz es Dios mismo. Si eres nacido de nuevo, Jesús vive en tu interior: Cristo en ti, la esperanza de gloria (ver Colosenses 1:27).

Dios el Guerrero pelea para liberar y reivindicar a sus hijos. La armadura sobrenatural que Dios mismo viste ha sido puesta a nuestra disposición misericordiosamente. En otras palabras, es la armadura de Dios no solamente porque Él la da, sino también porque se viste de ella. Es el armamento del cielo liberado a la tierra para que podamos estar firmes contra las maquinaciones o asechanzas del diablo.

¿Cuáles son las asechanzas del diablo? Tácticas malvadas, agendas secretas, tentaciones, acusaciones, intimidación, división, y otros asaltos parecidos contra creyentes individuales, incluyendo también estratagemas sistemáticas, institucionales y organizacionales y planes estratégicos no solo contra la iglesia sino también contra las sociedades en todo el mundo.

Aunque podemos ver la Escritura y la historia y detectar maquinaciones comunes del diablo, yo no creo que todos sus métodos y tácticas estén revelados explícitamente en la Escritura. Por lo tanto, más motivo todavía para que nos vistamos de *toda* la armadura y no solo con parte de ella. ¡Las batallas de los últimos días requieren que el cuerpo de Cristo esté totalmente armado!

NUESTRA LUCHA (V. 12)

Efesios 6:10 nos dice que seamos fuertes en el Señor y no en nuestra propia fuerza. El versículo 11 nos hace conscientes de toda la armadura de Dios que nos ayuda a estar firmes contra las asechanzas del enemigo. Entonces, el versículo 12 nos muestra la naturaleza de nuestra batalla contra el enemigo: es una lucha espiritual.

El término griego traducido como "lucha" es *pale* (*Strong's* #3823), que significa "lucha libre". Esta expresión de "combate de lucha libre" se utiliza solamente una vez en el Nuevo Testamento. ¿Por qué usó Pablo este término deportivo con respecto a la armadura y a la preparación militar? ¿Por qué no usar las mismas palabras que se encuentran en 2 Corintios 10:4 o 1 Timoteo 1:8: *strategia* o *strateia* (*Strong's* #4752), que significa "guerra espiritual"? La razón es muy significativa.

La lucha libre era un evento extremadamente popular en los juegos deportivos que se realizaban en Asia Menor, particularmente en Éfeso, donde Pablo predicó por algunos años. En contraste con la lucha libre entre carne y sangre con la que estarían muy familiarizados los lectores en Éfeso, la verdadera lucha de los creyentes es un encuentro de poder espiritual que requiere armas espirituales.

El erudito del Nuevo testamento Clinton Arnold explica las siguientes creencias que tenían los efesios en las artes mágicas durante la época de Pablo:

> Dos escritores antiguos cuentan el relato humorístico de un luchador efesio que viajó a Olimpia, en Grecia, para competir en los Juegos Olímpicos. El luchador se ató un amuleto a su tobillo que tenía inscrito las letras efesias. Eran seis nombres mágicos, probablemente referentes a seis seres sobrenaturales poderosos. El luchador efesio enseguida derrotó a sus oponentes y avanzó en el evento, ¡hasta que el árbitro descubrió el amuleto en el tobillo! Entonces, perdió tres combates sucesivos.[1]

Clinton Arnold cree que Pablo quizá estaba aludiendo a esta historia con el uso que hace de la palabra *pale*. Continúa:

> La alusión podría haber demostrado ser un modo eficaz de comunicar a los conversos que ya no deberían "vestirse" de la Efesia Gramata como un amuleto (por ej., recurrir a la magia), sino que ahora debían "vestirse" de la armadura de Dios (por ej., el poder de Dios). Además, también entenderían de una manera nueva que la lucha en la que se habían alistado como cristianos es contra "potestades" sobrenaturales; de hecho, las "potestades" muy sobrenaturales que eran convocadas para ayudarles por la Efesia Gramata, ¡son ahora los oponentes atacantes a los que necesitan resistir![2]

La lucha libre es un juego de contacto físico cercano en el cual uno debe derribar al enemigo no una sola vez sino muchas veces. Es un combate mano a mano. Conocer el contexto histórico revela incluso más acerca de la lucha con nuestro enemigo espiritual.

Esta lucha no es "contra sangre y carne". Pablo está diciendo que nuestra lucha no es contra la humanidad. Más allá de las peleas diarias terrenales con personas, instituciones e ideologías, se produce una batalla espiritual invisible. Puede que tengamos antagonistas humanos y terrenales, pero debemos comprender que Satanás trabaja detrás de sus esfuerzos (ver también Mateo 16:23).

ESTAR FIRMES (VV. 11, 13 Y 14)

Pablo dice tres veces a los efesios que estén firmes en los vv. 11, 13 y 14. No solo dijo que resistieran. Dijo estar *firmes*. Esto significa que debemos mantener nuestra posición, resistir, negarnos a entregar terreno al enemigo, preservar y mantener lo que ya ha sido ganado.

¿Cómo se supone que estemos firmes? Con toda la armadura de Dios. La *Nueva Traducción Viviente* dice que resistimos al enemigo con *todas las piezas de la armadura de Dios*. Antes de que Pablo presente las piezas individuales de la armadura de Dios, dice que necesitamos toda ella. ¿Por qué? *Para que podáis resistir en el día malo, y habiendo acabado todo, estar firmes* (v. 13).

El "día malo" podría describir toda la era presente, también ocasiones en las que el ataque es especialmente intenso, o posiblemente ambas cosas. Sea lo que sea, con toda la armadura de Dios podemos estar firmes en cualquier periodo en el que nos encontremos.

Aquello contra lo que tenemos que pelear en una temporada no es lo mismo que en la siguiente. Después del ayuno de cuarenta días de Jesús, la Biblia dice: *Se apartó* [el diablo] *de él por un tiempo* (Lucas 4:13). El diablo no se apartó permanentemente. La *Nueva Traducción Viviente* afirma: *Cuando el diablo terminó de tentar a Jesús, lo dejó hasta la siguiente oportunidad*.

El acoso y el ataque pueden venir del enemigo en momentos del mayor potencial en Dios. Es entonces cuando Dios quiere que lo busques y lo encuentres, y atravieses esa puerta hacia nuevas oportunidades.

PARA REFLEXIÓN Y ORACIÓN

+ ¿Cuántas veces te encuentras apoyándote en tus propias fuerzas en lugar de encontrar tu fortaleza en el Señor?

+ ¿Cuál ha sido tu experiencia con "toda la armadura de Dios", y cómo la has utilizado en la vida diaria?

+ ¿Qué sucede cuando comienzas a pelear con personas en lugar de pelear con el enemigo que está detrás de esa lucha? ¿Cuán interconectados están estos dos ámbitos en tu realidad diaria, y cómo puedes posicionarte a ti mismo para pelear contra el verdadero enemigo?

Pide a Dios que te muestre de manera nueva la fortaleza que Él tiene para ti cuando luchas, y toda la armadura que Él ha provisto para tu triunfo.

14

ARMAS ESPIRITUALES CON PODER DIVINO: UNA MIRADA NUEVA A 2 CORINTIOS 10:3-5

Veamos otra carta que Pablo envió a la iglesia primitiva que habla acerca de armas de guerra espiritual. Pablo escribió:

Pues aunque vivimos en el mundo, no libramos batallas como lo hace el mundo. Las armas con que luchamos no son del mundo, sino que tienen el poder divino para derribar fortalezas. Destruimos argumentos y toda altivez que se levanta contra el conocimiento de Dios, y llevamos cautivo todo pensamiento para que obedezca a Cristo.

2 Corintios 10:3-5, NVI

Pablo dejó muy claro que, aunque somos humanos que vivimos en el mundo, no usamos las armas humanas que el mundo usa. En otras palabras, vivimos y ministramos en cuerpos de carne y sangre, pero no utilizamos sus tácticas y maquinaciones para alcanzar nuestras metas.

¿Has pensado alguna vez que posees armas que tienen poder *divino*? Ahora existen muchas películas acerca de superhéroes y superpoderes. Tal vez no seas capaz de volar, encogerte o ser invisible, ¡pero tienes poder divino! Dios te ha dado armas espirituales que son divinamente poderosas. Declara junto conmigo en este momento: "¡Mis armas espirituales son divinamente poderosas para la destrucción de fortalezas en el nombre de Jesús!".

Nuestras armas son divinamente eficaces y hacen el trabajo porque Dios actúa en ellas y por medio de ellas. Dios es el que hace que sean poderosas, y son poderosas para Dios.

LAS ARMAS QUE DIOS PROVEE

Ya que nuestros adversarios son espirituales, nuestras armas también deben ser espirituales. En la sección siguiente examinaremos seis partes específicas que normalmente denominamos la armadura de Dios. Sin embargo, ¿sabías que nuestras armas espirituales se extienden más allá de esa lista? Sí, Dios nos da verdad, justicia, paz, fe, salvación y la Palabra de Dios. También nos da el Espíritu Santo (recuerda que Dios mismo es nuestra mayor arma), perseverancia, seguridad, alerta, oración, alabanza, valentía, y muchas más.

Ingenuidad humana, belleza y elocuencia, excelencia y un gran esfuerzo, sabiduría del alma, el poder de la persuasión y el mando en la oratoria pública, y el carisma y el brillo podrían llevarte a ciertos lugares e incluso ascenderte delante de los hombres, pero estas características unidas a una personalidad persuasiva y vacía del Espíritu finalmente darán como resultado un derrumbe.

¿Cuál es la meta de nuestras armas, de todos modos? ¿Persuadir o hacer un espectáculo a cambio de ganancia personal? Claro que no. El propósito de nuestras armas es destruir las obras del enemigo en cada área de la vida. Utilizamos nuestras armas para destruir *argumentos y toda altivez que se levanta contra el conocimiento de Dios, y llevamos cautivo todo pensamiento para que obedezca a Cristo* (2 Corintios 10:5, NVI).

Argumentos, especulaciones, pensamientos e intenciones son espirituales en naturaleza, razón por la cual debemos usar armas espirituales para derribarlas. Nuestras armas pueden destruir (ajustar) el modo en que piensan otras personas y derribar patrones de pensamiento pecaminosos y estructuras mentales mediante los cuales viven sus vidas en rebelión contra Dios. En otras palabras, todo argumento arrogante, todo pensamiento altivo u orgulloso, y todo acto egoísta forman una barrera para el conocimiento de Dios. Estos argumentos justifican el pecado, fomentan la incredulidad y demoran el arrepentimiento.

The Message interpreta de este modo 2 Corintios 10:5:

El mundo no tiene principios. ¡Es una pelea despiadada! El mundo no pelea limpio, pero no vivimos ni peleamos nuestras batallas de ese

*modo; nunca lo hemos hecho y nunca lo haremos. Las herramientas que
tenemos no son para la manipulación, sino para derribar toda esa cultura masivamente corrupta. Usamos nuestras potentes herramientas
de Dios para derribar filosofías torcidas, para derribar barreras levantadas contra la verdad de Dios, llevando todo pensamiento, emoción e
impulso a encajar en la estructura de una vida moldeada por Cristo.
Nuestras herramientas están preparadas para limpiar el terreno de
todo obstáculo y construir vidas de obediencia hacia la madurez.*

(Traducción libre)

Dios nos ha dado armas divinas y espirituales para pelear nuestras
batallas. Son tan poderosas que desmantelarán y derriban razonamientos y justificaciones pecaminosas que, si no se controlan, influencian la
mente contra el evangelio. Somos llamados a llevar *cautivo todo pensamiento para que obedezca a Cristo*. Cuando hacemos eso, entramos en una
nueva lealtad y alianza con el reino de Dios y avanzamos el plan de Dios
para su mundo.

Me encanta cada vez que veo a mi amigo Michael W. Smith echar su
cabeza hacia atrás y cantar con todo su corazón la canción *Surrounded
(Fight My Battles)* [Rodeado (Peleo mis batallas)]. "¡Así es como peleo
mis batallas!". Sí, cuando las cosas no se ven bien, ¡Dios nos rodea y
pelea nuestras batallas por nosotros y con nosotros! *Gracias, Jesús, por
tus armas espirituales que tienen poder divino para derribar fortalezas
demoniacas.*

PARA REFLEXIÓN Y ORACIÓN

+ Tus armas tienen poder divino, no un poder humano, carnal o del
mundo. Cada vez, cada una de ellas es eficaz divinamente. ¿Crees
esa verdad? ¿Comprendes cuán plenamente armado estás? ¿Sabes
que tu victoria está asegurada?

+ ¿Cómo has visto que las armas espirituales abordan problemas
espirituales en tu vida, como argumentos pecaminosos o razonamiento humano?

✦ Cuando disparas con un arma física como una pistola o un rifle, hay un golpe de retroceso significativo que puede aturdir al tirador. Pensando en tus armas espirituales, ¿qué tipo de golpe de retroceso has visto o deberías esperar?

Toma unos momentos ahora para conversar con Dios acerca de problemas espirituales en torno a ti que requieren sus armas espirituales. Pídele discernimiento sobre qué armas quiere el Espíritu Santo que utilices en cada situación.

15

EL PODER QUE ESTÁ DETRÁS DE LA ARMADURA

Leamos una vez más 2 Corintios 10:3-4 (NTV):

> *Somos humanos, pero no luchamos como lo hacen los humanos. Usamos las armas poderosas de Dios, no las del mundo, para derribar las fortalezas del razonamiento humano y para destruir argumentos falsos.*

Algunos han malinterpretado y, por lo tanto, han usado mal este pasaje y el versículo siguiente como si estuviera hablando solamente de la guerra espiritual a nivel cósmico; en otras palabras, espíritus territoriales o espíritus que influyen en zonas geográficas, de lo cual hablaremos en otro capítulo. Principalmente "fortalezas", "argumentos y toda altivez" (v. 5) se han tomado como una referencia tan solo a espíritus demoniacos. Sin embargo, los enemigos a los que Pablo se refiere en este pasaje son ideas, argumentos, filosofías y excusas que son contrarios al reino de Dios y la gloria de Dios.

¿Qué dice Pablo que hacemos? *Destruimos argumentos y toda altivez que se levanta contra el conocimiento de Dios, y llevamos cautivo todo pensamiento para que obedezca a Cristo* (v. 5, NVI). ¿Quién está detrás de estos pensamientos, estructuras, estratagemas, y estas maneras de pensar estructurales?

Podemos ver el versículo que dice que antes de que naciéramos de nuevo, éramos controlados por *el príncipe de la potestad del aire y en los deseos de nuestra carne* (Efesios 2:1-3), y que nuestra mente tenía *el entendimiento entenebrecido* (Efesios 4:17-18) y cegado por el dios de este mundo *para que no les resplandezca la luz del evangelio de la gloria de Cristo* (2 Corintios 4:4).

Al margen de quién esté detrás, Dios quiere que veamos lo que está (y quién está) detrás de nuestra armadura y cómo derribamos las obras del enemigo.

EL ESPÍRITU SANTO Y LA PALABRA

Hace años atrás estaba yo en Sarajevo, la capital y ciudad más grande de Bosnia-Herzegovina, ministrando con Mahesh Chavda, un querido mentor y amigo. Después de que Mahesh oró por la gente, observamos a un hombre que estaba tumbado de espaldas en el piso. El hombre, que no hablaba inglés, estaba acurrucado formando una pelota. Estaba en angustia, y sus extremidades se estaban poniendo frías y azuladas, de modo que Mahesh me pidió que siguiéramos orando por ese hombre.

Mediante un intérprete intenté entender qué estaba sucediendo. No pude. Incluso mi experiencia y mi don para discernir espíritus no me ayudaron en esta situación para determinar lo que necesitaba ese hombre. Clamé al Espíritu Santo, y entendí que ese hombre se enfrentaba a una fortaleza. Me dirigí a la potestad de la oscuridad en voz alta con un don de fe, y pregunté: "¿Cuál es el obstáculo?". Ese hombre que no sabía hablar inglés dijo milagrosamente: "Saca el libro".

Volteamos al hombre y descubrimos que tenía un libro en su bolsillo: *Mein Kampf*, un manifiesto político escrito por Adolf Hitler. Cuando sacamos ese libro de su bolsillo, el hombre fue hecho libre al instante de todo acoso demoniaco. Aceptó al Señor Jesucristo como su Salvador y fue lleno con el Espíritu Santo. Supimos mediante el intérprete que el hombre era de Hungría, y estudiaba filosofía y comunismo en la Universidad de Sarajevo. La fortaleza demoniaca que ataba a este hombre era el libro que apoyaba una filosofía malvada.

¿Cómo fue sacada a la luz esta fortaleza? El Espíritu Santo la sacó a la luz cuando yo escuché sus palabras. Cuando pedí ayuda al Espíritu Santo fue cuando supe lo que estaba sucediendo. Aunque llevaba puesta la armadura de Dios y había estado actuando en los dones del Espíritu por años, fue la voz en tiempo presente del Espíritu lo que se convirtió en mi arma de guerra espiritual para exponer a la fortaleza y así poder lidiar con ella bajo la unción.

Necesitamos todas nuestras armas espirituales para lidiar con estas fortalezas, especialmente las sigilosas. ¿Quién habría pensado que un libro que el hombre llevaba en su bolsillo sería una clave para liberarlo? Y ¿quién habría pensado que ese hombre recibiría el don sobrenatural de hablar inglés para dar la respuesta?

Los cristianos también pueden tener fortalezas. Enemigos intelectuales, filosóficos y morales del reino de Dios no desaparecen de modo automático cuando somos salvos. Dios no nos da una cepillada, limpia nuestro cerebro, y entonces automáticamente tenemos una mente nueva. Me gustaría que así fuera. Nos corresponde a nosotros ser transformados mediante la renovación de nuestro entendimiento (ver Romanos 12:2).

En el capítulo 9 compartí la definición de fortaleza que da Ed Silvoso: "Una mentalidad saturada de desesperanza que nos fuerza a aceptar como inmutables situaciones o resultados que sabemos que son contrarios a la voluntad de Dios".[1] Las fortalezas pueden ser patrones de pensamientos negativos que obstaculizan nuestra capacidad de obedecer a Dios, lo cual puede introducir culpa y desesperación que quedan grabados en nuestra mente, ya sea mediante la repetición a lo largo del tiempo o mediante una experiencia traumática.

Entonces, ¿cómo puedes destruir fortalezas? Llena tu mente con la Palabra de Dios. *Concéntrense en todo lo que es verdadero, todo lo honorable, todo lo justo, todo lo puro, todo lo bello y todo lo admirable. Piensen en cosas excelentes y dignas de alabanza* (Filipenses 4:8, NTV). Desafía todo pensamiento negativo y destructivo en el instante en que entra en tu mente. Aprende a apagar el receptor de cualquier pensamiento que sea contrario a la Palabra de Dios.[2] La Palabra de Dios y la voz en tiempo presente del Espíritu Santo son el poder que está detrás de tu armadura.

ORACIÓN DE GUERRA ESPIRITUAL

El poeta inglés y escritor de himnos William Cowper escribió: "Al limitar la oración dejamos de luchar; la oración hace brillar la armadura del cristiano; y Satanás tiembla cuando ve al santo más débil de rodillas".[3]

Excepto en raras ocasiones, Dios no intervendrá para darte victoria diaria a menos que se lo pidas. Existen perspectivas diferentes sobre esa declaración. Yo creo personalmente que, en la soberanía de Dios, Él escogió dar al hombre la capacidad del libre albedrío para colaborar con Él. Cuando decidimos colaborar con Dios, lo invitamos mediante el poder de la oración a extender el reino de Dios en la tierra así como es en el cielo. Dios lo ha hecho todo, pero también nos invita al proceso de hacer cumplir la victoria del Calvario (más adelante llegarán más detalles acerca de esto).

La oración no se menciona específicamente como la séptima pieza de nuestra armadura espiritual en Efesios 6:18, ni tampoco es el modo en que usamos la espada del Espíritu, que es la Palabra de Dios. Sin embargo, Pablo conecta gramaticalmente el estar firmes con orar y estar alerta. Podemos ver mejor la conexión si apartamos los versículos sobre la armadura: *Estad, pues, firmes* [con cada pieza de la armadura]... *Oren en el Espíritu en todo momento y en toda ocasión. Manténganse alerta y sean persistentes en sus oraciones* (NTV). (Ver Efesios 6:14 y 18).

La oración es lo que caracteriza e inunda toda la actividad del soldado cristiano. La oración es el modo en que estamos alerta vestidos con toda la armadura. Defiende tu terreno cuando ores. Vístete del cinturón de la verdad al orar. Ponte la coraza de justicia mientras ores. Por lo tanto, ¿es la oración la séptima pieza de la armadura? Yo creo que podría serlo. ¿Es la oración la pieza que une todo lo demás? ¿Es la oración lo que está detrás de la armadura? Indudablemente, creo que así es.

Como creyentes triunfantes en Cristo y como hijos o hijas del Dios altísimo, el Rey de la gloria, hemos recibido armas espirituales que tienen poder divino. En este momento decide escuchar al Espíritu Santo, leer la Palabra de Dios, y orar a medida que te vistes de toda la armadura de Dios.

Es en este lugar donde somos fortalecidos con la fuerza del Señor. Decidimos caminar en la luz donde la sangre de Jesús nos limpia de todo pecado, y entonces nos movemos a una posición de descanso, ¡donde ahora estamos plenamente vestidos de la nueva naturaleza en Cristo Jesús nuestro Señor!

PARA REFLEXIÓN Y ORACIÓN

✦ ¿Qué razonamientos humanos y falsos argumentos has encontrado que buscan minar el reino de Dios y la gloria de Dios?

✦ ¿De qué modo la Palabra de Dios, la voz del Espíritu Santo y la oración, son el poder que está detrás de la armadura y absolutamente necesarios en la guerra espiritual?

Toma unos momentos para conversar con Dios ahora acerca de cualquier razonamiento humano o falso argumento que se haya interpuesto en la senda de tu caminar con Jesús.

ORACIÓN PARA LA GUERRA ESPIRITUAL VICTORIOSA

Dios celestial de la guerra, declaro que mi lucha tiene como objetivo desmantelar y derribar razonamientos humanos y fortalezas mediante las cuales mi mente se fortifica contra el evangelio de tu reino. Llevo cautivos esos pensamientos mediante tu gracia y enseño a mi mente a oír la Palabra de Dios y obedecerla. Con la ayuda del Espíritu Santo, renovaré mi mente en tu voluntad, tu Palabra y tus caminos. Quiero ser un guerrero en tu reino, y por lo tanto escuchar la voz del Espíritu Santo y orar.

Ayúdame a ver con ojos nuevos la batalla en la que estoy, porque aunque vivo en el mundo, no peleo como lo hace el mundo. Sé, por la fe, que mis oraciones saturadas del Espíritu Santo son armas espirituales eficaces que lo sustentan todo para tu gloria. Gracias, Jesús, porque tú eres mi mayor arma en la guerra espiritual. Pongo mi mirada en ti y peleo contigo, mi Guerrero poderoso. Amén y amén.

SECCIÓN 7

LA ARMADURA DE DIOS

Estad, pues, firmes, ceñidos vuestros lomos con la verdad, y vestidos con la coraza de justicia, y calzados los pies con el apresto del evangelio de la paz. Sobre todo, tomad el escudo de la fe, con que podáis apagar todos los dardos de fuego del maligno. Y tomad el yelmo de la salvación, y la espada del Espíritu, que es la palabra de Dios. Efesios 6:14-17

Siempre que pienso en la armadura de Dios, recuerdo inmediatamente los preciosos días en los que mis hijos eran pequeños. Creaban espadas, escudos, cinturones y cascos divertidos con papel y cinta adhesiva (mucha cinta adhesiva) que pudieran encontrar. Era algo divertido, tangible, y parte de la vida familiar que daba vida a la Biblia.

Recuerdo especialmente cuando llevé a Justin, mi hijo mayor, a un viaje conmigo a Dakota del Norte cuando él tenía unos siete años. Mientras Dios ministraba, él jugaba en un cuarto adyacente con largas hojas de papel azul, mucha cinta adhesiva y tijeras. Yo hablé a la gente proféticamente de unos sueños locos acerca de ciudades que serían construidas, hallazgos minerales y reservas de gas natural que estaban a la espera de enriquecer sus tierras empobrecidas. Incluso dibujé en una pizarra cuán grande y amplio sería ese impacto económico para Dakota del Norte y que se extendería a Dakota del Sur. ¡Ellos estaban allí sentados preguntándose si yo había llegado de Marte!

Entonces, Justin salió del cuarto vestido con un traje completo de la armadura de Dios, levantando orgullosamente su escudo de la fe y listo para blandir su espada del Espíritu que acababa de construir. Entró en aquel cuarto siendo un muchacho tímido y salió de allí captando la atención de los que se habían reunido.

Ese sencillo acto en cierto modo pareció cambiar la atmósfera espiritual, porque se tomaron muy en serio mis palabras. Años después, todas esas palabras se cumplieron a medida que Dakota del Norte se desarrolló con nuevos campos de gas natural y riqueza que llegó a ese estado antes empobrecido.

La armadura de Dios no es solamente para que los niños actúen para divertirse en una lección de escuela dominical o en la escuela bíblica de vacaciones. Cada arma de la armadura de Dios es para todos los creyentes, cada día y en todo momento. Sin la armadura de Dios, no podremos *resistir en el día malo, y habiendo acabado todo, estar firmes* (Efesios 6:13).

Por lo tanto, veamos ahora la armadura que Dios ha provisto y que nos permite defender nuestro terreno contra el enemigo.

16

VERDAD Y JUSTICIA

Imagina que acabas de alistarte en el ejército, sabiendo que te dirigirás directamente a la batalla en primera línea de guerra. Has escuchado que las bajas son muchas, e incluso los mejores guerreros están resultando heridos; o peor aún, están sacrificando sus vidas. Estás de pie en una fila, vulnerable y con las manos vacías, esperando para comprobar qué te darán para llevarlo a la batalla.

En ese momento en el que estás a punto de recibir una armadura e instrucciones que literalmente te salvarán la vida, ¿cuán atento estás? Tu vida y las vidas de otros dependen de lo que ocurra después. Espero que estés atento, listo para escuchar y recordar cada palabra. Recuerda que naciste en una guerra, ¡y naciste para la guerra! Por lo tanto, estemos atentos a la Palabra de Dios que nos habla acerca de sus armas y cómo utilizarlas.

EL CINTURÓN DE LA VERDAD (EFESIOS 6:14)

Efesios 6:14 dice: *Estad, pues, firmes, ceñidos vuestros lomos con la verdad.* La *Nueva Versión Internacional* dice: *Ceñidos con el cinturón de la verdad.* Eso no era simplemente una tira de tela que se ponía alrededor de la cintura, ni tampoco un cinturón estrecho para sostener los pantalones. Era un delantal de cuero que ayudaba a proteger la parte inferior del cuerpo. Este "cinturón" tenía dos funciones adicionales. En primer lugar, se usaba para sostener la funda para la espada del soldado, el arma ofensiva del guerrero. En segundo lugar, la túnica del soldado se metía dentro o debajo de este cinturón siempre que peleaba o corría. ¿Qué es esta verdad que Dios nos invita a ponernos alrededor de la cintura?

Jesús es la verdad. Jesús dijo de sí mismo: *Yo soy... la verdad* (Juan 14:6). Cuando Jesús estaba delante de Poncio Pilato tras haber sido traicionado, dijo: *Yo para esto he nacido, y para esto he venido al mundo, para dar testimonio a la verdad* (Juan 18:37-39).

Ponernos el cinturón de la verdad es testificar que Jesús es la verdad. Y, cuando nos vestimos de Cristo (ver Romanos 13:14), nos vestimos con la verdad: con su carácter.

George Mallone escribe: "En la guerra espiritual debemos estar rodeados por la veracidad absoluta. El asunto no es solamente la verdad doctrinal, sino también la veracidad personal. Para detener al enemigo debemos dejar de mentir, ya sea por exageración o por quedarnos cortos, y vestirnos de integridad en todo lo que hacemos y decimos".[1] Ganar en el área de la guerra espiritual es, en primer lugar y por encima de todo, asunto y cuestión de carácter a medida que nos alineamos con la verdad de Jesús.

La Biblia es verdad. Segunda de Timoteo 2:15 dice: *Procura con diligencia presentarte a Dios aprobado, como obrero que no tiene de qué avergonzarse, que usa bien la palabra de verdad.* La guerra espiritual exitosa comienza con estas preguntas: *¿Acepto la Biblia como la Palabra de Dios inspirada, infalible, y la única autoridad para la fe y la práctica? ¿Tengo la verdad de Dios viviendo en mí? ¿Creo la verdad?*

La iglesia es columna de la verdad. Primera de Timoteo 3:14-15 nos dice: *Esto te escribo, aunque tengo la esperanza de ir pronto a verte, para que si tardo, sepas cómo debes conducirte en la casa de Dios, que es la iglesia del Dios viviente, columna y baluarte de la verdad.* Con frecuencia se hace referencia a la Iglesia como la *ekklesia*: los llamados de Dios a salir. Nos reunimos como discípulos de Cristo Jesús que caminan bajo la bandera de su señorío y nos sometemos a su liderazgo delegado que nos proporciona protección, refuerza las virtudes bíblicas, nos da ánimo, estabilidad y dirección. Sé que la iglesia tiene sus fallos; aun así, amigo, seguimos siendo llamados a reunirnos y alentarnos los unos a los otros regularmente (ver Hebreos 3:13; 10:25).

La verdad de la doctrina cristiana. Satanás siempre prosperará donde haya ignorancia teológica. ¡Vaya, es eso verdad actualmente! Hay dos áreas en las que las mentiras demoniacas están más generalizadas y son más poderosas. Una de ellas es las mentiras acerca de Dios: su carácter y atributos. La otra (y por eso tenemos que vestirnos de la verdad) es las mentiras acerca de ti mismo: quién eres, tu identidad y posición en Cristo, y tu autoridad y poder.

La verdad también puede referirse a "veracidad" u honestidad: la integridad de conversación y conducta. Veracidad es ausencia de duplicidad o hipocresía. La época en la que vivimos está llena de duplicidad y privilegios, pero todos debemos vestirnos de la verdad y negarnos a participar en la mentira o el engaño. Y recuerda que tenemos que sacar la viga de nuestro propio ojo antes de poder señalar a otros.

LA CORAZA DE JUSTICIA (EFESIOS 6:14)

Vestidos con la coraza de justicia (Efesios 6:14). La palabra en griego para *coraza* es *thorax* (*Strong's* #2382). Esta pieza de la armadura por lo general se extiende desde la base del cuello hasta la parte superior de los muslos, cubriendo lo que llamaríamos el abdomen o tronco de nuestro cuerpo. Órganos esenciales que deben ser funcionales para vivir, como el corazón y los pulmones, están protegidos por la coraza. ¡Esta pieza de la armadura es esencial para la vida!

George Mallone escribe lo siguiente:

Es cierto que cualquier justicia que tengamos nos es otorgada por Dios mediante la fe (Romanos 5:1). Sin embargo, en el contexto de Efesios 6, se refiere al carácter y la conducta. Jesús estaba convencido de que el diablo nada tenía en Él (Juan 14:30). No había ningún pecado que aprovechar ni ninguna acusación que lanzar. De igual modo, la justicia personal, la santidad y la integridad, prohíben que el diablo tenga nada en nosotros. Es nuestra protección de la explotación.[2]

La Biblia compara nuestras obras de justicia con un trapo sucio (ver Isaías 64:6). Cualquier justicia que tengamos es un regalo de Dios *mediante la fe en Jesucristo, a todos los que creen* (Romanos 3:22, NVI). ¿Has recibido este regalo invalorable?

Tal vez has observado que hoy día no nos gusta mucho la palabra *justicia*, pero está en la Biblia y, sin ella, no podemos ver a Dios o vivir para Él (ver Mateo 5:8; Gálatas 3:11). De hecho, es importante ver que todas las piezas de la armadura están conectadas para que podamos ser victoriosos en la batalla.

La justicia está interconectada con la fe y el amor. Pablo instruyó a la Iglesia: *Estemos siempre en nuestro sano juicio, protegidos por la coraza de la fe y del amor* (1 Tesalonicenses 5:8, NVI). Derek Prince añade a esto:

> Esa es la coraza que necesitamos, una que nunca falla, una coraza en la cual no hay puntos débiles por los que Satanás pueda penetrar. Y veamos cuán apropiado es lo que dice Pablo para la imagen de la coraza. El amor siempre protege, siempre confía, siempre espera, siempre persevera. Cuando tenemos puesta esa coraza de la fe que actúa por el amor, siempre nos protegerá.[3]

Recuerda: la coraza cubre los órganos esenciales. "Guardará tu corazón de todo ataque e intento de Satanás para entrar en esa área vital de tu vida".[4]

JUSTICIA POSICIONAL Y OBTENIDA

Mencioné antes que Dios considera nuestras propias obras de justicia como un trapo sucio; sin embargo, hemos sido *creados en Cristo Jesús para buenas obras, las cuales Dios preparó de antemano para que anduviésemos en ellas* (Efesios 2:10). Por lo tanto, ¿mis obras son sucias, pero he sido creado para buenas obras?

Para explicar esta aparente contradicción, consideremos si esta "coraza de justicia" es posicional, objetiva e imputada, o si es obtenida, subjetiva e impartida. ¿O podrían ser ambas opciones?

+ *Justicia o verdad posicional* es el regalo de Dios que recibimos cuando confiamos en Jesús y en su sacrificio por nosotros en la cruz. No podemos ganarla y no la merecemos. Es un regalo por gracia, y en ese sentido podría denominarse "verdad posicional", porque Dios nos posiciona en Jesús, quien es la verdad. Esta justicia es nuestra como un regalo gratuito en Cristo Jesús (ver Romanos 4:4-5; 2 Corintios 5:21; Filipenses 3:8-9).

+ *Justicia o veracidad obtenida* es hacer lo correcto, vivir en consonancia con las normas de Dios, y seguir lo que es correcto en nuestra vida diaria (ver 1 Timoteo 6:11; Efesios 4:24; 5:9). Para saber más sobre este tema, consulta mi libro *Una fe radical: lo esencial para los creyentes llenos del Espíritu* con respecto a estas dos verdades bíblicas.

+ *Justicia objetiva* es nuestra posición mediante la fe en Cristo, y solamente en Cristo. Algunos podrían referirse a esto como la coraza de nuestra justificación, que es nuestro regalo de santidad por gracia legalmente adquirido y sellado (ver Filipenses 3; 2 Corintios 5:21; Romanos 3:19-24).

+ *Justicia subjetiva* es la coraza de santidad experiencial de la vida: debemos experimentarla y practicarla, o apropiárnosla para nosotros mismos (ver Efesios 4:24; 5:9).

No conocer la diferencia entre justicia posicional objetiva y justicia obtenida subjetiva hace tropezar a muchas personas. Debemos comprender que necesitamos ambas: ya estamos sentados con Cristo en los lugares celestiales, vistiendo túnicas de lino blanco y puro como regalo de la justicia, y debemos perseguir la justicia en nuestra vida diaria caminando en las llamas purificadoras de la santificación, la pureza y la santidad por el poder del Espíritu Santo.

Santiago 2:20 nos ayuda a comprender la necesidad de ambas. Este maestro apostólico pragmático entendía que *la fe sin obras es muerta*. También podríamos decirlo de este modo: "La fe sin acciones correspondientes es un cadáver".

Al combinar estas ideas, obtenemos una verdad combinada: la fe con acciones correspondientes es vida entre los muertos. Del mismo modo que necesitamos fe y acciones, también necesitamos recibir la justicia de Cristo y escoger diariamente la justicia.

PARA REFLEXIÓN Y ORACIÓN

+ Considera si crees que hay una verdad absoluta de Dios, la Biblia y la Iglesia que puede conocerse. ¿O son las personas simplemente responsables ante su propia verdad? ¿Cuán protector es un cinturón que consiste en la verdad que uno mismo crea versus una verdad que está clara por la Palabra de Dios?

+   ¿Qué diferencia ves entre justicia posicional y justicia obtenida? ¿Hacia qué lado te inclinas de modo más natural? ¿Cómo puedes aceptar plenamente ambas por igual?

Toma unos momentos ahora para conversar con Dios acerca de la verdad que Él te ha revelado. ¿Estás totalmente comprometido? Entonces, dale gracias por su justicia posicional y pide al Espíritu Santo que te ayude a desarrollar áreas de vida en santidad que Él quiera abordar en tu vida.

17

VÍSTETE DE LA ARMADURA PIEZA POR PIEZA

Recuerda que el apóstol Pablo hizo hincapié en que debemos vestirnos de *toda* la armadura de Dios, pieza por pieza. Con eso en mente, veamos las cuatro piezas restantes de la armadura que Dios nos da para usarla en la guerra espiritual: el calzado de la paz, el escudo de la fe, el casco de la salvación y la espada del Espíritu.

EL CALZADO DE LA PAZ

Efesios 6:15 (nvi) nos enseña que calcemos nuestros pies con *la disposición de proclamar el evangelio de la paz*. Cuando pienso en el calzado de la armadura de Dios, pienso en mi querida amiga Cindy Jacobs, porque ella lleva zapatos rojos como una parte característica de su armario. De hecho, las mujeres guerreras en el grupo de Cindy, *Global Deborah Company*, llevan zapatos rojos que representan la sangre de Jesús, elevando la moral conservadora de los creyentes e inspirando a las mujeres a dejar una huella positiva en sus iglesias, hogares, empleo y comunidades, y en cada esfera de influencia en el mundo.

¡Debemos calzar lo correcto en nuestros pies! Nuestro calzado es vitalmente importante para nuestra salud, para nuestra capacidad de mantenernos de pie, e incluso para nuestro aspecto. Está claro que hay diferentes tipos de zapatos para diferentes tipos de situaciones. ¡No nos ponemos calzado deportivo para un baile de salón! Recordemos siempre, sin embargo, ¡que la Novia de Cristo sí que lleva botas militares!

El calzado de los legionarios romanos, sin embargo, no era unos zapatos rojos de tacón. Por lo general llevaban sandalias fuertes y pesadas con correas entrelazadas para que no se movieran. Normalmente las llevaban atadas a media pierna con tiras de cuero. Este calzado era una parte vital del equipamiento del legionario, y le permitía marchar durante largas distancias a paso rápido, dándole movilidad y libertad de movimiento. Su calzado hacía que estuviera a disposición de su comandante a la hora y en el lugar donde era necesario en la batalla. Piensa en tu calzado como dándote movilidad y disponibilidad para tu Comandante, el Señor Jesucristo. ¡Qué responsabilidad y privilegio!

Tener pies preparados se parece un poco a lo que dice Isaías 52:7 (NVI) y la actividad del evangelismo: *Qué hermosos son, sobre los montes, los pies del que trae buenas noticias.* Efesios 6:15, en la versión Reina-Valera Contemporánea, dice: *Y con los pies calzados con la disposición de predicar el evangelio de la paz.* Significa que están cubiertos y vestidos; por lo tanto, nuestros pies están preparados o listos para proclamar el glorioso evangelio de la paz. El término *disposición* significa probablemente que el calzado era de la talla adecuada y no se movía fácilmente. Cuando nuestro calzado encaja perfectamente, podemos movernos a lo largo del día con seguridad y confianza y a buen paso.

El evangelio es el poder de Dios mediante el cual las personas son hechas libres de la cautividad y tiranía de Satanás. Debido a que nuestros pies están equipados con la disposición de proclamar el evangelio de la paz, el evangelio produce en nosotros la *disposición* para obedecer el llamado de Jesús a ir y compartir el evangelio con otros. Esta pieza de la armadura no produce la urgencia de predicar el evangelio, ¡pero sí nos ayuda a ponernos en marcha! En este punto y esta época, necesitamos alinearnos y ser como los atletas en la cancha. ¡Preparados, listos, ya!

Observemos además que el evangelio es "el evangelio de la paz". Muchas personas que se apresuran a compartir el evangelio no están llenas de paz. La paz que produce el evangelio en nosotros es para prepararnos para los ataques de Satanás a medida que avanzamos: paz *con* Dios y la paz *de* Dios. Además, está la paz con otros (ver Romanos 12:18). El "evangelio de la paz", por lo tanto, se refiere a la paz *en* el evangelio, la cual proclamamos, o a la paz *del* evangelio, que experimentamos en nosotros mismos y con otros.

Yo creo que son ambas cosas porque encontramos *y* experimentamos el evangelio. No nos familiaricemos demasiado con lo que pensamos que es el evangelio y así pasemos por alto el elemento importante de la paz. La paz de Dios es una parte fundamental en el reino de Dios que se encuentra solamente en el Espíritu Santo (ver Romanos 14:17).

TOMA TU ESCUDO DE LA FE

Efesios 6:16 (NVI) dice: *Además de todo esto, tomen el escudo de la fe, con el cual pueden apagar todas las flechas encendidas del maligno.* Hay dos tipos de escudos representados en el Nuevo Testamento. Uno de ellos es un escudo pequeño y circular, con forma de una cesta de mimbre grande y redonda. El otro es un escudo largo y rectangular, que toma la palabra *puerta* debido a su forma. De este segundo tipo habla Pablo cuando dice que tomemos el escudo de la fe; no es el pequeño y circular sino el grande que tiene forma de puerta.

Este escudo probablemente medía 60 centímetros de anchura y 1.20 metros de altura. Estaba hecho de dos capas de madera pegadas y cubiertas primero de lino y después de piel de animal. Arriba y abajo estaba amarrado con hierro. Su propósito era la defensa contra los misiles incendiarios del enemigo: flechas mojadas en brea que se prendían y se lanzaban.

Para tener mayor protección, el escudo se empapaba en agua para apagar cualquier fuego por contacto. El escudo no solo protegía al soldado individual sino también a muchos soldados cuando se juntaban con sus escudos hombro con hombro y después avanzaban juntos hacia el enemigo. Como un tanque moderno, estos guerreros juntos planteaban una gran amenaza militar.

LAS FLECHAS ENCENDIDAS DEL MALIGNO

Las flechas encendidas que se mencionan en Efesios 6:16 llegan como interrupciones repentinas e inesperadas de imágenes y pensamientos viles en nuestra mente, que nos sorprenden y son, obvia e innegablemente, contrarias a nuestros deseos básicos como seguidores de Jesús. Estas flechas son palabras e imágenes que violan nuestro sentido de moralidad que Dios nos dio. Algunos ejemplos de estas flechas encendidas pueden incluir pensamientos blasfemos, imágenes repulsivas, deseos suicidas, pensamientos compulsivos, impulsos innumerables, insinuaciones sutiles y falsos sentimientos de culpa.

El enemigo generalmente nos lanza estas flechas cuando estamos leyendo la Biblia, orando o alabando a Dios, no cuando leemos revistas o periódicos. Esto puede producir sentimientos de culpa e indignidad personal. Pensamos: *¿Qué clase de persona soy para tener estos pensamientos y fantasías precisamente cuando estoy intentando amar a Dios y adorarlo?* Las flechas encendidas del enemigo nos atacan para que dejemos de hacer lo que es más importante: pasar tiempo con Dios.

El tiempo con Dios es vital para nuestro bienestar espiritual. El maligno sabe eso, y por eso decide atacarnos. En tales momentos, cuando leemos su Palabra, estamos orando y adorando a Dios, en realidad vamos caminando por un campo de minas mental. Recuerda siempre que mayor es Dios que vive en ti que el maligno que está en el mundo (ver 1 Juan 4:4).

Sigue concentrado en Jesús y serás fortalecido para levantar ese escudo de la fe, y las flechas encendidas del enemigo serán apagadas. ¡Sí, se apagarán!

¿QUÉ ES ESTA FE QUE PABLO DESCRIBE?

Hay tres clases de fe en la vida cristiana:

1. *Fe salvadora*: el producto del nuevo nacimiento. Cada persona, según Romanos 12:3, tiene una medida de fe.

2. *Fe santificadora*: fruto de la obra del Espíritu Santo en nuestras vidas: justicia obtenida como se enumera en Gálatas 5:22, llamada con frecuencia fidelidad.

3. *Fe sobrenatural*: el regalo espontáneo del Espíritu Santo mencionada en diversos lugares en la Palabra de Dios (ver 1 Corintios 12:9).

¿Qué es la fe? Fe no es tanto una cualidad que poseemos sino una relación a la que tenemos acceso. Cualquier movimiento hacia Dios comprende dos acciones. En primer lugar, debemos creer que Dios existe. Afirmamos su naturaleza como verbo y no como adjetivo. Hebreos 11:6 dice: *Pero sin fe es imposible agradar a Dios; porque es necesario que el que se acerca a Dios crea que le hay, y que es galardonador de los que le buscan.* En segundo lugar, debemos creer que Dios recompensa a quienes lo buscan. Debemos pelear para confiar en la promesa de Dios de recompensarnos por buscarlo a Él, apartando la duda y resistiendo los caminos de la autoconfianza. Nuestros esfuerzos verdaderamente son observados en el cielo. ¡Él es el Galardonador!

Hay mucho más acerca de la fe que te aliento a que estudies por ti mismo. Recuerda que tu escudo no es un escudo común y corriente. ¡Es un escudo de fe! Cuando Satanás te susurre: *Dios no se interesa por ti,* levanta tu escudo de la fe y di: *Eso es imposible. Dios amó de tal manera al mundo que dio a su Hijo por mí. Nada en toda la creación puede separarme nunca del amor de Dios.*

EL CASCO DE LA SALVACIÓN

Efesios 6:17 dice: *Y tomad el yelmo de la salvación, y la espada del Espíritu, que es la palabra de Dios.* Ya que el principal campo de batalla en la guerra espiritual es la mente, tenemos la necesidad del yelmo o casco de protección, un sombrero espiritual duro, por así decirlo. El casco romano estaba hecho de metal duro, ya fuera bronce o hierro, con un visor móvil para protección. Esta imagen aparece también en Isaías 59:17 (NTV) cuando el Mesías, llevando su propio casco de la salvación, llega para liberar a quienes se han arrepentido: *Se puso la justicia como coraza y se colocó en la cabeza el casco de salvación. Se vistió con una túnica de venganza y se envolvió en un manto de pasión divina.*

¿Cómo usamos el casco de la salvación para proteger nuestra mente? En primer lugar, debemos afirmar que ya tenemos la mente de Cristo por el Espíritu Santo: *Pues, ¿quién puede conocer los pensamientos del Señor? ¿Quién sabe lo suficiente para enseñarle a él?* (1 Corintios 2:16, NTV).

En segundo lugar, pedimos a Jesús que nos ayude a poner delante de Él todos nuestros principales pensamientos, sentimientos y motivos que han sido una parte de nuestro día. Entonces le preguntamos: *¿Cuál es tu perspectiva sobre estos pensamientos, sentimientos y motivos? Dame tu mente.* Podemos tener la mente de Cristo en estos asuntos, y cuando la hayamos recibido, entonces debemos injertar en nuestra mente los pensamientos de Dios.

Santiago 1:21 (NTV) nos muestra cómo se produce eso: *Así que quiten de su vida todo lo malo y lo sucio, y acepten con humildad la palabra que Dios les ha sembrado en el corazón, porque tiene el poder para salvar su alma.* Santiago no está hablando de cuando somos salvos por primera vez en el nuevo nacimiento, y recibimos a Jesús como Señor y Salvador. Santiago dice que cada parte del alma (mente, voluntad y emociones) es afectada cuando nos libramos del mal y recibimos la Palabra de Dios en nuestro corazón.

Plantamos los pensamientos de Dios en nuestro corazón y nuestra mente estudiando, leyendo, meditando y memorizando la Escritura en las áreas en las que necesitamos ayuda. Permitimos que nuestra mente sea renovada y refrescada. Romanos 12:2 (NTV) nos dice claramente:

> *No imiten las conductas ni las costumbres de este mundo, más bien dejen que Dios los transforme en personas nuevas al cambiarles la manera de pensar. Entonces aprenderán a conocer la voluntad de Dios para ustedes, la cual es buena, agradable y perfecta.*

Según 1 Tesalonicenses 5:8, el casco es la *esperanza* de salvación. La esperanza es la expectativa positiva y vital del bien, ¡y Dios tiene buenas noticias para ti! Primera de Tesalonicenses 5:9-11 (énfasis añadido) declara con valentía:

> *Porque no nos ha puesto Dios para ira, sino para alcanzar salvación por medio de nuestro Señor Jesucristo, quien murió por nosotros para que ya sea que velemos, o que durmamos, vivamos juntamente con él. Por lo cual, animaos unos a otros, y edificaos unos a otros, así como lo hacéis.*

La esperanza es una actitud optimista que siempre escoge ver lo mejor y no cede a la negatividad. Yo tengo que trabajar en esto. ¿Y tú? La esperanza no da lugar a la depresión, la duda y la autocompasión. El misterio de todo esto está resumido profundamente en Colosenses 1:27: *Cristo en vosotros, la esperanza de gloria.* Si Cristo está en ti, tienes esperanza. Punto.

En medio de la batalla, no pierdas la esperanza. Una persona en batalla puede perder un dedo, un brazo o incluso las dos piernas; sin embargo, si pierdes la cabeza, ¡estás muerto! En palabras de Hebreos 6:18-19: *Para asirnos de la esperanza puesta delante de nosotros. La cual tenemos como segura y firme ancla del alma.* Cuando mantenemos nuestra mente en el Dios de la esperanza, nuestro casco se mantiene firme sobre nuestra cabeza cuando peleamos nuestras batallas. De hecho, he redactado una narrativa totalmente transparente acerca de mi viaje personal de descubrimiento de la esperanza titulada *Tell Your Heart to Sing Again* [Dile a tu corazón que vuelva a cantar]. En ella, intercalo historias con verdades bíblicas acerca de la necesidad de llevar puesto el casco de la esperanza.

Hay momentos cuando utilizo el don de vidente en los que puedo percibir los cascos de personas en el piso, al lado de ellos, permitiendo que sus mentes sean bombardeadas por la arremetida del acusador de los hermanos. En ese momento a menudo necesito detenerme, exhortar y recordar al grupo que vuelva a ponerse el casco de la esperanza, ¡y creer que algo bueno está a punto de suceder!

LA ESPADA DEL ESPÍRITU

Efesios 6:17 enumera la última pieza de la armadura: *La espada del Espíritu, que es la palabra de Dios.* La palabra espada (*machaira*) con la que Pablo habría estado familiarizado no era una espada corta, de poca longitud y con un extremo en forma de pico, capaz de cortar en todas las direcciones.

Hay una cosa que distingue a la espada de las otras cinco piezas de la armadura de Dios que hemos examinado. La espada no es puramente defensiva; también es un arma ofensiva. Sin ella, no tenemos modo alguno de ahuyentar al diablo. Si nos ponemos el resto de la armadura, tal vez somos capaces de evitar que el diablo nos hiera, pero no podemos ahuyentarlo de nuestra presencia. Solamente la espada (la espada de doble filo, que es la Palabra de Dios) puede destruir al diablo.

Hay dos términos en el Nuevo Testamento para la palabra *palabra*. El que se utiliza en Efesios 6:17 no se refiere a la Palabra de vida de 1 Juan 1:1: el *logos* o Palabra escrita; no es una referencia directa a Jesucristo. La palabra griega que se usa para describir la espada del Espíritu aquí es *rhema*, la palabra de Dios declarada, su voz viviente que oímos en nuestro espíritu.

Es significativo que la espada del Espíritu no sea la Biblia que está sobre un estante o una mesa. El libro real con una cubierta y páginas no asusta al diablo; sin embargo, cuando lees y absorbes en tu corazón la Escritura (y de la abundancia del corazón habla tu boca), tienes un reino activado por las palabras. Cuando las citas directamente, se convierte en una espada activada que utilizas, empoderada por el Espíritu Santo.

Hay tres maneras en que podemos manejar la espada de Espíritu:

1. Proclamamos la Palabra como lo hizo Jesús (véase Mateo 4:1-10; Apocalipsis 12).

2. Oramos la Biblia, la Palabra de Dios (ver Efesios 6:18-19; Hechos 6:4).

3. Alabamos con la Palabra: cantamos y gritamos la Escritura en exaltación del gran nombre de Dios (ver Éxodo 15:2; 2 Samuel 22:1; Salmos 28:7; Mateo 28:8).

Al concluir esta sección sobre la armadura de Dios, es importante observar que no hay ni una sola pieza de la armadura de la que podamos prescindir. Tú no puedes decidir no ponerte el cinturón de la verdad un día, ni tampoco olvidar ponerte la coraza de justicia, o dejar la espada de Espíritu en el estudio bíblico. Cada pieza de la armadura es para tu bien, y Dios quiere que la utilices completa.

¡Prepárate! ¡Vístete! Naciste en una batalla, ¡y naciste para el triunfo!

PARA REFLEXIÓN Y ORACIÓN

+ ¿Cómo puede el calzado de la paz prepararte para compartir el evangelio de la paz con un espíritu pacífico?

+ ¿Cuáles son las flechas encendidas más eficaces que el enemigo te lanza, y cómo puedes usar el escudo de la fe para apagarlas?

+ ¿Cuál es el modo más eficaz para plantar los pensamientos de Dios en tu mente cuando te pones el casco de la salvación?

Toma unos momentos ahora para conversar con Dios acerca de la armadura que ha provisto para ti y tu deseo de vestirte de cada una de sus piezas cada día.

ORACIÓN PARA LA GUERRA ESPIRITUAL VICTORIOSA

Padre del cielo, bendito sea tu gran nombre. Eres el Dios todopoderoso y tu Hijo es mi campeón victorioso. Alabo tu gran nombre. Solamente tú eres digno de mi alabanza. Tú eres el Hombre de guerra que ha triunfado sobre las potestades de la oscuridad. Jesucristo regresará como mi Guerrero victorioso con una espada de doble filo en su boca. ¡Te alabo, Señor!

Como un guerrero en los propósitos estratégicos de Dios en mi generación, me visto de toda la armadura de Dios. Me pongo el cinturón de la verdad y la veracidad. Me pongo la coraza de justicia. Declaro que estoy preparado para proclamar las buenas nuevas del evangelio de la paz, y camino en la fuerte autoridad de tu nombre, Señor Jesucristo. Tomo el escudo de la fe, que me capacita para apagar las flechas de fuego del maligno. Me pongo el casco de la esperanza de salvación para un tiempo como este.

Ahora estoy preparado para tomar la poderosa espada del Espíritu, que es tu Palabra, y proclamo: "Ningún arma formada contra mí prosperará". Proclamo tu Palabra como lo hizo Jesús. Oro la Palabra como lo hicieron los primeros apóstoles, y alabo la Palabra de Dios como hicieron los discípulos. Soy más que vencedor en Cristo Jesús. Esta es mi declaración victoriosa de guerra espiritual para tu gloria, oh Dios. ¡Amén y amén!

SECCIÓN 8

LAS ALABANZAS DE DIOS EN TU BOCA

Entren por sus puertas con acción de gracias; vengan a sus atrios con
himnos de alabanza. ¡Denle gracias, alaben su nombre!

Salmos 100:4, NVI

Santiago, medio hermano de Jesús, escribió extensamente acerca del poder negativo de la lengua. Santiago 3:8-9 (NTV) dice: *Pero nadie puede domar la lengua. Es maligna e incansable, llena de veneno mortal. A veces alaba a nuestro Señor y Padre, y otras veces maldice a quienes Dios creó a su propia imagen.* Santiago dijo que la lengua es "una llama de fuego" que "puede incendiar toda la vida" (v. 6). ¡Debemos prestar mucha atención a lo que sale de nuestra boca!

Sin embargo, los salmos de David hablan del poder positivo de lo que sale de nuestra boca. Las alabanzas de Dios en nuestra boca y sus armas en nuestras manos pueden dar un golpe vencedor al enemigo. Leamos lo que dice Salmos 149:6-9 (NTV):

Que las alabanzas de Dios estén en sus labios y tengan una espada afilada en las manos, para tomar venganza contra las naciones y castigar a los pueblos, para encadenar a sus reyes con grilletes y a sus líderes con cadenas de hierro, para ejecutar el juicio que está escrito contra ellos. Este es el privilegio glorioso que tienen sus fieles.

En los últimos capítulos de la parte 2 sobre nuestra guerra espiritual, consideremos y pongamos en práctica el poder de Dios que llega mediante nuestra boca cuando alabamos, adoramos y damos gracias. Recuerda: ¡es un reino activado por las palabras!

18

INSPIRACIÓN DE JOSUÉ Y JONÁS

El grito humano es potente y poderoso, y podemos usar la voz fuerte para comunicar diversos mensajes: alegría, pánico o gran angustia, triunfo, pasión intensa, enojo o emoción. Sin embargo, incluso más poderoso que un grito dado mediante el esfuerzo humano es un grito que está lleno de fe y ungido con alabanza.

Probablemente el grito estratégico más famoso en la Biblia se encuentra en Josué 6; sin embargo, tal vez tan importante como el grito mismo, fue lo que ocurrió antes del grito: un ayuno de silencio.

UN AYUNO DE PALABRAS NEGATIVAS

Moisés, el gran libertador que sacó a Israel de Egipto, había muerto, y ahora Josué debía liderar a los israelitas para conquistar su Tierra Prometida. Jericó era una ciudad formidable, protegida por murallas, y el primer gran reto de Israel bajo el nuevo liderazgo. Josué y su ejército no sabían cómo entrar en la ciudad, y estaban literalmente entre la espada y la pared, pero el Señor le indicó a Josué la manera de hacerlo:

Ahora bien, las puertas de Jericó estaban bien cerradas, porque la gente tenía miedo de los israelitas. A nadie se le permitía entrar ni salir. Pero el Señor le dijo a Josué: «Te he entregado Jericó, a su rey y a todos sus guerreros fuertes. Tú y tus hombres de guerra marcharán alrededor de la ciudad una vez al día durante seis días. Siete sacerdotes caminarán delante del arca; cada uno llevará un cuerno de carnero. El séptimo día, marcharán alrededor de la ciudad siete veces mientras los sacerdotes tocan los cuernos. Cuando oigas a los sacerdotes dar un toque prolongado con los cuernos de carnero, haz que todo el pueblo grite lo más fuerte que pueda. Entonces los muros de la ciudad se derrumbarán, y el pueblo irá directo a atacar la ciudad». Josué 6:1-5, NTV

Josué y sus hombres siguieron la dirección del Señor y marcharon alrededor de la ciudad en silencio, haciendo lo imposible para domar la lengua. Lo hicieron así el primer día, el segundo día, el tercer día y el cuarto día. Se estaba fraguando un milagro. Estoy seguro de que en el quinto día estaban bastante cansados, tal vez sudorosos bajo el calor del día mientras marchaban alrededor de las murallas de la ciudad en completo silencio.

Sin embargo, el séptimo día tuvieron instrucciones diferentes. No hay ninguna duda de que se estaba desarrollando mucha frustración acumulada en su silencio persistente. Tras marchar alrededor de la ciudad una vez durante cada uno de los seis días anteriores, debían marchar alrededor de la ciudad siete veces consecutivas mientras los sacerdotes tocaban cuernos de carnero. Al final de la séptima marcha alrededor de la ciudad debían gritar al unísono, y así lo hicieron. Dieron el grito de victoria más fuerte de sus vidas, ¡y las murallas impenetrables se derrumbaron ante los ojos de todos!

¿Has pensado que parte de la victoria de la batalla de Jericó fue que ellos ayunaron quejas y lenguaje negativo por siete días? Y entonces dieron un grito unido de pura alabanza, glorificando a Dios. ¡No es extraño que Dios se moviera de un modo sobrenatural! Aquí tenemos un principio entre bambalinas. ¡El sacrificio libera el poder de Dios!

En ocasiones a través de los años he desafiado a personas a ponerse una pulsera de goma en su muñeca durante siete días; de hecho, en este momento yo mismo llevo puesta una pulsera de goma en mi muñeca mientras escribo este capítulo. Durante siete días, cuando se den cuenta de que están siendo negativos o se están quejando, deben apretar la goma que llevan en la muñeca lo suficiente para captar su atención. Entonces, como recordatorio, deben decir: "No entraré por sus puertas o su presencia con queja o comparándome con los demás. ¡Entraré con acción de gracias y alabanza!".

En este periodo de mi vida necesito hacer un ayuno de tipo Jericó una vez más: apartar la negatividad y sustituirla por un manto de alabanza para el Señor. El ayuno de queja puede ser intenso, pero es muy liberador en la arena de la guerra espiritual. ¿Quieres acompañarme?

GRITOS DESDE EL VIENTRE DE UNA BALLENA

Muchas personas creen que la historia de Jonás en la Biblia es un mito. Sin embargo, Jonás fue un profeta real que verdaderamente fue tragado por un pez muy grande, y vivió para transmitir su dramática narrativa de vida a otros. El Señor le dijo directamente: *Levántate y ve a Nínive, aquella gran ciudad, y pregona contra ella; porque ha subido su maldad delante de mí* (Jonás 1:2). ¿Qué hizo Jonás después de oír a Dios? *Jonás se levantó, pero para huir a Tarsis, lejos de la presencia del Señor. Y descendiendo a Jope, encontró un barco que iba a Tarsis, pagó el pasaje y entró en él para ir con ellos a Tarsis, lejos de la presencia del Señor* (Jonás 1:3, NBLA).

Dios le dijo a Jonás que predicara al pueblo en Nínive, pero algo en el interior de Jonás se resistió a ese llamado. Está claro que no quería ir, de modo que se alejó de Dios y desobedeció su palabra. Veremos que la desobediencia de Jonás a la voz de Dios hizo que cayera progresivamente y paso por paso cada vez más, física y espiritualmente. Jonás pasó de la montaña a la costa, y de la costa a un barco. Entonces, ¿qué sucedió? La Biblia dice que Dios *mandó un poderoso viento sobre el mar, el cual desató una violenta tempestad que amenazaba con despedazar el barco* (1:4, NTV).

La tripulación lanzó por la borda a Jonás, y se hundió incluso más bajo, esta vez en el mar. Cuando somos desobedientes, no dejamos de caer. Ahora en el mar, Jonás descendió todavía más:

> *Así que tomaron a Jonás, lo lanzaron al agua y la furia del mar se aplacó. Al ver esto, se apoderó de ellos un profundo temor al Señor y le ofrecieron un sacrificio e hicieron promesas. El Señor, por su parte, dispuso un enorme pez para que se tragara a Jonás, quien pasó tres días y tres noches en su vientre.*
>
> Jonás 1:15-17, NVI

Jonás estuvo en el interior de un pez durante tres días y tres noches, todo ello porque no respondió al llamado del Señor a predicar arrepentimiento al pueblo de Nínive. ¿Qué hizo Jonás a continuación?

Entonces Jonás oró al Señor su Dios desde el vientre del pez. Dijo: En mi angustia clamé al Señor, y él me respondió. Desde lo profundo de los dominios de la muerte pedí auxilio, y tú escuchaste mi clamor. A lo profundo me arrojaste, al corazón mismo de los mares; las corrientes me envolvían, todas tus ondas y tus olas pasaban sobre mí. Y pensé: "He sido expulsado de tu presencia; pero volveré a contemplar tu santo Templo". Las aguas me llegaban hasta el cuello, lo profundo del mar me envolvía; las algas se me enredaban en la cabeza, arrastrándome a los cimientos de las montañas. Me tragó la tierra y para siempre sus cerrojos se cerraron tras de mí. Pero tú, Señor, Dios mío, rescataste mi vida de la fosa. Al sentir que se me iba la vida, me acordé del Señor, y mi oración llegó hasta ti, hasta tu santo Templo. Los que siguen a ídolos vanos abandonan el amor de Dios. Yo, en cambio, te ofreceré sacrificios y cánticos de gratitud. Cumpliré las promesas que te hice. ¡La salvación viene del Señor! Entonces el Señor dio una orden y el pez vomitó a Jonás en tierra firme. Jonás 2, NVI (énfasis añadido)

Cuando Jonás finalmente gritó alabanzas a Dios en el vientre del pez, cuando Jonás finalmente ofreció gratitud a la vez que olía a todo lo que se digería en el vientre del pez, Dios ordenó al pez que expulsara a Jonás en la playa.

Veamos esta historia con los lentes de la guerra espiritual. Imaginemos al viejo Jonás en el vientre del monstruo marino, marinándose en toda clase de jugos intestinales con algas enredadas en su cabeza. Está tan abajo como no lo ha estado nunca en toda su vida.

Mientras el monstruo marino nada más profundo en el mar, Jonás se sienta, intenta ponerse de pie, y da vueltas en el interior del pez. Jonás finalmente llega a estar tan desesperado que, con las pocas opciones que le quedan, comienza a alabar al Señor.[1] La criatura oye de repente la voz de su Creador que le dice que se dirija hacia la superficie del agua. Mientras Jonás continúa su alabanza, la atmósfera espiritual cambia y pasa de ser tan baja como puede ser a algo más elevado: en cierto modo celestial. La ballena llega a la superficie y nada hacia la costa. Allí, Dios le dice: "Oye, monstruo marino, tengo un ministerio para ti. ¿Y si lanzas a este hombre a la playa? ¿Te gustaría ser un instrumento de liberación?". Entonces Jonás es liberado.

Después de tres días y tres noches en el interior de un pez, Jonás está cubierto de algas, goteando bilis verdosa, y ahora además lleno de arena; sin embargo, Jonás se recupera, tal vez se lava, y lleno de pasión y de la palabra del Señor se dirige directamente a Nínive, sin planes de desobedecer esta vez. ¡No, señor! Señala con su dedo huesudo al pueblo y predica el mensaje de Dios. ¡Y una ciudad de más de 120 000 personas acepta la palabra de Jonás y se arrepiente!

El principio clave en ambas historias épicas (la caída de las murallas de Jericó y la caída de Jonás) es que la alabanza precede a la victoria. ¿Querrás también tú gritar alabanzas para salir hacia tu victoria?

PARA REFLEXIÓN Y ORACIÓN

+ ¿Cuán a menudo te ves quejándote con palabras negativas que salen de tu boca?

+ ¿Cuándo fue la última vez que te encontraste hundiéndote cada vez más bajo igual que Jonás hasta que sentiste que eras tragado por tus problemas?

+ ¿Alguna vez has gritado a Dios con una voz de triunfo? ¡Pruébalo!

Toma unos momentos ahora para conversar con Dios acerca de cualquier muralla que quieras ver caer, y después utiliza el arma espiritual de la alabanza para comenzar a hablar a la situación que te ha tragado.

19

EL PODER DE LA ADORACIÓN Y LA ACCIÓN DE GRACIAS

En los dos últimos capítulos en esta segunda parte de este libro sobre nuestras armas espirituales, veremos tres aspectos de la alabanza: adoración, acción de gracias y alabanza. Cada uno de ellos contiene poder espiritual para derrotar al enemigo. En este capítulo veamos cómo puede ser liberado el poder espiritual de nuestras palabras mediante la *adoración* y la *acción de gracias*.

Cuando oigas a alguien decir: "Me encanta la adoración", a menudo se refiere a lo siguiente: "Me encanta la música de adoración". "Me encanta el servicio musical en la iglesia". "Me encanta la presencia del Espíritu Santo que siento cuando adoro".

Sin embargo, la adoración no significa principalmente música, cantantes, o una producción merecedora de un galardón; y yo vivo en Nashville, Tennessee. En su forma más pura por definición, adoración es principalmente una actitud interior del corazón de postrarse delante de Dios, y después se muestra mediante nuestro cuerpo físico.

ADORACIÓN

Bíblicamente hablando, adoración significa postrarte en tu corazón en sumisión al Señor. La adoración está relacionada con reconocer los atributos de Dios y honrarlos. Contrariamente a la alabanza o la gratitud, la adoración no puede ser impuesta. Podemos decirle a alguien: "Levántate, aplaude, ¡y alaba al Señor!". También podemos decir a alguien que dé gracias, y esa persona puede decir: "Gracias". Pero no podemos forzar a nadie a adorar a Dios. ¿Por qué? La adoración es un acto voluntario del corazón como expresión de sumisión.

Uno de los lugares más hermosos para estudiar cómo es la adoración está en Isaías 6. Isaías es ya en ese momento un profeta que ministraba para el Señor. Durante el encuentro que tuvo con la esfera de belleza de Dios, Isaías tuvo una visión de la adoración y la alabanza en los cielos:

El año en que murió el rey Uzías, vi al Señor sentado en un majestuoso trono, y el borde de su manto llenaba el templo. Lo asistían poderosos serafines, cada uno tenía seis alas. Con dos alas se cubrían el rostro, con dos se cubrían los pies y con dos volaban. Se decían unos a otros:

«¡Santo, santo, santo es el Señor de los Ejércitos Celestiales! ¡Toda la tierra está llena de su gloria!».

Sus voces sacudían el templo hasta los cimientos, y todo el edificio estaba lleno de humo.   Isaías 6:1-4, NTV

En este pasaje vemos a poderosos serafines, una categoría de ángeles específica. Los serafines tienen seis alas. ¡Fascinante! Con dos alas cubrían sus rostros en humildad y adoración, con dos alas cubrían sus pies en total dependencia de Dios, y con otras dos alas volaban, denotando servicio. Los serafines cantaban: *Santo, santo, santo.*

El rey David escribió: *Vengan, adoremos e inclinémonos. Arrodillémonos delante del Señor, nuestro creador* (Salmos 95:6, NTV, énfasis añadido).

Juan, el discípulo amado, capta las palabras de Jesús que explican: *Dios es Espíritu; y los que le adoran, en espíritu y en verdad es necesario que adoren* (Juan 4:24, énfasis añadido).

El libro de Mateo nos da una vislumbre de cuando los sabios vieron a Jesús por primera vez: *Y al entrar en la casa, vieron al niño con su madre María, y postrándose, lo adoraron; y abriendo sus tesoros, le ofrecieron presentes: oro, incienso y mirra* (Mateo 2:11, énfasis añadido).

Y Pablo le dijo a la iglesia en Roma, y a nosotros: *Por lo tanto, amados hermanos, les ruego que entreguen su cuerpo a Dios por todo lo que él ha hecho a favor de ustedes. Que sea un sacrificio vivo y santo, la clase de sacrificio que a él le agrada*. Esa es la verdadera forma de adorarlo (Romanos 12:1, NTV, énfasis añadido).

La adoración es una poderosa herramienta de guerra espiritual. La adoración es una humilde postura del corazón con la atención fijada en el Señor Jesús, seguida después por una expresión corporal para reverenciar sus gloriosos atributos. La adoración atraviesa las nubes de la oscuridad espiritual y nos empuja hacia la luz de su rostro. La adoración penetra esta presente oscuridad temporal y crea aperturas para que la presencia manifiesta se muestre a raudales.

ACCIÓN DE GRACIAS

Dar gracias utiliza palabras habladas para expresar gratitud por lo que Dios hace y lo que ha hecho. La acción de gracias responde a la bondad de Dios.

Me gusta cuando mi familia se junta para comer. Nos agarramos las manos en círculo y cantamos la sencilla canción de Johnny Appleseed *The Lord Is Good to Me* [El Señor es bueno conmigo] haciendo armonías. Ese canto es muy agradable porque da gracias a Dios por su bondad, por el sol, la lluvia ¡y también por las semillas de manzana! ¿Te resulta conocida la canción?

La acción de gracias es un mandamiento directo de Dios según Colosenses 3 y 1 Tesalonicenses 5:

Y que la paz que viene de Cristo gobierne en sus corazones. Pues, como miembros de un mismo cuerpo, ustedes son llamados a vivir en paz. Y sean siempre agradecidos.

Y todo lo que hagan o digan, háganlo como representantes del Señor Jesús y den gracias a Dios Padre por medio de él.

Colosenses 3:15, 17, NTV (énfasis añadido)

Sean agradecidos en toda circunstancia, pues esta es la voluntad de Dios para ustedes, los que pertenecen a Cristo Jesús.

1 Tesalonicenses 5:18, NTV (énfasis añadido)

Ser agradecidos está relacionado con estar en la voluntad de Dios: dar gracias en todas las cosas. No significa que todo es la voluntad de Dios, pero *ser agradecidos* es siempre la voluntad de Dios.

Esto es lo que me enseñaron: la acción de gracias es la vía del tren sobre la cual transportar la carga de la oración. La gratitud es necesaria para que otras formas de oración sean eficaces. Por ejemplo, Colosenses 4:2 dice: *Dedíquense a la oración con una mente alerta y un corazón agradecido* (NTV, énfasis añadido). La gratitud es la clave para liberar el poder sobrenatural de Dios (ver Juan 6:11, 23; 11:41-44).

Y otro aspecto de la acción de gracias es que pone el "sello de aprobación" como modo de retener las bendiciones que ya hemos recibido de la mano bondadosa de Dios. Podemos ver la historia de los diez leprosos a los que Jesús sanó. Solamente uno regresó y dio gracias, según Lucas 17:12-19:

> *Y al entrar en una aldea, le salieron al encuentro diez hombres leprosos, los cuales se pararon de lejos y alzaron la voz, diciendo: ¡Jesús, Maestro, ten misericordia de nosotros! Cuando él los vio, les dijo: Id, mostraos a los sacerdotes. Y aconteció que mientras iban, fueron limpiados. Entonces uno de ellos, viendo que había sido sanado, volvió, glorificando a Dios a gran voz, y se postró rostro en tierra a sus pies, dándole gracias; y este era samaritano. Respondiendo Jesús, dijo: ¿No son diez los que fueron limpiados? Y los nueve, ¿dónde están? ¿No hubo quien volviese y diese gloria a Dios sino este extranjero? Y le dijo: Levántate, vete; tu fe te ha salvado.*

Los diez recibieron la sanidad de ser limpios de la terrible enfermedad de la lepra. De los diez, uno de ellos regresó y dio gracias por lo que podría considerarse una sanidad parcial. Jesús quedó asombrado de que solamente uno regresó para dar la gloria a Dios. Como respuesta, Jesús declaró sanidad a aquel que fue agradecido. Uno de entre los diez recibió entonces un milagro cuando respondió con gratitud. ¿Estás agradecido por aquello parcial? Esta es otra clave importante en nuestro viaje personal de guerra espiritual.

El tercer aspecto de las alabanzas es, en realidad, la alabanza misma que examinaremos a continuación.

PARA REFLEXIÓN Y ORACIÓN

+ La adoración es postrarnos físicamente en sumisión y adoración del Señor. ¿Qué significa para ti personalmente esta definición? ¿Cómo puedes incorporar a tu adoración el postrarte habitualmente?

+ La acción de gracias es necesaria para que la oración sea eficaz. ¿Cuándo te encuentras más agradecido, y cuando te resulta una batalla?

Expresa una oración de gratitud a Dios por todo lo que se te ocurra, sea grande o pequeño. Entonces honrarlo a Él en la adoración, postrando tu corazón y tu cuerpo delante de Él por su bondad en tu vida.

20

EL ARMA DE LA ALABANZA

La *alabanza* es un arma poderosa que se utiliza poco hoy día en el Cuerpo de Cristo. Igual que la adoración y la acción de gracias, la alabanza sale de nuestra boca; sin embargo, contrariamente a la adoración, la alabanza puede ser impuesta. También existe una diferencia entre alabanza y acción de gracias. Alabamos a Dios por quién es Él, pero la acción de gracias es según lo que ha hecho. La alabanza está relacionada con la grandeza de Dios. Salmos 48:1 (NVI) dice: *Grande es el Señor y digno de suprema alabanza.*

SIETE HECHOS DE LA ESCRITURA ACERCA DE LA ALABANZA

1. LA ALABANZA ES UN LUGAR DE RESIDENCIA DE DIOS

Salmos 22:3 revela: *Tú [Dios] que habitas entre las alabanzas de Israel.* Dios es santo. No puede habitar en un lugar impío, y la alabanza santifica la atmósfera. Por eso podemos entrar en el hogar de alguien y se siente "ligero". Sentimos algo y pensamos: *Vaya, se siente como un lugar donde habita el Espíritu Santo. Me pregunto por qué. ¿Podría ser que las personas aquí adoran y alaban al Señor?*

El domicilio de Dios es la ALABANZA. Cuando alabas a Dios, incluso en tu mazmorra, incluso durante tu difícil prueba, Dios establece un trono desde el cual Él gobernará sobre tu circunstancia. Él es un Dios territorial (hablaremos más de ese tema en el capítulo sobre mapeo espiritual).

2. LA ALABANZA ES EL CAMINO HACIA LA PRESENCIA DE DIOS

Salmos 100:4 nos indica el camino hacia la presencia de Dios entrando *por sus puertas con acción de gracias, por sus atrios con alabanza.* Isaías 60:18

también nos indica la entrada: *a tus muros llamarás Salvación, y a tus puertas Alabanza*. Una de las puertas a la ciudad de Dios se llama la puerta de la Alabanza. Puedes establecer una puerta de alabanza en tu propio hogar y tu propia vida, la cual te conducirá al lugar donde Dios reside.

3. NUESTRA ALABANZA PERMITE A DIOS BENDECIRNOS

Dios intervino en las situaciones del rey David, de modo que David pudo alabarlo. David escribió: *Tú cambiaste mi duelo en alegre danza; me quitaste la ropa de luto y me vestiste de alegría, para que yo te cante alabanzas y no me quede callado. Oh Señor mi Dios, ¡por siempre te daré gracias!* (Salmos 30:11-12, NTV).

Vemos también en el Salmo 67 que David vincula la alabanza a la bendición de Dios. David repitió tres veces en este salmo: "Te alaben los pueblos". Los vv. 6 y 7 muestran el resultado: *Entonces la tierra dará sus cosechas, y Dios, nuestro Dios, nos bendecirá en abundancia. Así es, Dios nos bendecirá, y gente de todo el mundo le temerá*. ¡Esto es muy poderoso! Nuestra alabanza conduce a la bendición, la cual conduce a la gente en todo el mundo a temer al Señor. Nuestra lengua es un instrumento de gloria, y en todo lo que sembremos en regocijo y alabanza cosecharemos las bendiciones de Dios a cambio.

4. LA ALABANZA ES UN TRAJE ESPIRITUAL

Isaías 61:3 (NVI) dice que hay un "traje de alabanza en vez de espíritu de desaliento". Lo que es oscuro, deprimente y negativo puede ser cambiado por lo que es hermoso, glorioso y alentador. Cuando Jesús entró en la sinagoga en Nazaret, leyó este pasaje de Isaías como referencia a sí mismo (ver Lucas 4:18-19). Podemos entender mejor por medio de Lucas que, hasta cierto grado, nuestra liberación depende de que desechemos el espíritu de pesadez y nos pongamos el traje de alabanza.

En lugar de vestir un traje de negatividad, queja, lamento, juicios amargos y comparaciones perpetuas, podrías vestir un traje de alabanza. Incluso si tienes que forzarte a ti mismo a salir de ese estado de pesimismo, hazlo. Es una mentalidad que debe ser cambiada; es una fortaleza.

Sigue vestido de ese traje diciéndote a ti mismo tantas veces como sea necesario: "Estoy seguro del amor de Dios por mí. Bendeciré y no maldeciré.

No codiciaré. Perdonaré. Haré incluso lo que hizo Job y diré: 'Me alegraré en medio de mi implacable dolor'" (Job 6:10; ver también Salmos 15:4). Algunas veces la liberación depende de nosotros, y debemos salir de la fortaleza en nuestra vida por medio de la alabanza.

Isaías 52:1-2 nos dice a la Iglesia que despertemos y nos vistamos de poder y de ropa hermosa. Debemos levantarnos y sacudirnos el polvo de la opresión, la condenación y el temor, y liberarnos a nosotros mismos de las cadenas de la atadura y la incredulidad. Podemos hacer eso mediante la alabanza y ser renovados con su bondad.

5. LA ALABANZA ES EL MEDIO DE SER LIBERADOS

Salmos 50:23 (AMP) dice: *Quien ofrece sacrificio de alabanza y gratitud me honra; y a quien ordene su camino correctamente [quien sigue el camino que yo le muestro] le mostraré la salvación de Dios* (traducción libre). Cuando alabamos a Dios en medio de una situación terrible, comienzan a entrar salvación y liberación. Tu liberación puede que no sea repentina o instantánea, pero comenzará. Recuerda lo que sucedió cuando Jonás comenzó a ofrecer alabanzas en el vientre del pez. El pez comenzó a moverse hacia la costa.

También vemos en Hechos 16:25-26 que la alabanza en medio de la noche abrió las puertas y soltó las cadenas para liberar a Pablo y Silas. La alabanza silencia al diablo. Salmos 8:2 (NVI) dice: *Con la alabanza que brota de los labios de los pequeñitos y de los niños de pecho has construido una fortaleza, para silenciar al enemigo y al vengativo.* Debido a nuestros enemigos espirituales, Dios ha ordenado la alabanza para que podamos silenciar a Satanás.

Nuestras bocas son armas espirituales tanto para bien como para mal. Proverbios 18:21 en el Antiguo Testamento, y Santiago 3:8 en el Nuevo Testamento, hacen hincapié en que la muerte y la vida están en poder de la lengua. Necesitamos santificar nuestros labios y aprender a usar nuestra conversación como herramientas eficaces para construir y lanzar palabras de edificación. Debemos entregar nuestra lengua como un instrumento de bendición. La alabanza es una expresión de fe como la de los niños en medio de un mundo complicado, ¡y la alabanza es un camino hacia nuestro triunfo en Cristo!

6. LA ALABANZA ES UN SACRIFICIO

Como mencionamos anteriormente, según Jeremías 33:11, un sacrificio nos cuesta algo. No necesariamente alabamos porque lo sentimos, sino por lo que Dios ha hecho ya por nosotros. La alabanza es la voz de la Novia terrenal ofreciendo una ofrenda de gratitud a su Novio celestial.

Hebreos 13:15-16 (NVI) describe tres sacrificios que debemos ofrecer a Dios por medio de Jesús: alabanza, el fruto de nuestros labios que profesan abiertamente su nombre; hacer el bien, la práctica del fruto del Espíritu; y compartir bienes materiales, el fruto de nuestro trabajo.

7. LA ALABANZA ES LEVANTAR MANOS SANTAS HACIA DIOS EN EL CIELO

Este último hecho bíblico acerca del arma de la alabanza se parece más a la mecánica o el modo de alabar al Señor. Salmos 63:3-4 nos dice: *Porque mejor es tu misericordia que la vida; mis labios te alabarán. Así te bendeciré en mi vida; En tu nombre alzaré mis manos.* Y 1 Timoteo 2:8 (NTV) dice: *Deseo que en cada lugar de adoración los hombres oren con manos santas, levantadas a Dios, y libres de enojo y controversia.* Sí, levantar manos santas como un acto de alabanza a Dios es una expresión física de alabanza, pero que lo hagamos junto con otros creyentes es lo que hace que sea una ofrenda externa real que tiene beneficios internos. Recuerda: la alabanza puede ser impuesta, pero la adoración es un acto interno de sumisión. Salmos 141:2 (NVI) revela que nuestra alabanza sube hasta Dios. David escribe: *Que suba a tu presencia mi oración como una ofrenda de incienso, mis manos levantadas como el sacrificio de la tarde.*

Para las alabanzas más exuberantes, leamos Salmos 149:3: *Alaben su nombre con danza; con pandero y arpa a él canten;* y Salmos 150:4: *Alabadle con pandero y danza; alabadle con cuerdas y flautas.* La danza se usa para mostrar gratitud, alabanza y adoración a Dios. ¡Debemos expresarnos físicamente cuando alabamos al Señor!

CUÁNDO, CÓMO Y QUIÉN DEBE ALABAR

Por último, veamos cuándo, cómo y a quién alabar.

¿CUÁNDO DEBERÍAMOS ALABAR A DIOS?

El rey y salmista David nos dice en qué momento le daba alabanza a Dios:

Te exaltaré, mi Dios y Rey; por siempre bendeciré tu nombre. Todos los días te bendeciré; por siempre y para siempre alabaré tu nombre. Grande es el Señor y digno de toda alabanza; su grandeza es insondable.

¡Mi boca proclamará alabanzas al Señor! ¡Alabe su santo nombre todo ser viviente, por siempre y para siempre!

Salmos 145:1-3, 21, NVI (énfasis añadido)

¿Cuándo deberíamos alabar? Cada día, por siempre. Salmos 34:1 dice: *Alabaré al Señor en todo tiempo; a cada momento pronunciaré sus alabanzas* (NTV, énfasis añadido).

¿CÓMO DEBERÍAMOS ALABAR AL SEÑOR?

¡Con todo el corazón! Salmos 111:1 (NVI) dice: *¡Aleluya! Alabaré al Señor con todo el corazón.* Debemos alabar a Dios sabiendo lo que hacemos, con habilidad: *Pues Dios es el Rey de toda la tierra; canten alabanzas con habilidad y con entendimiento* (Salmos 47:7, AMP, traducción libre, énfasis añadido).

Alabar a Dios con canto o con palabras debería hacerse con excelencia para nuestro Señor y Salvador. Salmos 63:4-5 (NTV) nos dice: *Te alabaré mientras viva; a ti levantaré mis manos en oración. Tú me satisfaces más que un suculento banquete; te alabaré con cánticos de alegría.* Vemos que deberíamos alabar al Señor físicamente, usando nuestro cuerpo. ¿Qué mejor manera de usar nuestras manos y labios que para alabar al Señor?

¿QUIÉN DEBERÍA ALABAR AL SEÑOR?

Esta es una pregunta muy interesante. Continuemos en el libro de Salmos para responderla: *¡Que todo lo que respira alabe al Señor!* (Salmos 150:6, NVI). Salmos 148:2-12 (NVI) nos da una lista exhaustiva de quién debería alabar a Dios; son llamados a alabar a Dios siete que están en el cielo y veintitrés en la tierra:

Alábenlo, todos sus ángeles, alábenlo, todos sus ejércitos. Alábenlo, sol y luna, alábenlo, estrellas luminosas. Alábenlo ustedes, altísimos cielos, y ustedes, las aguas que están sobre los cielos. Sea alabado el nombre del Señor, porque él dio una orden y todo fue creado. Todo quedó afirmado para siempre; emitió un estatuto que no será abolido. Alaben al Señor desde la tierra los grandes animales marinos y las profundidades del mar, el rayo y el granizo, la nieve y la neblina, el viento tempestuoso que obedece su palabra, los montes y todas las colinas, los árboles frutales y todos los cedros, los animales salvajes y los domésticos, los reptiles y las aves, los reyes de la tierra y todas las naciones, los príncipes y los gobernantes de la tierra, los jóvenes y las jóvenes, los ancianos y los niños.

Pues bien, ¿quién *no puede* alabar al Señor? Salmos 115:17 (NTV) dice: *Los muertos no pueden cantar alabanzas al Señor.* Por lo tanto: *¡Que todo lo que respira alabe al Señor!* (Salmos 150:6, NVI). Debemos alabar al Señor por todos los medios disponibles, ya sea de maneras antiguas e históricas con el shofar y la lira, o con medios de vanguardia como podcasts y herramientas digitales de alta tecnología.

Sin embargo, debemos tener cuidado de no intentar sustituir la alabanza personal declarada por aparatos de alta tecnología. La alta tecnología no respira. A pesar de cuán maravillosos sean los artistas o las bandas, a pesar de cuán puro sea el sonido en la tecnología de grabación, Dios nunca quiso que se utilizaran grabaciones como un sustituto de nuestra propia alabanza personal.

Cantar tus alabanzas puede que no suene tan profesional o melódico como la alabanza de artistas que componen letras brillantes y crean melodías nuevas, cosas que me encantan, pero hay algo muy poderoso e insustituible en alabar a Dios tú mismo.

Dios espera y se merece las alabanzas que salen de nuestras propias bocas. Alabar a Dios le da gloria y nos empodera a nosotros para asegurar la victoria en cada batalla. De todas las armas de las que hemos hablado, la alabanza es una de las armas y expresiones de guerra espiritual más letales. Puede encadenar a principados (ver Salmos 149).

En la alabanza simplemente declaramos lo que ya está escrito en la Palabra de Dios: "Consumado es". La gran guerra entre Cristo y Satanás, entre el bien y mal, ya ha sido decidida en la cruz. Dios desarmó a todas las fortalezas satánicas mediante la muerte y resurrección del Señor Jesucristo y, cuando lo alabamos, hacemos cumplir la victoria que ya se ganó en el Calvario. Este es un honor otorgado a todos sus santos.

PARA REFLEXIÓN Y ORACIÓN

+ ¿Cómo expresas tus alabanzas a Dios? ¿Cuántas veces expresas tu alabanza corporalmente?

+ Si la alabanza es una de las armas y expresiones de guerra espiritual más letales, ¿cómo puedes incorporar con más frecuencia la alabanza como respuesta a las batallas contra el mal?

Toma unos momentos ahora para dar tu alabanza a Dios de forma vocal y físicamente.

ORACIÓN PARA LA GUERRA ESPIRITUAL VICTORIOSA

¡Te alabo, Señor! Que tu alabanza esté continuamente en mis labios. Cada día, para siempre y siempre, quiero alabarte. Como el ciego Bartimeo, me despojo de la ropa de mis viejos caminos y estilo de vida. Dejo atrás mis quejas y acudo a ti, mi Señor Jesucristo. Desecho las ropas de pesadez y me pongo la nueva ropa de alabanza. Qué intercambio tan glorioso. ¡Aleluya! Declaro que tú, Dios, resides en mis alabanzas. Entro en tu presencia con mis alabanzas a ti, las cuales tú utilizas a su vez como una herramienta para bendecirme.

En este momento, me pongo toda la armadura de Dios recordando cada una de las piezas. Me visto del cinturón de la verdad, la coraza de justicia, el calzado para compartir el evangelio de la paz, el escudo de la fe, el casco de la salvación que me da esperanza, y la espada del Espíritu. Combino esta armadura con las armas de alabanza, acción de gracias y adoración. Me uno a los coros de ángeles y estoy al lado de la gran nube de testigos para proclamar las maravillas de Dios.

Juntos, componemos una sinfonía de alabanza que exalta al Dios todo-poderoso, declarando: "Toda alabanza, gloria, honor y poder sean al Cordero para siempre y siempre". ¡Amén y amén!

PARTE 3

HACER CUMPLIR LA VICTORIA DE CRISTO

SECCIÓN 9

LOS PODEROSOS NOMBRES DE DIOS

Por eso Dios lo exaltó hasta lo sumo y le otorgó el nombre que está sobre todo nombre, para que ante el nombre de Jesús se doble toda rodilla en el cielo y en la tierra y debajo de la tierra, y toda lengua confiese que Jesucristo es el Señor, para gloria de Dios Padre.

Filipenses 2:9-11, NVI (énfasis añadido)

¿Qué importancia tiene un nombre? Un nombre puede comunicar identidad, revelar rasgos de carácter, y cargar con una pesada herencia genealógica. Los nombres son muy importantes. Si tienes hijos, ¿recuerdas la alegría, el deleite y todo el trabajo para pensar en qué nombre poner a tu hijo? Especialmente si es el primero. Yo soy padre de cuatro hijos, y cuando escribo estas palabras soy también "Abu" o abuelo de once nietos. Cada uno de ellos es especial, y Michal Ann y yo escogimos los nombres de cada uno de nuestros hijos con gran cuidado, pensando mucho y también orando mucho.

Un nombre puede decirnos quién es el papá de ese niño. El apellido de una persona reflejaba en el pasado la ocupación de la persona o una ubicación geográfica. Escucha lo que voy a decir ahora. Tengo un nieto que es el quinto varón que tiene el mismo nombre. ¡Me escuchaste bien! Y durante tres generaciones, un varón Goll ha sido honrado con un segundo nombre: Wayne.

Dios tiene en alta estima los nombres y la herencia familiar. Tanto el Antiguo como el Nuevo Testamento tienen genealogías y relatos de historial familiar. Cuando se trata de guerra espiritual, hay un nombre que está en lo más alto: Jesús. Todo seguidor de Jesús es llamado a representar la plena autoridad de ese nombre reverenciado y todopoderoso. Al llegar a la parte 3 de este libro, debemos comprender claramente que la victoria en la guerra espiritual está asegurada debido al nombre triunfante de Jesús. Sin el nombre de Jesús, ninguna fortaleza o demonio se moverá y seguiremos afligidos por el enemigo. Pero ¿con el nombre de Jesús? Pues bien, veamos el tema de esta sección en un pasaje de la Escritura como se comunica en la versión *Biblia Amplificada*:

> *También por eso [porque obedeció y se humilló a sí mismo por completo], Dios lo exaltó sobre todo y le dio el nombre que es sobre todo nombre, para que en el nombre de Jesús se doble toda rodilla [en sumisión] en el cielo, en la tierra y debajo de la tierra, y que toda lengua confiese y reconozca abiertamente que Jesucristo es Señor (Dios soberano), para la gloria de Dios el Padre.* (Traducción libre)

En algún punto en el tiempo, ya sea en un reinado milenial, tras un reinado milenial o en la eternidad, toda rodilla, *toda* rodilla, se doblará y declarará verbalmente que Jesucristo es Señor. Qué extraordinario será ese día cuando los dioses de todas las religiones orientales, todo principado, potestad o espíritu territorial, todo imam o líder espiritual, todos los "ismos" (humanismo, comunismo y populismo), toda diva, *influencer*, o líder en la tierra, toda filosofía e incluso toda lengua que se exalta contra el conocimiento de Cristo se postrarán en sumisión a Él. *Señor, estamos emocionados por ver tus nombres poderosos y cómo podemos colaborar contigo para derrotar a todo enemigo de la cruz. En el poderoso nombre de Yeshua Jesús, amén y amén.*

21

¿QUÉ IMPORTANCIA TIENE UN NOMBRE?

En un periodo de mi vida y ministerio, tuve la experiencia de ser apartado de otros con los que había caminado en mi experiencia cristiana personal y en el ministerio. Un líder espiritual me colocó en una "lista negra" en cierto momento como alguien con quien no había que relacionarse. Se parece más al modo en que actúa la mafia en lugar del modo en que debe actuar el Cuerpo de Cristo. Fue bastante doloroso y complicado. Me sentí traicionado, olvidado, y mi nombre ya no parecía tener el mismo nivel de respeto e integridad que había tenido en el pasado. Entendí en parte lo que es sentirse rechazado y repudiado.

Creo en el plan redentor de Dios, pero los celos, las raíces amargas de juicio y otras fortalezas espirituales pueden utilizarse o incluso permitirse para probarnos, arrebatándonos cualquier identificación que podríamos tener en un nombre, dones o un ministerio. Podríamos encontrarnos tan apartados, que lo único que queda está solamente *en Christos*, un sinónimo para cristiano que utilizó el apóstol Pablo en Romanos 16:7.

Los seguidores de Jesucristo fueron llamados cristianos por primera vez en la ciudad de Antioquía (ver Hechos 11:26). El término probablemente no era un elogio, pero fue el nombre que se relacionó rápidamente con quienes afirmaban pertenecer a Cristo. Cuando alguien te pregunta acerca de tu fe, ¿dices con orgullo: "Soy cristiano", o te ha avergonzado tanto la mala conducta de otros cristianos que dudas en identificarte como cristiano?

Nunca debemos avergonzarnos de identificarnos como alguien que es cristiano: alguien en Cristo que sigue las enseñanzas y el ejemplo de vida de Jesús. En la guerra espiritual debemos encontrar nuestra identidad en Él y solamente en Él. Solamente en su nombre se doblará toda rodilla.

Al estudiar los nombres de Dios en los dos próximos capítulos y gozarnos en la realidad de que Él nos ha dado su nombre, es mi oración que te goces en adoración a Él. En su nombre está toda autoridad, poder, provisión, identidad, seguridad, y relación con el Dios todopoderoso. Lleva su nombre con honor. Declara su nombre hasta los confines de la tierra. Vive de manera digna de su nombre. Alégrate en su nombre, porque su nombre es grande y digno de alabar.

¿QUIÉN DICES QUE SOY?

¿Quién dices que es Jesús? Esta es una pregunta importante que cada persona tiene que responder. Veamos esta cuestión de la identidad. Cuando Jesús y sus discípulos llegaron a la región de Cesárea en Filipo, Jesús les preguntó: *¿Quién dicen los hombres que es el Hijo del Hombre?* (Mateo 16:13). Ellos dijeron a Jesús que algunos creían que era Juan el Bautista, Elías, Jeremías, u otro profeta.

Entonces, Jesús personalizó la pregunta de modo penetrante:

> *Él les dijo: Y vosotros, ¿quién decís que soy yo? Respondiendo Simón Pedro, dijo: Tú eres el Cristo, el Hijo del Dios viviente. Entonces le respondió Jesús: Bienaventurado eres, Simón, hijo de Jonás, porque no te lo reveló carne ni sangre, sino mi Padre que está en los cielos.*
> Mateo 16:15-17 (énfasis añadido)

El Espíritu del Señor descendió sobre Pedro, este hombre natural, y se le otorgó una revelación de que Jesús era el Mesías. Tener demasiada familiaridad puede obstaculizar que sepas quién es Cristo. Tener demasiada familiaridad puede ser un arma demoniaca que evita que las personas reconozcan su destino al no reconocer quién es Jesús realmente: Cristo, el Hijo del Dios viviente.

¿Quién es este hombre llamado Jesús? ¿Qué es lo que afirma? ¿Qué hizo? ¿Qué hace Él hoy día? Así como fue en aquel momento cuando Jesús preguntó a sus discípulos, también es en la actualidad. Se necesita a Dios para saber quién es Dios. Se necesita el ministerio del Espíritu Santo para revelarnos quién es realmente este glorioso Hombre, Cristo Jesús, y quién es Él en nosotros.

YO SOY EL QUE SOY

Moisés fue confrontado con una pregunta similar cuando fue enviado a liberar a los hijos de Israel de Egipto. Éxodo 3:13-14 describe una discusión intrigante entre Dios y Moisés:

> *Dijo Moisés a Dios: He aquí que llego yo a los hijos de Israel, y les digo: El Dios de vuestros padres me ha enviado a vosotros. Si ellos me preguntaren: ¿Cuál es su nombre?, ¿qué les responderé? Y respondió Dios a Moisés: YO SOY EL QUE SOY. Y dijo: Así dirás a los hijos de Israel: YO SOY me envió a vosotros.*

Moisés conocía la tradición egipcia de poner nombre a cada uno de los dioses, de modo que naturalmente anticipaba la pregunta: "¿Cuál es su nombre?". Estaba preguntando con antelación para estar preparado para lo que llegaría. La respuesta de Dios fue: "YO SOY EL QUE SOY". Estaba diciendo: "Yo soy el autoexistente, el Eterno, Aquel que siempre ha sido y siempre será". La respuesta de Dios fue el equivalente a decir: "Yo soy Jehová el Eterno".

Dios nunca se ha descrito o se ha nombrado en la Biblia como: "Yo era". ¡No, nunca! Él es el Dios del presente. Está en tiempo presente todo el tiempo. Muchas veces nosotros nos quedamos en el pasado, pero Él es el Dios del presente. Él es Jehová ahora. Él es el Gran Yo Soy, siempre preparado para acudir en nuestra ayuda con amor, poder y recursos más que suficientes. Por eso Dios le dijo a Moisés que dijera a los israelitas: "YO SOY me envió a vosotros".

En los últimos años, muchos han enseñado acerca de los nombres compuestos de Dios en el Antiguo Testamento. Hay una revelación en cada uno de los nombres:

+ Él es Jehová-*Nissi*: el Señor es mi estandarte (Éxodo 17:15).

+ Él es Jehová-*Tsidkenu*: el Señor es nuestra justicia (Jeremías 23:6).

+ Cuán maravilloso es que Él es nuestro Jehová-*Shalom*: el Señor es paz (Jueces 6:24).

+ Él es Jehová-*Rafa*: el Señor que sana (Éxodo 15:22-26).

+ Él se revela como nuestro Jehová-*M´kadesh*: el Señor que santifica (Levítico 20:8).

+ Considera el significado de Jehová-*Shama*: el Señor está ahí (Ezequiel 48:35).

+ El nombre Jehová-*Jireh* nos dice: el Señor proveerá (Génesis 22:14).

+ Él es Jehová-*Rohi*: el Señor nuestro pastor (Salmos 23:1).

¿Cuál es su nombre? Espero que estés viendo que Dios tiene muchos nombres, y cada uno de ellos revela otro aspecto de su carácter, su personalidad y su naturaleza multifacética. Los nombres de Jesús son muchos, y hay poder en cada uno de ellos, lo cual conduce a nuestro triunfo en Cristo.

PARA REFLEXIÓN Y ORACIÓN

+ Si alguien te preguntara quién dices que es Jesús, ¿cómo responderías?

+ ¿Cuál de los ocho nombres compuestos de Dios utilizados en el Antiguo Testamento tiene un significado especial para ti? ¿Por qué?

Toma unos momentos ahora para conversar con Dios utilizando uno de sus nombres compuestos, dándole gracias por la característica que ejemplifica ese nombre.

22

LOS NOMBRES DE JESÚS DESDE EL GÉNESIS HASTA EL APOCALIPSIS

Los nombres de Jesús son como martillos espirituales, y utilizarlos en la guerra espiritual es un modo estratégico de hacer cumplir la victoria de Cristo. También rompen cualquier cosa en la que nos hayamos apoyado que no sea solamente Jesús para obtener seguridad o identidad. El celo de Dios no queda satisfecho hasta que las identidades de sus nombres especiales estén profundamente arraigadas en nuestras propias identidades: hasta que encontremos nuestra seguridad e identidad total solamente en Él.

En el capítulo 2 enumeré 50 de los 140 poderosos nombres de Dios que se encuentran a lo largo de la Escritura. En este capítulo daré los 140 con breves comentarios sobre cada uno. Te insto a que no te saltes estos nombres. Cada uno de ellos revela un aspecto del carácter y la naturaleza del Hijo de Dios. Lee cada uno deliberadamente y permite que el Espíritu Santo te revele quién es Jesús mediante sus nombres. Después, convierte estos nombres en oraciones según la Escritura. Te aliento a que utilices esta sección como una guía de estudio especial para descubrir tu respuesta a la pregunta de Jesús: *Y ustedes, ¿quién dicen que soy yo?* (Mateo 16:15, NVI).

¿Querrás orar conmigo? "Espíritu Santo, revélame al glorioso Hijo de Dios al meditar en tus nombres".

1. Simiente de la mujer (Génesis 3:15). La primera mención de un Redentor, la primera de muchas profecías referentes al Mesías.

2. Jehová, el Señor (Génesis 19:24; Salmos 110;1, 5). Jehová, el Dios verdadero, Creador de todo.

3. Siloh (Génesis 49:10). Siloh se utiliza treinta y dos veces en el Antiguo Testamento en referencia al Mesías y también a una ubicación.

4. La Estrella de Jacob (Números 24:17). Jesús es la Estrella que vino del linaje de Jacob, trayendo salvación al mundo.

5. Profeta (Deuteronomio 18:15; Lucas 24:19). Jesús como el Profeta es profetizado en el Antiguo Testamento y cumplido en el Nuevo Testamento.

6. Roca de salvación (Deuteronomio 32:15). Este nombre significa una sensación de seguridad y fortaleza.

7. Mediador (Job 9:33). Es un árbitro.

8. El Ungido de Dios (Salmos 2:2). El Escogido de Dios.

9. Hijo (Salmos 2:12; Hebreos 3:6). De nuevo, el Escogido de Dios.

10. Santuario (Isaías 8:14). Jesús es un refugio, amparo para sus seguidores.

11. Piedra de tropiezo (Isaías 8:14). Para otros, Él hará que tropiecen y caigan.

12. Roca de ofensa (Isaías 8:14). Será una piedra que hace tropezar a muchos.

13. Admirable (Isaías 9:6). El Admirable Consejero.

14. Consejero (Isaías 9:6). El Consejero que es maravilloso.

15. Dios fuerte (Isaías 9:6). Héroe superhumano de la gente.

16. Padre Eterno (Isaías 9:6). Padre de la eternidad.

17. Príncipe de Paz (Isaías 9:6). La realeza que da paz a todo aquel que lo recibe a Él.

18. La Raíz de Isaí (Isaías 11:10). El Mesías vino de la raíz, del árbol familiar de Isaí, que fue el padre del rey David.

19. Vara (Isaías 11:1; Zacarías 3:8; 6:12). La Vara es Jesús que brotó del tronco de Isaí.

20. Bandera de los pueblos (Isaías 11:10). Jesús será levantado en alto como una bandera para reunir a los pueblos.

21. Siervo de Dios (Isaías 42:1; Mateo 12:18). Jesús fue y es el siervo de Dios, obedeciendo cada uno de sus mandamientos y deseos.

22. Escogido (Isaías 42:1). Dios escogió a Jesús como su Hijo, el amado Ungido que agrada al Padre.

23. Espada aguda, Flecha pulida (Isaías 49:2). La Palabra de Dios es viva, activa y brillante.

24. Redentor (Isaías 59:20). Aquel que salva del peligro o la destrucción, restaura los derechos, y venga las maldades.

25. Ángel de su presencia (Isaías 63:9). Dios de paciencia, bondad y misericordia.

26. El Señor, justicia nuestra (Jeremías 23:6). Dios de santidad, moralidad, justicia y virtud.

27. Planta de renombre (Ezequiel 34:29). El Mesías, la Vara de la raíz de David.

28. El Mesías Príncipe (Daniel 9:25; Juan 4:25). El Heredero del trono de Dios y Salvador del pueblo.

29. Juez de Israel (Miqueas 5:1). El Gobernador en Israel.

30. El Deseado de todas las naciones (Hageo 2:7). Jesús el Mesías; el Salvador de toda nación.

31. Mi Compañero (Zacarías 13:7). El Hijo de Dios, Amigo, Amado cercano y amado.

32. Refinador y Purificador (Malaquías 3:3). Aquel que murió para limpiar de pecado a las personas para convertirse en una ofrenda de justicia para el Señor.

33. Sol de justicia (Malaquías 4:2). El Mesías que da entrada al Día del Señor con sanidad en sus alas.

34. Jesucristo (Mateo 1:1). El Hijo unigénito de Dios, el Mesías, Salvador.

35. Hijo de Abraham (Mateo 1:1). La Simiente de Abraham en la cual fueron benditas todas las naciones de la tierra.

36. Hijo de David (Mateo 1:1; 9:27). Este nombre refleja su linaje desde Isaí por medio de David.

37. Cristo (Mateo 1:17; 2:4). La palabra griega para Cristo es *Christos*, y la palabra hebrea es *Meshiakh*. Ambas significan "Ungido".

38. Jesús (Mateo 1:21). El nombre que el ángel del Señor le dijo a José que debía poner al Hijo de María, que fue concebido por el Espíritu Santo.

39. Emanuel (Dios con nosotros) (Mateo 1:23). El nombre que se le dijo a José que debía poner al Niño santo.

40. Rey de los judíos (Mateo 2:2; 21:5). El nombre que usaron los sabios tras ser enviados por el rey Herodes a encontrar al bebé Jesús, a quien él consideraba una amenaza para su reino.

41. Gobernador (Mateo 2:6). Gobernante y pastor del pueblo de Dios.

42. Nazareno (Mateo 2:23). Se le dijo a José en un sueño que tomara a María y a Jesús y vivieran en Nazaret, de ahí que Jesús se convirtió en nazareno: alguien que vivía en Nazaret.

43. Hijo de Dios (Mateo 4:3). El nombre que utilizó el diablo cuando tentó a Jesús en el desierto.

44. Maestro (Mateo 8:19). Jesús enseñaba a la gente acerca del reino de Dios dondequiera que iba.

45. El Hijo del Hombre (Mateo 8:20). La traducción hebrea de esta frase expresa tanto la debilidad y fragilidad como la grandeza y fortaleza de la naturaleza humana, representando a Jesús en forma humana.

46. Médico (Mateo 9:12). El Doctor divino que vino a sanar a los enfermos, los pecadores y los moribundos.

47. Novio (Mateo 9:15; Juan 3:29). Jesús es el Novio de su Novia, la Iglesia.

48. Amigo de los pecadores (Mateo 11:9; Lucas 7:34). Jesús comía con recaudadores de impuestos y otros que no seguían la ley estrictamente. Rechazaba leyes que contradecían la sabiduría y la compasión de Dios (me encanta la canción de Casting Crowns *Jesus, Friend of Sinners* [Jesús, amigo de los pecadores], compuesta por Matthew West y Mark Hall. Puedes escucharla en YouTube).

49. Amado (Mateo 12:18; 17:5). Este nombre cumple la profecía de Isaías 42.

50. Sembrador (Mateo 13:3-9). Jesús es el Sembrador que vino a la tierra a esparcir (sembrar) las Buenas Noticias del reino de Dios. Algunas de las personas que oyeron las enseñanzas la absorbieron y otras no.

51. Hijo del Altísimo (Lucas 1:32). Significa la naturaleza divina de Cristo e Hijo de Dios.

52. Cuerno de Salvación (Lucas 1:69). Los cuernos simbolizan el poder; Jesús es el Poder de Salvación para todo aquel que lo acepta.

53. Desde lo alto la aurora (Lucas 1:78). La aurora significa la salida del sol, el inicio del día; una metáfora para Jesús el Mesías que trajo al mundo su luz que penetra la oscuridad.

54. Cristo el Señor (Lucas 2:11). Cristo el Señor es el Salvador del mundo, por encima de todos los profetas, reyes y sacerdotes, el único sacrificio aceptable a Dios por el pecado.

55. Salvador (Lucas 2:11). El Salvador vino a librarnos, guardarnos, salvarnos y liberarnos de toda maldad y peligro.

56. Consolación de Israel (Lucas 2:25). Consolar es quitar o aliviar toda tristeza, pérdida o problemas y suavizar a quienes están sufriendo.

57. Salvación (Lucas 2:30). Jesús es salvación porque Él pagó el precio de los pecados de los hijos de Dios; Él es nuestro Salvador.

58. Jesús de Nazaret (Lucas 4:34). Se dijo a José en un sueño que tomara a María y Jesús y vivieran en Nazaret; de ahí que Jesús se convirtió en nazareno: alguien que vivía en Nazaret.

59. Santo de Dios (Lucas 4:34). Incluso los espíritus malos sabían que Jesús era el Hijo de Dios y no podían derrotarlo.

60. El Verbo (Juan 1:1-2). Juan explicó de modo muy hermoso que Dios era Tres en uno: Padre, Hijo y Espíritu Santo, compartiendo siempre una sola naturaleza por la eternidad.

61. Dios (Juan 1:1-3; 20:28; Hebreos 1:8). El "dudoso" Tomás identificó claramente a Jesús como su Señor y su Dios. Él vio y tocó los puntos en su cuerpo donde Jesús fue traspasado por nuestros pecados.

62. Luz verdadera (Juan 1:9). Jesús es la única y perfecta Luz de vida, sabiduría y amor.

63. Hijo unigénito (Juan 1:18; 3:16). Podemos ver a Dios solamente mediante su Hijo, su único Hijo, Jesús.

64. Cordero de Dios (Juan 1:29; Apocalipsis 5:6). Cuando Juan el Bautista vio a Jesús caminando hacia él, sus primeras palabras fueron: "He aquí el Cordero de Dios". Él sabía que el plan de Dios para su Hijo era ser el Cordero sacrificial una vez y para siempre.

65. Rey de Israel (Juan 1:49). Se utilizan nueve nombres para Jesús en Juan 1, y el Rey de Israel hace eco de Isaías 11:1-2 al describir al futuro Rey que tendría el espíritu de sabiduría de Dios.

66. Maestro, Rabí (Juan 3:2). El nombre rabí es un gesto de respeto para un maestro de estatura.

67. El don de Dios (Juan 4:10). Jesús mismo es el Don (el Regalo) al igual que su deseo de compartir el don del agua viva con una mujer que tenía sed de más.

68. Salvador del mundo (Juan 4:42). Jesús vino no solo para aquellos en Jerusalén, Judea y Samaria, sino también a todas las personas en todo el mundo. Envió a sus discípulos a ser testigos hasta los confines de la tierra.

69. Pan de Dios (Juan 6:33). Este nombre significa que Jesús nutre nuestro ser físico y espiritual de Dios el Padre.

70. Pan de Vida (Juan 6:35, 48-51). De igual modo, este nombre significa que Jesús da vida a nuestro cuerpo y espíritu.

71. Luz del mundo (Juan 8:12). Jesús declara este nombre para sí mismo, diciendo: *Yo soy la luz del mundo*. En griego, la frase significa que Él es la única fuente de luz.

72. Puerta de las Ovejas (Juan 10:7). Otra declaración de Jesús, esta vez diciendo de sí mismo: *Yo soy la puerta de las ovejas*. Las ovejas necesitan ser guardadas por su seguridad y bienestar. Nosotros somos sus ovejas.

73. Buen Pastor (Juan 10:11). Jesús nos dice su nombre: *Yo soy el buen pastor*. Significa que Él nos protege, que somos sus ovejas, incluso hasta el punto de morir por nosotros.

74. El camino, la verdad, la vida (Juan 14:6). Ni siquiera podemos acercarnos a nuestro Padre celestial sin antes hacerlo por medio de Jesús, quien nos dice: *Yo soy el camino, y la verdad, y la vida*.

75. La Vid (Juan 15:1-8). Los cristianos unidos a la Vid verdadera darán fruto, produciendo evidencia de su vida en Cristo.

76. Señor y Dios (Juan 20:28). Aunque Tomás necesitó pruebas físicas para llamar a Jesús su Señor y Dios, Jesús dice en el versículo siguiente: *Bienaventurados los que no vieron, y creyeron*.

77. Santo y Justo (Hechos 3:14). Este es el nombre que Pedro llamó a Jesús cuando habló a la multitud en el Monte del Templo después de su crucifixión.

78. Santo Siervo Jesús (Hechos 4:27). Jesús se sometió a sí mismo totalmente al plan de redención del Padre, dejando su reinado en el cielo para hacerse un siervo santo en la tierra.

79. Príncipe y Salvador (Hechos 5:31). El nombre Príncipe y Salvador describe de modo preciso su papel como el Hijo del Rey y nuestro Salvador.

80. Señor de todo (Hechos 10:36). Nuestro Dios no muestra favoritismo, ni parcialidad, cuando se trata de su gracia salvadora.

81. Propiciación (Romanos 3:25; 1 Juan 2:2). Dios ofreció a Cristo como un sacrificio de expiación, la propiciación, mediante su sangre derramada por nosotros.

82. Cristo Jesús nuestro Señor (Romanos 6:23). Este nombre viene como un regalo de Dios: *Porque la paga del pecado es muerte, mientras que el regalo de Dios es vida eterna en Cristo Jesús, nuestro Señor.*

83. El Libertador (Romanos 11:26). Jesús libertará a los cautivos (tú y yo) de la impiedad.

84. Señor Jesucristo; Cristo Jesús (2 Corintios 1:2; 1 Timoteo 2:5). Este nombre trae con él gracia y paz de Dios el Padre.

85. Poder de Dios (1 Corintios 1:24). Todos los que son llamados por Dios reciben su poder y sabiduría.

86. Sabiduría de Dios (1 Corintios 1:24). Todos los que son llamados por Dios reciben su sabiduría y poder.

87. Santificación (1 Corintios 1:30). Como Él es Santificación, tenemos paz con Dios, somos puros y santos, y libres del pecado.

88. Señor de gloria (1 Corintios 2:8). El pecado evitó que los seres humanos compartieran la gloria de Cristo; después de su sacrificio podemos llamarlo Señor de gloria.

89. Nuestra Pascua (1 Corintios 5:7). Jesús es el Cordero pascual, quien sirvió y se sacrificó por nosotros.

90. Roca espiritual (1 Corintios 10:4). En Éxodo, todo el pueblo de Dios comió maná del cielo y bebió agua de la roca. Durante la comunión, comemos y bebemos de Cristo, nuestra Roca espiritual.

91. Cristo, las primicias (1 Corintios 15:23). Si Cristo fue resucitado como primicias de la cosecha, entonces nosotros, sus seguidores, también seremos resucitados.

92. El segundo Adán (1 Corintios 15:45). Contrariamente al primer Adán que murió, el último Adán (Jesús) vive para siempre.

93. El segundo hombre (1 Corintios 15:45-47). El segundo hombre (Jesús) vino del cielo.

94. Imagen de Dios (2 Corintios 4:4). Cristo es la imagen exacta de Dios.

95. Descendencia de Abraham (Gálatas 3:29). Como Jesús es la Descendencia de Abraham, nosotros somos verdaderos hijos de Abraham, herederos en el reino de Dios.

96. El Amado (Efesios 1:6). El único Hijo del Padre, a quien alabamos y adoramos.

97. Principal Piedra del ángulo (Efesios 2:20). En tiempos de antaño, la piedra del ángulo era la primera roca que se utilizaba para establecer el cimiento de un edificio. Jesús es la Roca sobre la cual debemos estar en primer lugar, antes de nada.

98. Cabeza de la Iglesia (Colosenses 1:18). Como la iglesia es el Cuerpo de Cristo, Él es la Cabeza.

99. Primogénito de entre los muertos (Colosenses 1:18). Una referencia a la resurrección de Jesús: de la muerte a la vida.

100. Cristo Jesús nuestro Señor (1 Timoteo 1:12). El apóstol Pablo usó este nombre siete veces en sus escritos, tal vez para reflejar la importancia de Cristo como Jesús y Señor.

101. Mediador (1 Timoteo 2:4-5). Jesús interviene como el Abogado de todo creyente ante el Padre.

102. Jesucristo hombre (1 Timoteo 2:5). Este es el único hombre que puede reconciliarnos con Dios.

103. Rescate por todos (1 Timoteo 2:6). Su propósito fue sacrificarse a sí mismo por todos nosotros.

104. Linaje de David (2 Timoteo 2:8). Jesús cumplió la profecía de ser un hijo de David.

105. Dios Padre y el Señor Jesucristo nuestro Salvador (Tito 1:4). El número 105 tiene en realidad dos nombres. Apuntan claramente

al hecho de que Dios el Padre y Jesucristo son parte de la Deidad trina.

106. Bendita Esperanza (Tito 2:13). La aparición de la gloria de Dios venidera es nuestra bendita Esperanza: Jesús.

107. Nuestro gran Dios y Salvador Jesucristo (Tito 2:13). Este nombre subraya su majestad y magnificencia.

108. Resplandor de su gloria (Hebreos 1:3). La divinidad de Dios se reveló brillantemente.

109. La imagen misma de su sustancia (Hebreos 1:3). La huella exacta de la naturaleza de Dios.

110. Sustentador de todas las cosas (Hebreos 1:3). Su poder es evidente en todo el universo.

111. Autor de la salvación (Hebreos 2:10). El líder supremo y eterno.

112. Apóstol y sumo sacerdote de nuestra profesión (Hebreos 3:1). Jesús reemplaza la necesidad de un intermediario terrenal entre nosotros y nuestro Padre celestial.

113. Precursor (Hebreos 6:20). Jesús ha ido delante de nosotros, preparando el camino.

114. Ministro del santuario (Hebreos 8:2). El sacerdocio superior de Jesús es el tabernáculo verdadero y santo.

115. Testador (Mediador) de un nuevo pacto (Hebreos 9:16-17). Jesús dio entrada al nuevo pacto mediante su sacrificio una vez y para siempre, reemplazando la necesidad de ofrendas de animales del Antiguo Testamento.

116. Autor y consumador de la fe (Hebreos 12:2). Jesús es el cumplimiento supremo de las promesas de Dios mediante la fe en Él.

117. Gran Pastor de las ovejas (Hebreos 13:20). Como todo lo demás en la Biblia, la imagen de Jesús es la de un Pastor dedicado que da dirección, protección y atención.

118. Pastor y Obispo de las almas (1 Pedro 2:25). Un bondadoso guerrero y guardián de nuestros corazones y nuestras almas.

119. Príncipe de los pastores (1 Pedro 5:4). Además del pastor en el campo que cuida de las ovejas, el Príncipe de los pastores (Cristo) regresará con coronas en su mano para sus seguidores.

120. Señor y Salvador Jesucristo (2 Pedro 1:11). Los creyentes serán recibidos en el reino eterno de nuestro Señor y Salvador Jesucristo.

121. Lucero de la mañana (2 Pedro 1:19). Las profecías de Dios deberían tomarse como una luz que brilla en la oscuridad, como un lucero que se levanta en nuestro corazón.

122. Abogado (1 Juan 2:1). Jesús es nuestro Abogado, nuestro Mediador, que habla por nosotros delante del Padre.

123. Jesucristo el Justo (1 Juan 2:1). Subraya de nuevo que Cristo es nuestro Abogado, nuestro Mediador, que habla por nosotros delante del Padre.

124. Vida eterna (1 Juan 5:20). Nuestra seguridad de salvación y vida eterna en el cielo.

125. Testigo fiel (Apocalipsis 1:5). Jesús es la Fuente honesta y confiable de lo que Juan escribió en el libro de Apocalipsis.

126. Primogénito de los muertos (Apocalipsis 1:5). Jesús resucitó de la muerte en un cuerpo glorificado y eterno.

127. Soberano de los reyes de la tierra (Apocalipsis 1:5). Cuando Jesús regrese, reinará y gobernará sobre todas las naciones.

128. Alfa y Omega (Apocalipsis 1:8; 21:6; 22:13). Alfa y Omega son la primera y la última letras en el alfabeto griego. Jesús es el Primero y el Último.

129. El principio y el fin (Apocalipsis 1:8). Jesús siempre ha existido y siempre existirá.

130. El primero y el último (Apocalipsis 2:8). Jesús ha existido eternamente.

131. Estrella de la mañana (Apocalipsis 2:28). Jesús, la Estrella de la mañana, aparecerá en el aire para buscar a todos los creyentes en el rapto.

132. El Amén (Apocalipsis 3:14). La revelación de Dios perfecta y final.

133. Testigo fiel y verdadero (Apocalipsis 3:14). Jesús nunca se mueve de la verdad absoluta.

134. El principio de la creación (Apocalipsis 3:14; Juan 1:3; Efesios 3:9; Colosenses 1:15-18). Dios era y es el Creador de todo.

135. León de la tribu de Judá (Apocalipsis 5:5). El linaje de Jesús incluye a Jacob, cuyo hijo se llamó Judá (cachorro de león), que era una de las doce tribus.

136. La raíz de David (Apocalipsis 5:5). Jesús, un miembro del linaje real del rey David.

137. El Verbo de Dios (Apocalipsis 19:13). Este nombre se le da a Jesús en su segunda venida, afirmando su victoria.

138. Rey de reyes y Señor de señores (Apocalipsis 19:16). En su venida, se llamará a Jesús de modo preciso para declararlo Gobernador en la tierra.

139. La raíz y el linaje de David (Apocalipsis 22:16). Descendiente del rey David y heredero.

140. La estrella resplandeciente de la mañana (Apocalipsis 22:16; Malaquías 4:2). Jesús aparecerá antes de que salga el sol.

Espero que la lectura de estos nombres de Dios haya avivado tu espíritu para conocer a Jesús de una manera nueva. Te recomiendo que pienses en estudiar más en profundidad estos poderosos nombres de Dios, y continúes orando con estos nombres y absorbiendo la revelación de Cristo en tu corazón.

Cada nombre contiene una revelación distinta de la naturaleza de Dios mismo. Al orar los nombres del Hijo de Dios (Jesucristo nuestro Señor), el Espíritu Santo te destacará uno de ellos. Entonces detente. Pausa. *Selah.* Deja que el poder de ese nombre empape lo profundo de tu ser, ¡y serás cambiado!

PARA REFLEXIÓN Y ORACIÓN

✦ ¿Cuál de los nombres te habló con más fuerza mientras leías? ¿Por qué?

✦ ¿Qué aspecto del carácter o la naturaleza del Hijo de Dios destaca más para ti? ¿Por qué?

Toma unos momentos para orar ahora, dirigiéndote a Dios usando varios de sus nombres que leíste en este capítulo: dándole gracias, pidiéndole ayuda, y usando de modo estratégico sus nombres contra cualquier oposición del enemigo que estés enfrentando en este momento.

ORACIÓN PARA LA GUERRA ESPIRITUAL VICTORIOSA

Padre, ¡santificado sea tu nombre grande y poderoso! Tu presencia, poder y carácter están contenido en tus gloriosos nombres. Gracias por revelarte tan completamente en tu Palabra, mostrando tus atributos y tu carácter divino. ¡Tu nombre estará siempre en mis labios!

Con gratitud, proclamo apasionadamente: "Pertenezco a Cristo, y estoy en Cristo". Ayúdame a representar tu nombre de modo honorable mediante mi actitud y mi conducta. Priorizo tu nombre por encima de todo lo demás en mi vida. Exalto el nombre de Jesús por encima de mi reputación, mis dones, mi unción y mi ministerio.

Me emociona aprender más acerca de quién eres tú para mí, y permaneceré confiado sabiendo que hay un nombre que siempre es victorioso. Me levanto en guerra espiritual y utilizo el nombre grande y de autoridad del Señor Jesucristo. Sí, estoy en terreno firme cuando, al mencionar el nombre de Jesús, los demonios tiemblan y las potestades y principados de las tinieblas caen. Soy un vencedor en Cristo Jesús, quien es el Rey de reyes y Señor de señores supremo. ¡Amén y amén!

SECCIÓN 10

LA SANGRE DE CRISTO HABLA

Ellos lo han vencido por medio de la sangre del Cordero y por el testi-monio que dieron. Y no amaron tanto la vida como para tenerle miedo a la muerte.   Apocalipsis 12:11, NTV

Si creciste en la iglesia, probablemente recibiste la Cena del Señor o Comunión. En ese caso, ¿cuál es tu perspectiva acerca de esta tradición? Es más que probable que el trasfondo de tu iglesia haya dado forma a tu perspectiva y sistema de creencias.

¿Es la Comunión únicamente un modo de recordar y honrar el sacrificio de Cristo al tomar el pan y el jugo? Si vienes de una tradición católica u ortodoxa, ¿crees que la Eucaristía es el cuerpo y la sangre reales de Cristo? ¿O crees que Cristo está presente mientras nos reunimos en torno a los sacramentos de su Última Cena a pesar de que el pan y el vino conservan su naturaleza? Al margen de cuáles sean tus creencias pasadas o presentes, los tres capítulos siguientes te darán una perspectiva fresca del poder de la sangre de Jesús y cómo puedes derrotar al enemigo con la sangre del Cordero.

El pasaje de la Escritura del tema de esta sección está en Apocalipsis 12:11 (NTV): *Ellos* [los creyentes] *lo han vencido por medio de la sangre del Cordero y por el testimonio que dieron,* lo que testifican acerca del tema. *Y no amaron tanto la vida como para tenerle miedo a la muerte.* ¡Vaya! Es una combinación poderosa que conduce a vencer al enemigo. Y observemos una parte central de la estrategia de victoria de Dios: la sangre de Jesús.

Es mi oración que, al comenzar esta sección, el Espíritu de revelación descanse sobre ti. Que donde ha habido conocimiento haya un incremento de conocimiento, y que Dios te lleve a un lugar de mayor cercanía e intimidad con Él por medio del estudio de cómo la sangre de Cristo *todavía* habla.

No hay ningún triunfo aparte de la sangre de Jesús, de modo que estos próximos capítulos son fundamentales para que puedas armarte para la guerra espiritual.

23

EL PODER DE LA SANGRE EN EL ANTIGUO Y EL NUEVO TESTAMENTO

*S*angre. ¿Cuál es tu primera reacción cuando lees esa palabra? ¿Sientes repulsión? Algunas personas están en contacto con la sangre todos los días, como cirujanos, enfermeras, paramédicos, granjeros, carniceros y cocineros. Las mujeres comprenden que la sangre es una parte de un ciclo mensual saludable. Aparte de todo eso, nuestra sociedad moderna casi ha eliminado la imagen de la sangre de nuestra vida diaria. Si vamos a un supermercado, en raras ocasiones vemos sangre. Los vendedores de carne colocan papeles especiales debajo de la carne para que se empapen de cualquier jugo o sangre que pudiera seguir presente en el momento de empaquetar la carne. Sin embargo, la sangre ha sido una parte regular de la vida durante la mayor parte de la historia humana. La vida está en la sangre, y es momento de que conozcamos su poder y su lugar más plenamente.

Desde el Génesis hasta el Apocalipsis, la sangre ocupa un lugar central en la Escritura. En el Antiguo Testamento vemos que la sangre de animales anuncia el sacrificio de Cristo en el Nuevo Testamento.

Bajo la ley de la expiación, después de que el sacerdote hubiera ministrado en el altar del incienso, y tras atravesar el atrio exterior, el atrio interior y el lugar santo, ministrando en la quinta estación del altar del incienso, entraba al otro lado del velo al lugar santísimo. Allí, el sacerdote tomaba parte de la sangre del carnero y el macho cabrío y la rociaba sobre el propiciatorio con su dedo y sobre los cuernos del altar, siete veces en cada uno.

¿De veras? Puede que estés pensando: *Muéstrame eso en la Biblia.* Levítico 16:18-19 afirma específicamente:

> *Y saldrá al altar que está delante de Jehová, y lo expiará, y tomará de la sangre del becerro y de la sangre del macho cabrío, y la pondrá sobre los cuernos del altar alrededor. Y esparcirá sobre él de la sangre con su dedo siete veces, y lo limpiará, y lo santificará de las inmundicias de los hijos de Israel.*

Cuando leemos atentamente todo el capítulo 16 de Levítico, descubrimos que la sangre se esparcía en tres lugares distintos, siete veces en cada uno. Algunos maestros de la Biblia han enseñado que las tres ubicaciones señalaban a la Deidad, a la Trinidad, y el siete es el número de lo completo.

Esta era una imagen que anunciaba lo que estaba por llegar. Cuando el Sumo Sacerdote Jesús derramó su sangre, hizo una obra completa una sola vez, para todos los tiempos y todas las personas. Cuando estaba en la cruz dijo: "Consumado es" (Juan 19:30). La obra de la expiación se había completado ahora perfectamente mediante la sangre de este Hombre, el Cordero de Dios, ¡Cristo Jesús el Señor!

En el Nuevo Testamento, el sumo sacerdote entraba en el lugar santísimo solamente una vez al año, y era con la sangre del sacrificio del día más santo, el día de Expiación, el día de la cobertura.

Este sacrificio era una *cobertura* del pecado, pero no *eliminaba* el pecado. No había acceso alguno a la presencia de Dios sin el derramamiento de sangre del sacrificio. Esto podemos encontrarlo y estudiarlo en Hebreos 9:6-14:

> *Y así dispuestas estas cosas, en la primera parte del tabernáculo entran los sacerdotes continuamente para cumplir los oficios del culto; pero en la segunda parte, sólo el sumo sacerdote una vez al año, no sin sangre, la cual ofrece por sí mismo y por los pecados de ignorancia del pueblo; dando el Espíritu Santo a entender con esto que aún no se había manifestado el camino al Lugar Santísimo, entre tanto que la primera parte del tabernáculo estuviese en pie. Lo cual es símbolo para el tiempo presente, según el cual se presentan ofrendas y sacrificios que no pueden*

hacer perfecto, en cuanto a la conciencia, al que practica ese culto, ya que consiste solo de comidas y bebidas, de diversas abluciones, y ordenanzas acerca de la carne, impuestas hasta el tiempo de reformar las cosas.

Pero estando ya presente Cristo, sumo sacerdote de los bienes venideros, por el más amplio y más perfecto tabernáculo, no hecho de manos, es decir, no de esta creación, y no por sangre de machos cabríos ni de becerros, sino por su propia sangre, entró una vez para siempre en el Lugar Santísimo, habiendo obtenido eterna redención. Porque si la sangre de los toros y de los machos cabríos, y las cenizas de la becerra rociadas a los inmundos, santifican para la purificación de la carne, ¿cuánto más la sangre de Cristo, el cual mediante el Espíritu eterno se ofreció a sí mismo sin mancha a Dios, limpiará vuestras conciencias de obras muertas para que sirváis al Dios vivo?

Me encanta la frase: "Pero estando ya presente Cristo". Sí, cuando Jesús apareció ofreció su sangre, la cual era sin mancha, como un sacrificio eterno por nuestros pecados.

SIETE MANERAS EN QUE LA SANGRE DE CRISTO FUE DERRAMADA POR NOSOTROS

Examinemos con más detalle cómo fue derramada la sangre de Cristo por nosotros, para que así podamos sentir la profundidad de su sacrificio y atesorar verdaderamente el precio que Él pagó por nuestros pecados. Este es el peso que hay detrás del poder de la sangre en la guerra espiritual.

1. Jesús sudó gotas de sangre. Lucas 22:44 dice: *Y estando en agonía, oraba más intensamente; y era su sudor como grandes gotas de sangre que caían hasta la tierra.* En Getsemaní, Jesús estuvo dispuesto a identificarse con el pecado del mundo, y sus capilares estallaron. Había tal intensidad en su oración, que los vasos sanguíneos se rompieron de verdad y salió sangre en forma de gotas de sudor.

2. Jesús sangró cuando lo golpearon a puñetazos. Mateo 26:59-68 relata cuando Jesús fue interrogado por los líderes judíos, y su volátil respuesta. Cuando el sumo sacerdote preguntó la segunda vez si Jesús era el

Hijo de Dios, Jesús respondió: *Tú lo has dicho; y en el futuro verán al Hijo del Hombre sentado en el lugar de poder, a la derecha de Dios, y viniendo en las nubes del cielo* (ve. 64, NTV). *Entonces el sumo sacerdote se rasgó las vestiduras en señal de horror y dijo:* «¡*Blasfemia! ¿Para qué necesitamos más testigos? Todos han oído la blasfemia que dijo. ¿Cuál es el veredicto?*». «¡*Culpable!* —*gritaron*—. *¡Merece morir!*». *Entonces comenzaron a escupirle en la cara a Jesús y a darle puñetazos. Algunos le daban bofetadas.* Se cumplió una profecía del Antiguo Testamento cuando le golpearon con sus puños (ver Miqueas 5:1).

3. Se derramó sangre cuando arrancaron la barba a Jesús. Muchos siglos antes de que Jesús naciera en Belén, Isaías declaró esta profecía mesiánica: *Ofrecí mi espalda a los que me golpeaban, mis mejillas a los que me arrancaban la barba; ante las burlas y los escupitajos no escondí mi rostro* (Isaías 50:6, NVI). Al ser yo un hombre que ha tenido barba durante cincuenta años, comprendo un poco el dolor que eso implica. Sin embargo, la barba de Jesús habría sido una barba larga de la que tiraron con fuerza, y es más que probable que también desgarraran parte de la carne, causando que saliera sangre de las heridas.

4. Fluyó sangre cuando flagelaron la espalda de Jesús. Mateo 27:26 dice: *Y habiendo azotado a Jesús* (lo cual se refiere a que flagelaron su espalda) *le entregó para ser crucificado.* Jesús entregó su espalda para ser azotado. En Salmos 129:1-3 (NTV) tenemos una descripción de la cruda naturaleza del trato que le dieron: *Tengo la espalda cubierta de heridas, como si un agricultor hubiera arado largos surcos.*

¿Has visto la película *La Pasión de Cristo*? Muchas personas no pudieron manejar la violenta brutalidad de lo que sucedió antes y durante la crucifixión de Cristo. Cuando yo estaba viendo la película, y debido a que he estudiado estos versículos, sentí que el Espíritu Santo me susurraba que lo que se mostraba en la película era en realidad una descripción muy suave de lo que Jesús, el Cordero de Dios, experimentó realmente. Yo no creo que podamos comprender cuán desfigurado llegó a estar su cuerpo.

5. Cayó sangre por la cara y el cuerpo de Jesús por la corona de espinas que le pusieron en la cabeza. Mateo 27:29 (NVI) dice: *Luego trenzaron una corona de espinas y se la colocaron en la cabeza; en la mano derecha le pusieron una vara. Arrodillándose delante de él, se burlaban diciendo: ¡Viva* *el rey de los judíos!* Esta corona de espinas eran agujas largas que pusieron sobre su cabeza y después la presionaron sobre su cuero cabelludo, causando que le chorreara sangre por la cara y la espalda.

Otro versículo que habla de esto se encuentra en el libro de Isaías. *Como se asombraron de ti muchos, de tal manera fue desfigurado de los hombres su parecer, y su hermosura más que la de los hijos de los hombres* (Isaías 52:14). Algunos maestros de la Biblia llegan a la conclusión de que el Mesías fue golpeado de modo horroroso con puñetazos y varas, causando que el aspecto de su cara llegara a estar tan desfigurado que era totalmente irreconocible.

6. Goteó sangre de las manos y los pies de Jesús crucificado. Como se registra en Mateo 27:35: *Cuando le hubieron crucificado, repartieron entre sí sus vestidos, echando suertes, para que se cumpliese lo dicho por el profeta.* Crucificaron a Jesús con un castigo que no merecía, pues era el castigo de un criminal, atravesando sus manos y sus pies con clavos en una cruz de madera.

7. Salió sangre del costado de Jesús cuando fue traspasado. Juan, el discípulo amado de Jesús que estaba al lado de la cruz, escribió que *uno de los soldados le abrió el costado con una lanza y al instante brotó sangre y agua* (Juan 19:34, NVI). Incluso después de que Jesús había muerto, un soldado decidió meter una lanza en el costado de Jesús.

Cuando podemos imaginar el modo en que la sangre (la vida misma de Jesús) salió de todo su cuerpo, ¿cómo no podremos postrarnos en humildad y adorarlo? Debemos levantar nuestras manos en completa rendición a Aquel que hizo un sacrificio tan extravagante por nosotros. Te aliento a que hagas una pausa en este momento y tomes unos segundos para reflexionar sobre lo que Jesús hizo porque te ama. Ningún otro amor es más fuerte, y este es el amor sacrificial que debes recordar en la guerra espiritual. *Jesús, te doy honra. Tu sacrificio me asombra. Ciertamente, tu sangre fue derramada por toda la humanidad. Cómo te amo.*

SIETE BENEFICIOS DE LA SANGRE DE JESÚS

Rociar siete veces la sangre por parte del sumo sacerdote y las siete heridas del Mesías nos producen siete beneficios específicos de su sangre derramada que se revelan en la Escritura: perdón, limpieza, redención, justificación, santificación, paz y acceso. Como mencionamos anteriormente, según Apocalipsis 12:11 hemos vencido al maligno al testificar lo que la sangre de Jesús ha hecho por nosotros. Su triunfo sobre las potestades de las tinieblas se cumple cuando nos ponemos de acuerdo y declaramos los beneficios de su sangre derramada.

La sangre de Jesús nos conduce a la victoria en toda batalla espiritual que enfrentemos. Levítico 17:11 declara que hay vida en la sangre. En la sangre de Cristo recibimos vida que la muerte no puede conquistar.

Examinemos ahora los siete beneficios de la sangre derramada del Cordero de Dios. Tengamos en mente que en cada sección exploramos solamente algunos versículos, pero hay muchos otros que confirman las verdades de cada uno. Te aliento encarecidamente a que tú mismo explores este tema con más profundidad.

1. Perdón. Hemos sido perdonados mediante la sangre del Señor Jesucristo. Según Hebreos 9:22 (NVI): *De hecho, la Ley exige que casi todo sea purificado con sangre, pues sin derramamiento de sangre no hay perdón.* El beneficio número uno que recibimos de su sangre derramada es nuestro perdón. Di la siguiente frase en voz alta: "He sido perdonado mediante la sangre de Jesús. ¡Gracias, Dios!".

2. Limpieza. La sangre de Jesús nos limpia de todo pecado. Puede que te preguntes: *¿Cuál es la diferencia entre perdón y limpieza? ¿Comprendes que puedes ser perdonado y aun así cargar con una conciencia culpable o sentirte condenado?* Limpieza significa no solo que eres perdonado sino también que tu conciencia está limpia. Ampliemos la palabra *pecado* y declaremos: "¡La sangre del Señor Jesucristo me ha limpiado y me limpia de toda culpa, vergüenza, condenación y pecado!". Primera de Juan 1:7 nos dice: *Pero si andamos en luz, como él está en luz, tenemos comunión unos con otros, y la sangre de Jesucristo su Hijo nos limpia de todo pecado.* Recuerda: ¡eres perdonado y limpiado por su sangre!

3. Redención. Hemos sido redimidos por la sangre del Cordero. Efesios 1:7 dice: *En quien tenemos redención por su sangre, el perdón de pecados según las riquezas de su gracia.* Primera de Pedro 1:18-19 dice: *Sabiendo que fuisteis rescatados de vuestra vana manera de vivir, la cual recibisteis de* *vuestros padres, no con cosas corruptibles, como oro o plata, sino con la sangre preciosa de Cristo, como de un cordero sin mancha y sin contaminación.* La palabra *rescatar* o *redimir* significa "ser comprado". Fuiste comprado y sacado de la oscuridad, trasladado del dominio de la oscuridad al reino de la luz (ver Colosenses 1:13). Recuerda: ¡eres perdonado, limpiado y redimido por su sangre!

4. Justificación. Por la sangre de Jesús, tú y yo somos justificados. Muchos creyentes no saben exactamente lo que significa la justificación, y podemos estar justificados posicionalmente por lo que Cristo ha hecho, pero no caminar en la verdad de la experiencia de la justificación. No solo somos perdonados; se nos da una pizarra totalmente en blanco. Romanos 5:9 (NTV) dice claramente: *Entonces, ya que hemos sido hechos justos a los ojos de Dios por la sangre de Cristo, con toda seguridad él nos salvará de la condenación de Dios.* Posiblemente hayas escuchado que ser justificado es "como si nunca hubiéramos pecado". Ese es un modo de recordar el significado de la justificación, pero no olvidemos lo que le sucedió a ese pecado. Sí, tenemos una pizarra limpia, pero no restemos importancia a que todo lo que había en nuestra pizarra fue colocado sobre Jesús para que cargara con ello en la cruz, como nos muestra 2 Corintios 5:21 (NTV): *Pues Dios hizo que Cristo, quien nunca pecó, fuera la ofrenda por nuestro pecado, para que nosotros pudiéramos estar en una relación correcta con Dios por medio de Cristo.* Recuerda: ¡eres perdonado, limpiado, redimido y justificado por su sangre!

5. Santificación. Hebreos 10:10 dice: *Somos santificados mediante la ofrenda del cuerpo de Jesucristo hecha una vez para siempre.* Hebreos 13:12 revela que *Jesús, para santificar al pueblo mediante su propia sangre, padeció fuera de la puerta.* Podrías pensar: *Eso suena muy bien, pero ¿qué significa para mí?*

En 2 Crónicas 5:11 (AMP) leemos que *los sacerdotes salieron del Lugar Santo (porque todos los sacerdotes que estaban presentes se habían santificado, apartándose de todo lo impuro)* (traducción libre). Estos sacerdotes eran apartados de los otros en Israel para servir a Dios de un modo muy especial. Ahora, nosotros somos "sacerdotes" que podemos acercarnos a Dios mediante la sangre derramada de Jesús. A través del poder del Espíritu

Santo, somos apartados para buenas obras que Dios ha planeado que hagamos (Efesios 2:10).

No solo eres perdonado, limpiado, redimido y justificado: eres un instrumento apartado para el propósito único de Dios. Serás obstaculizado para creer en tu destino hasta que grabes esta revelación en tu interior. Has sido santificado por su sangre, y debido a eso tienes un destino, una esperanza y un llamado.

6. Paz. Mediante la sangre de Jesús tenemos paz interior. Colosenses 1:20 nos dice: *Y por medio de él reconciliar consigo todas las cosas, así las que están en la tierra como las que están en los cielos, haciendo la paz mediante la sangre de su cruz.* Jesús hizo la paz mediante la sangre de su cruz; por lo tanto, podemos declarar a nuestras emociones: "Paz, calma". Puedes declarar a la tormenta: "Paz, calma". Recuerda: eres perdonado, limpiado, redimido, justificado, santificado, y posees la paz que desafía toda comprensión; ¡todo por su sangre!

7. Acceso. Tenemos acceso, seguridad y libertad para entrar en el Lugar Santísimo mediante la sangre de Jesús. Hebreos 10:19 (NTV) dice: *Así que, amados hermanos, podemos entrar con valentía en el Lugar Santísimo del cielo por causa de la sangre de Jesús.* También podemos leer Efesios 2:13-14, que dice: *Pero ahora en Cristo Jesús, vosotros que en otro tiempo estabais lejos, habéis sido hechos cercanos por la sangre de Cristo. Porque él es nuestra paz, que de ambos pueblos hizo uno, derribando la pared intermedia de separación.*

Para ser eficaces en la guerra espiritual, debemos saber lo que ha logrado la sangre del Cordero, Jesucristo, el Unigénito de Dios. Entonces, y solamente entonces, tenemos autoridad sobre el príncipe de la potestad del aire para desarmar a las potestades y principados de maldad.

La sangre de Jesús no es un amuleto de buena suerte. La sangre de Jesús es poderosa, en especial cuando ahora sabes aplicar la sangre del Cordero a tu mente, tu corazón, tu vida, tu familia, y cada esfera de responsabilidad que Dios te ha delegado.

La oscuridad se detiene y comienza la vida cuando testificas lo que ha logrado la sangre de Jesús. Recuerda: ¡eres perdonado, limpiado, redimido, justificado, santificado, tienes paz y acceso por su sangre!

PARA REFLEXIÓN Y ORACIÓN

✦   Al reflexionar en cómo Jesús derramó su sangre, ¿cómo afecta esto en tu manera de acercarte a Él mediante la oración?

✦   De los siete beneficios de la sangre derramada de Jesús, ¿cuál sientes que conoces bien, y a cuál quieres tener acceso más completamente?

✦   ¿Qué crees que significa en la práctica "aplicar la sangre" a tu mente, tu corazón, tu vida, tu familia, y a cada esfera de responsabilidad que Dios te ha delegado?

Toma unos momentos para dar gracias a Jesús por su sangre derramada y para aplicar la sangre a cada área de tu vida.

24

LA IMPORTANCIA DE LA CENA DEL SEÑOR

Mi amigo Lou Engle recibió una revelación del Señor que él llama el "Gran Avivamiento de la Comunión". Él cree que tomar la Cena del Señor es uno de los componentes importantes y necesarios que conducen a otro Gran Despertar: el gran avivamiento que ha sido profetizado por muchos y que está en la Palabra de Dios. Beni Johnson, que ahora está ya con el Señor, escribió un libro formidable sobre la Comunión titulado *El poder de la Comunión: Accede a los milagros mediante el cuerpo y la sangre de Jesús.*

Lou Engle tuvo el privilegio de reunirse con nuestros queridos amigos Bill y Beni Johnson de la Iglesia Bethel en Redding, California. Mediante un sueño, el Señor dirigió a Lou a que Beni impusiera sus manos sobre él. Yo vi el video en el que Lou habla de este encuentro cuando le pidió a Beni que le impusiera sus manos para poder ayudarlo a comunicar el mensaje de su libro, aunque él mismo ya lo estaba llevando consigo.

Creo que es muy importante que sean recuperados los sacramentos y las tradiciones piadosas de la Iglesia. Eso incluye la Cena del Señor. Los siguientes son pasajes del Evangelio de Mateo y las cartas corintias de Pablo que describen la Cena del Señor.

Y mientras comían, tomó Jesús el pan, y bendijo, y lo partió, y dio a sus discípulos, y dijo: Tomad, comed; esto es mi cuerpo. Y tomando la copa, y habiendo dado gracias, les dio, diciendo: Bebed de ella todos; porque esto es mi sangre del nuevo pacto, que por muchos es derramada para remisión de los pecados. Y os digo que desde ahora no beberé más

*de este fruto de la vid, hasta aquel día en que lo beba nuevo con vosotros
en el reino de mi Padre.*   Mateo 26:26-29

*La copa de bendición que bendecimos, ¿no es la comunión de la sangre
de Cristo? El pan que partimos, ¿no es la comunión del cuerpo de
Cristo? Siendo uno solo el pan, nosotros, con ser muchos, somos un
cuerpo; pues todos participamos de aquel mismo pan.*

1 Corintios 10:16-17

*Porque yo recibí del Señor lo que también os he enseñado: Que el Señor
Jesús, la noche que fue entregado, tomó pan; y habiendo dado gracias,
lo partió, y dijo: Tomad, comed; esto es mi cuerpo que por vosotros es
partido; haced esto en memoria de mí. Asimismo tomó también la
copa, después de haber cenado, diciendo: Esta copa es el nuevo pacto
en mi sangre; haced esto todas las veces que la bebiereis, en memoria
de mí. Así, pues, todas las veces que comiereis este pan, y bebiereis esta
copa, la muerte del Señor anunciáis hasta que él venga.*

*De manera que cualquiera que comiere este pan o bebiere esta copa del
Señor indignamente, será culpado del cuerpo y de la sangre del Señor.
Por tanto, pruébese cada uno a sí mismo, y coma así del pan, y beba de
la copa.*   1 Corintios 11:23-28

Jesús y Pablo no dicen la frecuencia de tomar la Comunión, pero sabemos que la iglesia primitiva celebraba la Cena del Señor regularmente.

TRES PERSPECTIVAS HISTÓRICAS DE LA CENA DEL SEÑOR

Hay diferentes tradiciones dentro del cristianismo con respecto a las expresiones y el significado de la Cena del Señor. Todas las tradiciones concuerdan en que en la celebración de la Cena del Señor, la Eucaristía, o Comunión, existe la proclamación del evangelio del reino que es de suprema importancia: "Hagan esto en memoria de mí".

1.   Una perspectiva común protestante no denominacional hoy día,
     es que el pan y la copa (de vino o jugo de uva) son principalmente

símbolos del cuerpo y la sangre del Señor. Ambas expresan exteriormente la verdad interna concerniente a la pasión del Señor.

2. Las perspectivas católico romana y de algunas iglesias ortodoxas históricas se denominan "transustanciación", y se interpretan con el significado de que el pan y la bebida se transforman por el poder milagroso de Dios para convertirse en el cuerpo y la sangre *reales* del Señor Jesucristo.

3. Algunas iglesias anglicanas, episcopales, y algunas otras iglesias litúrgicas históricas, sostienen la perspectiva de la "consustanciación", que hace hincapié en la *presencia real* del Señor cuando las personas *participan* en la Eucaristía o la Cena del Señor.

¿Qué perspectiva te han enseñado o sostienes actualmente? ¿Es simbólica, real, o de presencia real? Entiendo las diferentes perspectivas, tradiciones y prácticas de las iglesias sobre quién está calificado para servir los sacramentos, y honro los diversos protocolos a la vez que me aferro a la revelación del sacerdocio de todos los creyentes. Yo recibo personalmente los elementos casi a diario, e incluso los llevo conmigo cuando viajo. Esta es una parte regular de mi caminar devocional con Dios, y posiblemente una de mis claves de la unción.

Al margen de cómo consideres los elementos de la Comunión, es mi oración que el Espíritu Santo destaque la importancia de la Cena de Señor y aumente tu fe a medida que participas del pan y de la copa.

LA PODEROSA PRESENCIA DE JESÚS EN LA COMUNIÓN

Veamos de nuevo 1 Corintios 10:16: *La copa de bendición que bendecimos, ¿no es la comunión de la sangre de Cristo? El pan que partimos, ¿no es la comunión del cuerpo de Cristo?* Creo que Pablo está diciendo que hay una auténtica bendición que puede producirse cuando recibimos la Cena del Señor. Podría ser una referencia a la presencia real del Espíritu Santo que es liberada cuando participamos por la fe.

Me preocupa que tomemos la Cena del Señor demasiado a la ligera. Jonathan Black en su libro *La Cena del Señor*, relata la historia real de

Tarcisio, un mártir entre los primeros cristianos debido a la Cena del Señor. ¿Martirizado? ¿Por la Cena de Señor? ¡Sí! Lee el relato conmigo:

> Tarcisio... vivió en Roma en el tercer siglo, donde fue parte de la iglesia, posiblemente un diácono. Durante un tiempo de feroz persecución (probablemente bajo el emperador Valeriano), Tarcisio recibió la tarea de llevar la Comunión a los miembros de la iglesia que habían sido encarcelados por su fe. En aquella época enviaban a alguien desde la iglesia para llevar los elementos a los enfermos y los encarcelados; estos elementos eran tomados de la misma mesa en torno a la cual se reunía toda la congregación para tomar la Comunión, de esta manera toda la iglesia compartía la misma cena. Sin embargo, cuando iba de camino hacia la cárcel, Tarcisio fue atacado por una turba pagana que demandaba que entregara el sacramento, pero Tarcisio se negó a hacerlo. En cambio, se aferró a él con más fuerza para protegerlo con su vida misma. Tarcisio fue apedreado hasta morir cuando no quiso entregarles la Comunión.[1]

Tarcisio y la iglesia primitiva creían que la Cena del Señor es algo más que recordar mentalmente y tragar físicamente los elementos de la Comunión. Tomar la Comunión es también un acto íntimo y espiritual que puede transformarnos física, mental y emocionalmente. A pesar de cuán importante es reunirnos y recordar, yo creo que Dios quiere que esperemos más. ¿Por qué? Al celebrar la Cena del Señor nos colocamos a nosotros mismos entre el "ya" de la primera venida de Cristo y el "aún no" de la segunda venida.

En una ocasión me acordé de una frase que me bendijo profundamente: "Ahora has entrado en la comprensión de mi copa". "La copa" se refiere al sufrimiento de Cristo. Sin embargo, recordemos que el sufrimiento no es un fin en sí mismo. El sufrimiento de Cristo condujo a su triunfo sobre el pecado, la enfermedad y Satanás. ¡Amén! Cuando tomas la Comunión, la presencia real de Dios te hace avanzar hacia la victoria en Cristo.

En un tiempo adicional de adoración especial, el Espíritu Santo me habló del siguiente modo: "La Comunión, la Cena del Señor, es una de las armas más elevadas y más pasadas por alto de la guerra espiritual". Creo que esa es una de las palabras personales más significativas que el Espíritu Santo me ha hablado con respecto a esta guía para la guerra espiritual.

La Cena del Señor es un arma poderosa para nosotros cuando nos reunimos en adoración, perdonamos y recibimos perdón, recordamos el cuerpo partido de Jesús y su sangre derramada, participamos de los elementos de la Comunión, y experimentamos la presencia tangible de Dios con su gracia que se empodera en nuestras vidas. Hay una bendición cuando participamos plenamente de la presencia de Jesús en la Cena del Señor.

Hagamos algo más que solamente recordar. Tengamos también un *encuentro* con Cristo en su Cena. Esta participación por la fe restaurará el asombro reverencial hacia Dios y empoderará nuestra confianza en la preciosa sangre de Jesús, que sigue hablando con fuerza cuando participamos en la guerra espiritual. Como atestigua el himno clásico: "Hay poder, poder, sin igual poder en la preciosa sangre del Cordero".[2]

PARA REFLEXIÓN Y ORACIÓN

+ La sangre de Cristo es simbolizada cuando participamos de la Comunión, la Cena del Señor. ¿Cuántas veces tomas la Comunión en tu iglesia? ¿Participas también en otras ocasiones además de hacerlo en la iglesia?

+ ¿Qué significa para ti la Comunión? ¿Qué tan especial es para tu vida espiritual?

+ ¿Cuál es tu reacción a que el Espíritu Santo diga: "La Comunión, la Cena del Señor, es una de las armas más elevadas y más pasadas por alto de la guerra espiritual"?

+ De las tres principales perspectivas con respecto a la Comunión, ¿cuál de ellas te resulta más familiar? ¿Cómo ha cambiado tu modo de ver la Comunión después de leer este capítulo?

Si puedes y tienes los elementos para la Comunión, haz una pausa ahora y toma la Cena del Señor. Reconoce la presencia real de Cristo cuando celebras lo que Jesús ha hecho por ti. Y la próxima vez que recibas la Comunión junto con otras personas, sostén los elementos con el máximo respeto, sabiendo lo que representan y conociendo a Aquel que está presente cuando comes y bebes.

25

CÓMO VENCEMOS POR LA SANGRE

¿Recuerdas la letra "así peleo mis batallas" de la canción *Surrounded* (Rodeado)"? Pues bien, la siguiente es una de las maneras en las que he aprendido cómo vencemos. Derek Prince tiene una oración de proclamación llamada "Así venzo al diablo" que he orado durante décadas:[1]

Vencemos a Satanás cuando testificamos personalmente de lo que la Palabra de Dios dice que la sangre de Jesús hace por nosotros (Apocalipsis 12:11).

Por la sangre de Jesús, soy redimido de las manos del diablo (Efesios 1:7).

Por la sangre de Jesús, todos mis pecados son perdonados (1 Juan 1:9).

Por la sangre de Jesús, soy limpiado continuamente de todo pecado (1 Juan 1:7).

Por la sangre de Jesús, soy justificado, hecho justo, como si nunca hubiera pecado (Romanos 5:9).

Por la sangre de Jesús, soy santificado, hecho santo, apartado para Dios (Hebreos 13:12).

Por la sangre de Jesús, tengo confianza para acercarme a la presencia de Dios (Hebreos 10:19).

La sangre de Jesús clama por mí continuamente a Dios en el cielo (Hebreos 12:24).

¿Cómo vencemos? Por la sangre del Cordero. Posiblemente habrás oído a personas orar de modo parecido al siguiente: "Aplico la sangre sobre mi hogar", o "Ruego la sangre sobre mis hijos". Sin embargo, ¿qué significa eso? Combinamos la sangre del Cordero que recibimos mediante la Cena del Señor con la Palabra de Dios declarada. La proclamación anterior de Derek Prince es un ejemplo excelente de combinar principios bíblicos, presentación en oración y declaración.

Se venció la tentación del diablo diciendo: "Escrito está". Diré de nuevo que el reino de Dios es un reino activado por las palabras. Cuando combinamos la obra terminada de Jesús con su Palabra, somos empoderados para vencer. Cuando la persona de Jesús vive en nuestro interior (Aquel que sangró, murió y ahora vive) y combinamos su presencia real con su Palabra viviente, la sangre habla.

¿De dónde viene la frase "la sangre habla"? Leamos juntos Hebreos 12:22-24:

> *Sino que os habéis acercado al monte de Sion, a la ciudad del Dios vivo, Jerusalén la celestial, a la compañía de muchos millares de ángeles, a la congregación de los primogénitos que están inscritos en los cielos, a Dios el Juez de todos, a los espíritus de los justos hechos perfectos, a Jesús el Mediador del nuevo pacto, y a la sangre rociada que habla mejor que la de Abel.*

Estos tres profundos versículos nos describen una perspectiva detrás del velo. En primer lugar, encontramos una descripción del lugar de morada de Dios. En segundo lugar, se nos dibuja una imagen de quiénes habitan allí con Dios. Por último, se nos da una presentación de Dios mismo. En esta tercera frase se nos muestra a Dios como el Juez de todo, a Jesús como nuestro Mediador, y la preciosa sangre que habla.

¿Habla la sangre? Encontramos la respuesta a esa pregunta en Génesis 4:10, que registra lo que Dios le dijo a Caín después de que mató a su hermano Abel: *La voz de la sangre de tu hermano clama a mí desde la tierra.* ¿Qué estaba diciendo la sangre de Abel? La sangre inocente de Abel clamaba por venganza.

El Señor oyó la sangre de Abel que había sido derramada en la tierra e intervino. Tal vez la sangre de Abel estaba gritando: "¡Venganza! ¡Quiero venganza!". Sin embargo, ante la presencia de nuestro Juez en los cielos hay una "sangre que habla mejor que la de Abel". ¿Qué declara esta sangre? La sangre inocente de Jesús es un recordatorio continuo delante de nuestro Padre del sacrificio de su Hijo que tomó sobre sí mismo la ira de Dios contra toda injusticia.

La sangre de Abel hablaba de venganza, pero la sangre de Jesús clama: "¡Misericordia, misericordia!". Es así como peleamos nuestras batallas: ¡es así como vencemos! Recuerda: el reino de Dios es un reino que se activa con las palabras. Juntamente con Jesús declaramos: "Consumado es".

El altamente influyente pastor Charles Spurgeon dijo: "La sangre de Jesús… abre la caja del tesoro de los cielos. Muchas llaves encajan en muchas cerraduras, pero la llave maestra es la sangre y el nombre de Aquel que murió y resucitó, y que vive en el cielo para salvar hasta a los más distantes".[2]

HERRAMIENTAS PARA VENCER

Entonces, ¿cómo podemos tomar todo lo que hemos aprendido y ponerlo en práctica en la guerra espiritual? A continuación tenemos algunos ejemplos:

+ Cuando recibas un reporte de salud negativo o una parte de tu cuerpo no esté funcionando bien, aplica la sangre y declara sobre lo que no está bien: "Jesús, tú eres quien me sana" (ver Éxodo 15:26).

+ Cuando experimentes una pérdida económica o estés atenazado por el temor a la carencia, clama la sangre sobre tus finanzas e invoca a tu Proveedor, dándole gracias por suplir todas tus necesidades conforme a sus riquezas en Cristo Jesús (ver Filipenses 4:19).

+ Cuando entres en una pelea con tu cónyuge, detén la discusión, ruega la sangre sobre tu matrimonio y declara: "Dios nos ha unido, y nada nos separará" (ver Marcos 10:9).

+ Cuando estés estresado, aplica la sangre a tu mente y declara a tu tormenta: "Paz, calma. Jesús, tú me guardas en perfecta paz porque mi pensamiento en ti persevera, y confiaré en ti" (ver Isaías 26:3).

Puede que quieras comenzar un diario de oración de proclamación en este formato. Escribe en lo más alto de la página el nombre de aquello con lo que estás batallando. Entonces, escribe tus proclamaciones con versículos concretos para pelear esa batalla. Hay también libros de promesas bíblicas maravillosas a los que puedes acudir. Además de la armadura para la guerra que se nos da en Efesios 6, recuerda que siempre puedes hacer cumplir la victoria sobre las potestades de las tinieblas clamando la sangre repetidamente y poniéndote de acuerdo con el grito triunfante de Cristo: "Consumado es".

PARA REFLEXIÓN Y ORACIÓN

+ ¿Qué situación injusta ves que necesita que clames en oración: "¡Misericordia! ¡Señor Jesús, ten misericordia!"?

+ ¿Qué área en tu vida quieres que el nombre de Jesús, la sangre de Jesús y el poder del Espíritu Santo confronten?

Toma unos momentos ahora para clamar la sangre de Jesús sobre situaciones en tu vida que necesiten su intervención y su liderazgo.

ORACIÓN PARA LA GUERRA ESPIRITUAL VICTORIOSA

¡Gloria a Dios en las alturas! Hay poder milagroso en la sangre del Cordero, ¡y nada sino la sangre de Jesús puede limpiar mis pecados!

Gracias por derramar tu sangre inocente de manera tan humilde y generosa por mí. Declaro que ni una sola gota quedará desperdiciada. Por su sangre, soy perdonado, limpiado y redimido. Debido a la sangre de Jesús, tú me ves como si nunca hubiera pecado. Tú me has apartado para un llamamiento santo para el Dios todopoderoso. No solo tengo paz mediante la cruz, sino también tengo acceso a tu lugar santísimo. Clamo la sangre de Jesús y la aplico a los marcos de la puerta de mi mente, mi corazón, mis manos, y cada miembro de mi cuerpo para llevarlos todos ellos a la obediencia a ti.

Clamo para mí Salmos 107:2 (NVI): "Que lo digan los redimidos del Señor, a quienes redimió del poder del adversario". ¡Yo lo digo! Tú diste la sangre de Jesús que declara amor, en lugar de la sangre de Abel que clama pidiendo venganza. Tengo la sangre de mi Hermano Jesucristo que clama: "¡Misericordia, misericordia!". Y, como respuesta, digo: "¡Sí y amén! ¡Que la misericordia triunfe sobre el juicio!". Amén.

SECCIÓN 11

CÓMO LIDIAR CON ESPÍRITUS TERRITORIALES

Pero si expulso a los demonios por medio del Espíritu de Dios, eso significa que el reino de Dios ha llegado a ustedes. ¿O cómo puede entrar alguien en la casa de un hombre fuerte y arrebatarle sus bienes a menos que primero lo ate? Solo entonces podrá robar su casa.

Mateo 12:28-29, NVI

Algunos creyentes consideran el tema de los espíritus territoriales un asunto complejo y también controvertido. Yo considero que es totalmente necesaria una perspectiva sobre la territorialidad entre las huestes demoniacas, incluso creo que es un aspecto vital de nuestra guerra espiritual victoriosa.

Estoy agradecido a todos los precursores que cito en esta sección, que no solo conocen sobre este tema en teoría, sino que también han lidiado en la experiencia con espíritus territoriales. Aprendamos juntos más sobre estos espíritus demoniacos escalonados que intentan infiltrarse e incluso gobernar sobre regiones geográficas o esferas de influencia.

Sí, ¡tenemos buenas noticias! En capítulos anteriores fuimos expuestos a la verdad del poder que hay en el nombre de Jesús. También aprendimos sobre la autoridad que se produce cuando testificamos lo que la sangre de Jesús ha logrado ya. Recuerda: ¡hay poder en la sangre del Cordero!

26

LA TERRITORIALIDAD DE LAS HUESTES DEMONIACAS

La tormenta en el Mar de Galilea, como se relata en Marcos 4:35-41, es una imagen muy clara de los demonios territoriales. Veamos lo que sucedió paso por paso, cómo respondieron Jesús y también sus discípulos, y lo que podemos aprender para ayudarnos en nuestras propias batallas contra espíritus territoriales.

Tras un largo día de enseñanza, Jesús les dice a sus discípulos que quiere cruzar al otro lado del mar. Durante la travesía, Jesús se queda dormido en la barca. Se levanta una tormenta y el viento y las olas están fuera de control, incluso para pescadores experimentados.

Podemos ver aquí que los hombres intentan pasar de un punto al siguiente; están en un lugar de transición y la tormenta está obstaculizando que lleguen a su siguiente cita divina. La tormenta intenta evitar un milagro importante que les estaba esperando al otro lado del mar. Jesús había dicho: *Pasemos al otro lado* (v. 35). Con frecuencia, cuando tomamos una decisión o hacemos una declaración de avanzar progresivamente con el Señor, habrá un contraataque por parte del enemigo para obstaculizarnos y que no pasemos al siguiente nivel.

¿Qué fuerza estaba detrás de esta tormenta? ¿Era solamente una tormenta casual, o una entidad demoniaca que intentaba evitar que se produjera la cita divina que esperaba a Jesús y sus discípulos? Podemos responder esa pregunta si sabemos a qué se dirigía Jesús cuando dijo: *¡Silencio! ¡Cálmate!* (v. 39, NVI). Yo creo que Jesús se dirigía simultáneamente a la esfera de lo conocido, lo visible, el plano natural de la vida, y también a la esfera paralela de lo sobrenatural que opera en el ámbito invisible tras bambalinas.

Cuando los discípulos despiertan a Jesús, Él realiza tres acciones:

1. Se levanta.

2. Reprende al viento. Varias traducciones bíblicas usan las palabras: "¡Paz!". "¡Silencio!". "¡Enmudece!" y "¡Cálmate!".

3. Hace una declaración en el espíritu contrario de la caótica tormenta: "¡Silencio! ¡Cálmate!".

Observemos que los discípulos tuvieron que despertar a Jesús, quien no estaba aterrado y preguntándose si la barca sería tragada por las olas. Sin embargo, los discípulos tienen miedo porque están en la dimensión equivocada. Del mismo modo que los discípulos acuden a Jesús en la tormenta, también debemos hacerlo nosotros.

Cuando Jesús se levanta, reprende al viento. La palabra *viento* aquí también puede ser una palabra parecida, o la misma palabra, para *espíritu*. Jesús reprende al viento, y entonces hace la declaración. La declaración no llega primero, sino que antes está la represión. Esto es importante. ¿Por qué? Porque hay una fortaleza espiritual actuando detrás de la tormenta.

El resultado es que el miedo que tenían los discípulos a las circunstancias se convierte en el temor del Señor. El v. 41 (NTV) dice: *Los discípulos estaban completamente aterrados. «¿Quién es este hombre? —se preguntaban unos a otros—. ¡Hasta el viento y las olas lo obedecen!».*

El siguiente capítulo de Marcos detalla la cita divina que la tormenta intentó interrumpir. Al otro lado del mar estaba un hombre poseído por demonios, y esos demonios no querían salir de su esfera geográfica o territorio de jurisdicción asignado. Marcos 5:9-10 (NVI) continúa la historia: *¿Cómo te llamas? —le preguntó Jesús. —Me llamo Legión —respondió—, porque somos muchos. Y con insistencia suplicaba a Jesús que no los expulsara de aquella región.*

¿Por qué no querían irse los demonios en la región de los gadarenos? Tal vez, Satanás les había asignado gobernar en esa esfera o región geográfica en particular. Sabemos que las fortalezas demoniacas no querían irse o ser asignadas a otro lugar.

LAS FRONTERAS DEL MUNDO ESTÁN ESTABLECIDAS POR DIOS

¿Has pensado que los límites o las fronteras de naciones, territorios, regiones y similares están todas ellas establecidas por Dios? Deuteronomio 32:8 (NTV) dice: *Cuando el Altísimo asignó territorios a las naciones, cuando dividió a la raza humana, fijó los límites de los pueblos según el número de su corte celestial.*

Consideremos también Hechos 17:26, que dice: *Y de una sangre ha hecho todo el linaje de los hombres, para que habiten sobre toda la faz de la tierra; y les ha prefijado el orden de los tiempos, y los límites de su habitación* (énfasis añadido). Dios establece límites para todas las naciones, y nosotros debemos proclamar el propósito redentor y el destino profético de nuestra nación, provincia, estado, ciudad y comunidad.

Debemos leer, además, 2 Crónicas 7:14: *Si se humillare mi pueblo, sobre el cual mi nombre es invocado, y oraren, y buscaren mi rostro, y se convirtieren de sus malos caminos; entonces yo oiré desde los cielos, y perdonaré sus pecados, y sanaré su tierra.* Observemos que Dios se enfoca no solo en las personas sino también en la *tierra.* Igual que hay destinos y propósitos distintos para las personas o para una región geográfica específica, también hay un contraataque del enemigo para intentar minar y destruir el propósito de Dios para pueblos y regiones geográficas.

Satanás desea poseer regiones y llenarlas de sus espíritus, planes e influencias de maldad. Según Apocalipsis 2:13, Satanás tiene un lugar desde el cual gobierna a sus fortalezas de maldad. Dice: *Yo conozco tus obras, y dónde moras, donde está el trono de Satanás.* Satanás tiene lugares de morada específicos dentro de ciertas ciudades, que se consideran fortalezas de maldad concretas.

LECCIONES ESTRATÉGICAS TOMADAS DE LA VIDA DE DANIEL

Un trono es un lugar desde el cual un gobernante ejerce dominio. La entidad, ya sea buena o mala, libera su influencia desde ese trono sobre esa región o lugar concreto. Podemos obtener mucha perspectiva de la vida de Daniel, y una de las lecciones a considerar es sobre el tema de que hay un príncipe espiritual sobre ciertas esferas geopolíticas.

Daniel 10 relata un encuentro intrigante. Después de que Daniel recibió una revelación de una importante guerra futura, ayunó y oró por tres semanas. Como respuesta, se le apareció un ángel. Nadie vio al ángel a excepción de Daniel; sin embargo, quienes estaban con él huyeron aterrorizados. Es más que probable que sintieran su presencia, aunque no vieron al ángel. Mientras contemplaba la visión, Daniel perdió toda su fuerza física y entró en trance: en un sueño profundo. El ser sobrenatural se identificó como un ángel de Dios, y le dijo a Daniel que, como resultado de sus oraciones, tuvo lugar una gran lucha entre Miguel, el arcángel de Dios, y un príncipe maligno y sobrenatural del antiguo reino de Persia.

El de "aspecto humano" (v. 18, NVI) tocó entonces a Daniel y le dio fuerza sobrenatural. Le dijo a Daniel: *Muy amado, no temas; la paz sea contigo; esfuérzate y aliéntate.* Entonces, dejó a Daniel y regresó para ayudar en la guerra espiritual en medio del cielo contra el príncipe de Persia.

¿Qué sucedió como respuesta a la humildad y la oración de Daniel? Dios envió un ángel directamente a Daniel. Sin embargo, su llegada se demoró porque el "príncipe de Persia" obstaculizó temporalmente al ángel durante veintiún días. Está claro que no es un príncipe humano; es un "ser exaltado", capaz de resistir tanto, que el arcángel Miguel tuvo que pedir ayuda.

"El príncipe del reino de Persia", la frase bíblica tomada del v. 13, era un ser demoniaco asignado por Satanás a esta nación, área especial o esfera geopolítica de actividad. Debía obstaculizar la voluntad de Dios o su reino allí, en especial entre el pueblo de Dios que estaba bajo el gobierno persa. Eso no significa que el pueblo persa fuera malvado.

El príncipe de Grecia también se menciona (ver v. 20). Tal vez, existe al menos una potestad demoniaca de alto rango asignada a cada nación, con entidades demoniacas menores para ayudar. Evidentemente estas fortalezas demoniacas participaban en la guerra espiritual con las huestes angelicales de los cielos, siendo el premio tener la oportunidad de manipular naciones y pueblos en la tierra. Miguel, un arcángel guerrero, se presenta como el guardián especial sobre Israel (ver Daniel 12:1).

TRES IMPLICACIONES TOMADAS DE LA VISIÓN DE DANIEL

Hay al menos tres lecciones importantes que podemos aprender de Daniel 10 que son pertinentes para nosotros en nuestras lecciones sobre la guerra espiritual eficaz.

En primer lugar, la oración de Daniel provocó una batalla celestial, de la cual él no fue plenamente consciente hasta que el ángel se le apareció y se lo dijo.

En segundo lugar, según Daniel 10:12, las oraciones de Daniel también fueron utilizadas para enviar refuerzos angelicales. Daniel 10:18 apoya la evidencia de que le fue concedido un nivel nuevo de fuerza mediante el ejército angelical que hacía guerra por los propósitos de Dios. ¿Sugiere todo esto que el resultado del conflicto celestial depende de la frecuencia o el fervor de nuestras oraciones? Yo así lo creo personalmente, desde un nivel bíblico y también personal y testimonial. He escrito extensamente acerca de este tema en mi libro *Encuentros angelicales* en el capítulo "Intervención angelical mediante la intercesión".

En tercer lugar, las batallas en la tierra y sus resultados reflejan la participación de los cielos. En otras palabras, hay más en el conflicto histórico de lo que podemos ver humanamente. También podemos leer 2 Reyes 6:15-17 (NVI) con respecto a las batallas espirituales que se libran más allá de lo que nosotros podemos ver:

> *Por la mañana, cuando el criado del hombre de Dios se levantó para salir, vio que un ejército con caballos y carros de combate rodeaba la ciudad. —¡Ay, mi señor! —exclamó el criado—. ¿Qué vamos a hacer? —No tengas miedo —respondió Eliseo—. Los que están con nosotros son más que ellos. Entonces Eliseo oró: «Señor, ábrele a Guiezi los ojos para que vea». El Señor así lo hizo y el criado vio que la colina estaba llena de caballos y de carros de fuego alrededor de Eliseo.*[1]

Es importante entender que lidiamos con diferentes capas jerárquicas de tinieblas controladas por el enemigo, para así poder pelear con eficacia. Los espíritus territoriales son, en cierto sentido, "gerentes regionales" que supervisan grandes esferas de influencia más allá de lo que supervisa un espíritu demoniaco singular designado para afligir a un ser humano. Debemos aprender a identificar sus bases legales para gobernar, eliminarlas mediante arrepentimiento y confesión de pecado, y entonces participar en la intercesión con autoridad (muchos de mis recursos se complementan entre sí, se convierten en materiales de construcción complementarios cuando se unen, como *Deliverance from Darkness* [Liberación de las tinieblas], *Strike the Mark* [Dar en el blanco], *The Lifestyle of a Watchman* [El estilo de vida de un vigilante] y *Praying with God's Heart* [Orar con el corazón de Dios].

Sí, todos batallamos contra el mal, y Cristo nos ha dado todo lo que necesitamos para ganar esa batalla. En el capítulo siguiente veremos cómo podemos utilizar las herramientas adicionales del mapeo espiritual y la perspectiva profética para discernir adecuadamente y así poder pelear con sabiduría y triunfar.

PARA REFLEXIÓN Y ORACIÓN

+ ¿Cuándo te has encontrado con una "tormenta" antes de una tarea divina?

+ Dios fija límites para todas las naciones, y tú eres llamado a participar en el propósito redentor y el destino profético de tu nación, provincia, estado, ciudad y comunidad. ¿Cómo participas en esa tarea?

+ ¿Cuándo has sentido que tus oraciones están provocando una batalla en los cielos? ¿Qué has visto con tus ojos espirituales?

Toma unos momentos ahora para conversar con Dios acerca de dónde quiere Él que tengas influencia espiritual y cómo quiere que gobiernes lo que Él te ha encomendado.

27

MAPEO ESPIRITUAL

La meta del mapeo espiritual es descubrir las puertas mediante las cuales Satanás y sus huestes demoniacas obtienen acceso e influencia sobre una familia, zona geográfica, ciudad, esfera de influencia cultural o incluso una nación. Identificamos el ataque demoniaco, dirigimos nuestras oraciones eficazmente, y trazamos estrategias para cerrar esos portales.

El mapeo espiritual puede revelar los términos morales o legales sobre los cuales se construye una fortaleza en esa ubicación, al igual que los espíritus demoniacos que la vigorizan. Cuando lidiamos con espíritus territoriales, el mapeo espiritual es una herramienta útil para discernir y orar con eficacia. Entonces, podemos actuar de modo apropiado con un enfoque informado de la guerra espiritual y trabajando en equipo.

A continuación, tenemos algunos ejemplos útiles sobre el mapeo espiritual de respetados líderes cristianos que enseñaron sobre este tema y lideraron iniciativas y estrategias de mapeo espiritual intercesoras.

El mapeo espiritual es un intento de mirar más allá de las características naturales, materiales y físicas de una ciudad, hacia las fortalezas espirituales que le dan forma e influencian su carácter. Implica superponer nuestra comprensión de fortalezas y eventos en el dominio espiritual sobre lugares y circunstancias en el mundo material. Si queremos comprender por qué las cosas son como son en el presente, en primer lugar debemos examinar lo que sucedió en el pasado. Debemos resolver el acertijo del origen de las fortalezas territoriales.[1]

George Otis Jr.

El mapeo espiritual nos da una imagen o fotografía espiritual de la situación en los lugares celestiales por encima de nosotros. Lo que los rayos X son para un médico, el mapeo espiritual lo es para los intercesores. Es una visión sobrenatural que nos muestra los puntos ciegos del enemigo, su ubicación, número, armas y, sobre todo, cómo puede ser derrotado el enemigo.[2]   Harold Caballeros

El mapeo espiritual es un intento de ver el mundo que nos rodea tal como es realmente, y no como parece ser... Revela las potestades invisibles, tanto buenas como malignas, que están detrás de las características visibles de la vida cotidiana. Al mapear una comunidad, el primer paso es recolectar la información, y el segundo paso es actuar basados en esa información. La acción en oración será más eficaz si está basada en un fundamento firme y sólido.[3]

C. Peter Wagner

Una fortaleza es un lugar fortificado que Satanás construye para exaltarse a sí mismo contra el conocimiento y los planes de Dios... [Satanás] con frecuencia encubre astutamente fortalezas bajo el disfraz de la cultura.[4]   Cindy Jacobs

Podemos orar en el Espíritu y conseguir información del Espíritu Santo, pero también debemos orar con nuestro entendimiento. El concepto básico del mapeo espiritual es que necesitamos estar tan bien informados como sea posible cuando estamos orando.[5]

Kjell Sjöberg

Me encanta el corazón que está detrás de esta última cita, la cual subraya la meta del mapeo espiritual: "Estar tan bien informados como sea posible" en nuestra guerra espiritual.

GUERRA ESPIRITUAL A NIVEL ESTRATÉGICO

Hay seis principios para la guerra espiritual que creo que es necesario que tengamos en mente al examinar a profundidad nuestras tareas de parte del Señor y orar *in situ* con perspectiva espiritual.

1. Nuestro ministerio debe estar basado en la Palabra de Dios.

2. Debemos vivir en un lugar de pureza y santidad antes de participar en la confrontación abierta.

3. Debemos ser enviados por Dios en su momento adecuado y con su autoridad.

4. Debemos conducir nuestra investigación según las instrucciones que hayamos recibido de aquellos con quienes caminamos alineados.

5. Entonces debemos reportar nuestras instrucciones, información o revelación sin opiniones personales, preferencias o prejuicios. Esto es extraordinariamente importante.

6. Debemos mantener nuestra actitud de fe en la Palabra y el poder de Dios.

Kjell Sjöberg, uno de los pioneros sobre guerra espiritual del pasado, nos alienta diciendo: "Existen hoy día individuos que tienen el don del espionaje profético. Ciertas personas que tienen experiencia de la santidad de Dios y su amor sin condición, a la vez que adoran delante de Él, han recibido un instinto de seguimiento para rastrear las manipulaciones del enemigo. Lo hacen entonces mediante oración dirigida que sigue un mapeo espiritual detallado".[6]

La Iglesia es llamada a hacer algo más que simplemente mantenerse firme y defender. Cuando Jesús habló de la Iglesia, dijo: *Y las puertas del Hades* [el infierno] *no prevalecerán contra ella* (Mateo 16:18). En otras palabras, a medida que la Iglesia avanza, las mismas puertas del infierno no pueden detenernos. Se requiere de la Iglesia que busque activamente, descubra, y así confronte a la potestad demoniaca que influye en nuestra existencia colectiva. Con este conocimiento, los líderes espirituales y sus intercesores que disciernen están mejor equipados para orar y trabajar juntos hacia el desmantelamiento de las fortalezas sobre una región. Después de hallar esas fortalezas, pueden seguir cursos de acción estratégicos y llenos de sabiduría para abrir oportunidades para la evangelización de los perdidos y el discipulado en las esferas de la cultura.

Una suposición teológica fundamental del mapeo y la guerra espiritual a nivel estratégico es que las maquinaciones de Satanás se extienden más allá de individuos e iglesias hasta ciudades completas, regiones, esferas culturales de la sociedad, e incluso naciones. En otras palabras, el mapeo espiritual proporciona una huella o rayos X espirituales que revelan los espíritus territoriales que gobiernan temporalmente en medio del cielo sobre una esfera geopolítica o territorio.

Como discípulos en Cristo Jesús, somos llamados a exponer y anular sus maquinaciones y propósitos engañosos, y entonces desterrarlos declarando el destino profético de Dios.

UNA PALABRA CLARA DE PARTE DEL SEÑOR

Hace unos años atrás, cuando estaba ministrando en la ciudad de Nueva York, una mañana me llegó con claridad la voz del Señor. Ya había estudiado la guerra espiritual por muchos años, e investigaba con avidez las diferentes perspectivas sobre los espíritus territoriales.

Finalmente, el Espíritu Santo me habló claramente esta palabra que me resultó muy útil: *Estoy a punto de liberar nuevos niveles de identificación e intercesión, a través de ellos eliminaremos los derechos de las bases legales de las potestades del aire.* Esa sola frase resolvió muchos rompecabezas y preguntas para mí, y creo que después de todos estos años sigo recibiendo conocimiento sobre esa palabra que el Espíritu Santo me habló audiblemente aquella mañana.

Revelación, interpretación y aplicación es un proceso triple y esencial de discernimiento e implementación de información del Espíritu Santo. La *revelación* debe ir seguida de una *interpretación* apropiada, y después por *aplicación* estratégica para el mapeo espiritual y para cualquier cosa que trate de lo profético. Si no lo entendemos bien en el primero o segundo paso, sin duda también entenderemos mal el tercer paso tan importante de la aplicación; sin embargo, podemos aprender de los errores del pasado, ¿no es cierto? Y, asegurémonos de hacerlo sobre este tema tan importante para así poder crecer en madurez en la guerra espiritual.

Algunas personas están desechando hoy lo que tenían en otros movimientos porque hubo un exceso o abuso dañino, pero debemos aferrarnos a lo bueno y aprender de los errores del pasado. Caminemos en humildad, busquemos al Señor, recibamos confirmación, caminemos juntos con otros, y después movámonos en confianza con las huellas y estrategias que el Espíritu Santo nos confirme y nos señale, para identificar y desarmar a potestades y principados en el nombre de Jesús.

PARA REFLEXIÓN Y ORACIÓN

+ ¿Por qué son tan esenciales los seis principios para el mapeo espiritual?

+ ¿Cómo te afecta personalmente la meta del mapeo espiritual: estar lo más informado posible para así poder participar en la guerra espiritual con más eficacia?

+ ¿En qué momento te ha ayudado a orar con más eficacia el conocimiento espiritual de una región, ciudad o lugar? ¿Cómo participaste en la guerra espiritual de modo diferente?

Toma unos momentos ahora para pedir a Dios cómo querría Él que obtengas conocimiento adicional mediante el mapeo de las raíces espirituales del lugar donde vives.

28

CÓMO CONFRONTAR SABIAMENTE A LAS POTESTADES DE OSCURIDAD

¿Has visto alguna vez a un demonio manifestarse por medio de una persona, e intentaste participar para echarlo fuera? Puede ser bastante estimulante y también una curva de aprendizaje al mismo tiempo. Aunque el ministerio de liberación parece estar aumentando en el cuerpo de Cristo actualmente, la mayoría de los creyentes siguen teniendo poca experiencia en echar fuera espíritus malos. Tampoco quiero ver enfoques presuntuosos que confrontan a las potestades espirituales con demasiada ligereza y familiaridad. Judas advirtió de personas que "maldicen a los seres celestiales" (NVI) porque: *Ni siquiera el arcángel Miguel, cuando argumentaba con el diablo disputándole el cuerpo de Moisés, se atrevió a pronunciar contra él un juicio de maldición, sino que dijo: «¡Que el Señor te reprenda!»* (Judas 1:9, NVI).

Yo he participado por años en varios niveles y aplicaciones de guerra espiritual. Debemos evitar ambos extremos de exceso que pueden desviarnos del rumbo. Por una parte, está la pasividad neutra, que dice que es poco sabio o ilegal confrontar directamente a las potestades de oscuridad. El otro lado es el extremo de la confrontación excesiva, la cual reprende a entidades demoniacas antes de eliminar la base legal que tienen para reinar temporalmente.

A lo largo de los años he visto muchos enfoques, y he tenido la dicha de observar el surgimiento de un modelo integrado y más sano. C. Peter Wagner, en su libro sobre guerra espiritual[1] investigó mucho, estableció contactos, y después presentó los siguientes tres niveles para confrontar esas potestades:

1. Guerra espiritual a nivel de suelo. Implica romper obstáculos demoniacos y echar fuera demonios de personas. Por favor, lee mi libro *Deliverance from Darkness* [Liberación de las tinieblas] para obtener enseñanza detallada sobre este tema.

2. Guerra espiritual a nivel de ocultismo. Este nivel de guerra espiritual lidia con fortalezas demoniacas liberadas mediante actividades relacionadas con el satanismo, la brujería, la masonería, las religiones orientales, la Nueva Era, el chamanismo, la astrología, y muchas otras formas de ocultismo estructurado. La Wicca es una de las religiones reconocidas de más rápido crecimiento que llena el vacío de una iglesia tradicional carente de poder. Esta tendencia debe cambiar. Debemos tener personas saturadas del Espíritu Santo que se muevan en señales y maravillas y que no estén confinadas dentro de las cuatro paredes de una iglesia. Somos la *ekklesia*, los llamados a salir, que tienen la autoridad del nombre de Jesús dondequiera que van.

3. Guerra espiritual a nivel estratégico. La confrontación con principados y potestades de alto rango, como escribió Pablo en Efesios 6:12, requiere guerra espiritual y planes de batalla a nivel estratégico. Estas fortalezas enemigas se denominan frecuentemente espíritus territoriales porque intentan infiltrarse y trabajar en red en barrios, regiones, ciudades, naciones, pueblos, y alianzas religiosas para minar los valores y las tradiciones cristianas. Algunos negocios son en realidad sectas hoy día; y algunas formas de sociedades, asociaciones secretas y culturas *underground* mantienen a las personas en cautividad espiritual.

CONFRONTACIÓN APROPIADA

Para confrontar de modo apropiado y sabio a estas potestades, recomiendo seguir cuatro pautas:

1. Debemos escuchar al Señor. Jesús fue muy claro en que sus ovejas (sus seguidores) oyen su voz (ver Juan 10:27). Debemos aprender a escuchar al Espíritu Santo antes de participar en la batalla, sea grande o pequeña.

Somos llamados a escuchar a Dios y responder de algún modo a su voz. Colaborar con líderes cristianos experimentados, concretamente apóstoles y profetas, se vuelve fundamental para tomar y mantener el territorio. No basta solamente con desterrar temporalmente el mal; debemos mantener la pureza del lugar que hemos obtenido y reclamado para el reino de Dios. Mi libro y mis materiales sobre *Hearing God's Voice Today* [Cómo escuchar la voz de Dios hoy] proporcionan enfoques prácticos y demostrados que han ayudado a muchas personas.

2. Debemos cancelar pecados colectivos, moviéndonos en arrepentimiento identificativo. Somos llamados a arrepentirnos de nuestros propios pecados. Otras veces, se nos da la oportunidad de confesar los pecados de otros con quienes nos identificamos. Por ejemplo, yo, como varón, puedo identificarme con los pecados de otros varones y arrepentirme de esos pecados colectivamente, lo cual puede producir una victoria en el espíritu.

En ocasiones me refiero a esto como "intercesión embajadora". El conocimiento sobre el arrepentimiento identificativo nos permite llegar a la raíz de problemas clave. Ahora es el momento de llegar al sistema de raíces en la sociedad actual, para sanar enfermedades espirituales y lidiar con causas en lugar de solamente con síntomas. Mi libro *Strike the Mark* [Dar en el blanco] es un recurso útil en esta área de la guerra espiritual.

3. La Iglesia debe enfrentarse al enemigo en guerra espiritual a nivel estratégico. Deben emplearse principios de guerra espiritual a nivel estratégico para despejar el camino, de modo que el reino de Dios pueda avanzar en los cielos como en la tierra.

Por favor, comprende que los creyentes son llamados a diferentes niveles. Algunos son llamados al nivel 1 (nivel de suelo), otros lo son al nivel 2 (nivel de ocultismo) y algunos al nivel 3 (nivel estratégico); sin embargo, todos somos llamados a participar juntos para hacer que avance el reino de Dios y tomar terreno para Él. Todos tenemos que participar. Recuerda, como afirmo en mi clase "Tormenta de oración global": "Cada oración cuenta y cada sacrificio importa".

4. No debemos proferir lenguaje abusivo hacia el diablo. Nunca somos llamados a movernos de modo acusatorio contra las potestades de oscuridad o a pronunciar juicio o blasfemia. Claramente, eso no es conforme a la Escritura. Mencioné antes Judas 1:9, que afirma que ni siquiera el arcángel Miguel "se atrevió a pronunciar una condenación abusiva contra [Satanás]" (AMP, traducción libre).

El nombre de Jesús nunca debe usarse en vano. Necesitamos aprender a eliminar la base legal mediante la cual Satanás puede resistir a los creyentes o a personas en una zona y no permitirnos enfoques inmaduros y aplicaciones inapropiadas. Todos somos llamados a ser embajadores de Cristo.

CÓMO LIBERAR LOS SIETE ESPÍRITUS A LAS SIETE ESFERAS DE LA SOCIEDAD

En 1975 dos líderes cristianos (Loren Cunningham, fundador de Juventud con una Misión, y Bill Bright, fundador de Cruzada Estudiantil para Cristo, ahora llamada Cru en los Estados Unidos), estaban orando por separado acerca de cómo hacer que su nación regresara a Jesús. Dios dio a cada uno de estos hombres siete áreas de la sociedad en las que concentrarse, y cuando se reunieron, descubrieron que sus listas contenían las mismas áreas.

Actualmente, estas áreas se denominan con frecuencia las siete montañas culturales. Estas siete esferas de la sociedad pueden describirse con las siguientes palabras:

1. Familia

2. Gobierno (política)

3. Educación

4. Economía

5. Religión (espiritualidad)

6. Artes (entretenimiento, deportes)

7. Medios (de comunicación)

Las fortalezas demoniacas de oscuridad están decididas a invadir y capturar no solo a personas, sino también regiones, ciudades, naciones, pueblos, alianzas religiosas, negocios, industrias, y toda forma de sociedad y cultura con la meta de mantener a las personas en cautiverio espiritual.

Ampliando esta estrategia malvada, las potestades de oscuridad intentan establecer tronos de iniquidad en o mediante estas siete esferas de la sociedad. Espíritus demoniacos concretos, como Leviatán, Jezabel, la brujería y otros, se enfocan especialmente en cada esfera de influencia, intentando infiltrarse en el liderazgo, con corrupción y toda maldad.

Pero Dios ha tenido un plan desde el principio.

En cada una de estas siete esferas de la sociedad y la civilización humana intervienen los siete espíritus de Dios: *El Espíritu del Señor, espíritu de sabiduría y de inteligencia, espíritu de consejo y de poder, espíritu de conocimiento y de temor del Señor* (Isaías 11:2, LBLA). ¿Cómo actúan en la tierra estos siete Espíritus de Dios? Mediante los mensajeros de Dios, sus fieles (tú y yo), y mediante sus ángeles. Apocalipsis 5:6 (AMP, énfasis añadido) declara:

Allí, entre el trono (con los cuatro seres vivientes) y los ancianos vi a un Cordero (Cristo) en pie [con cicatrices y heridas] como si hubiera sido sacrificado, con cuatro cuernos (poder completo) y siete ojos (conocimiento completo), que son los siete Espíritus de Dios que han sido enviados a toda la tierra.

En la actualidad, el Espíritu Santo en toda su plenitud está enviando a todo el mundo creyentes que están llenos de su Espíritu, que llevan su impacto y su influencia dondequiera que van. Cuando Jesús envió a sus discípulos, ¿les dijo: vayan y hagan discípulos a algunas partes de las naciones? ¡No! Jesús dijo: *Por tanto, id, y haced discípulos a todas las naciones,* llevando la Luz del mundo a todo el mundo (Mateo 28:19).

Dios está levantando en cada una de estas siete esferas de la sociedad creyentes que oran para moverse en el espíritu opuesto al de las potestades de oscuridad. Este ejército de Dios libera las siete expresiones identificables del Espíritu Santo para desterrar a las huestes demoniacas, levantar influyentes consagrados, y entronizar a Aquel que es digno.

DIEZ PUNTOS DE ACUERDO PARA LA BATALLA

Quienes buscan confrontar a las fortalezas oscuras del enemigo en medio del cielo tienen diferentes puntos de vista y enfoques. Algunos cuestionan si tenemos el derecho y la autoridad para dirigirnos directamente a principados, espíritus territoriales y similares, y si hay un modelo bíblico directo para hacerlo. Las epístolas apostólicas incluyen veinticuatro oraciones escritas que se dirigen al Padre en el nombre de Jesús para enviar el Espíritu, pero ninguna de ellas representa lo que se considera un ataque específico y confrontativo contra las potestades de oscuridad. No confundamos los asuntos del ministerio personal de liberación con la guerra espiritual a nivel estratégico.

La mayoría está de acuerdo en que debemos dirigirnos directamente a los espíritus malos en el ministerio personal de liberación de individuos. Donde están en desacuerdo es en cómo dirigirnos a principados y potestades.

Algunos creen que tenemos autoridad en el plano horizontal o esfera terrenal, pero no en el plano vertical o dimensión del segundo cielo. Este punto de vista fomenta que deberíamos pedir al Padre y dejar que Él se dirija a esas fortalezas en medio del cielo como Él decida. Sin embargo, si se manifiesta un principado en nuestra esfera terrenal, entonces podemos dirigirnos a él porque salió de los lugares celestiales para entrar en nuestra esfera de autoridad.

Otros afirman que Dios *nos hizo sentar en los lugares celestiales con Cristo Jesús* (Efesios 2:6), de modo que sí tenemos autoridad para los planos vertical y horizontal de la guerra espiritual. Esto plantea la pregunta: ¿Qué hizo que ese príncipe saliera de su dominio y entrara en el nuestro? Cuando intentamos comprender plenamente este razonamiento de modo lógico y espiritual, es fácil descubrir que conduce a tantas preguntas como respuestas, aunque la intención es sincera.

Yo creo que una buena pregunta para plantearnos es la siguiente: ¿Debemos tener siempre un modelo bíblico claramente establecido para ser guiados por el Espíritu en las tácticas de guerra espiritual? Si la directiva no está clara en la Escritura, ¿es, por lo tanto, ilegal? Creo que Dios tiene el derecho a presentar aplicaciones para un pueblo, momento y situación particular que no esté detalladas totalmente en la Escritura. Podemos confiar en que el Espíritu Santo nos guíe cuando decidimos seguir las pautas de su Palabra con las armas que Él nos ha dado.

Lucas 10:19 (NTV) dice claramente: *Les he dado autoridad sobre todos los poderes del enemigo.* Él dio a sus discípulos poder y autoridad sobre *todos* los poderes del enemigo. ¿Cuánto es todos? Todo el poder del enemigo debe incluir principados y espíritus de maldad en las regiones celestiales. Por lo tanto, el asunto es *cómo* se logra eso, y no *si* se logra.

Aunque la Iglesia puede estar en desacuerdo acerca de la aplicación de cómo se lleva a cabo la guerra contra espíritus territoriales cuando luchamos contra estos poderes de oscuridad, hay diez principios en los que creo que todos podemos estar de acuerdo:

1. Hay una batalla espiritual que continúa.

2. Dios quiere que sigamos intercediendo y pidiendo al Padre que el poder y los dones del Espíritu Santo sean liberados.

3. Debemos despojarnos a nosotros mismos de la autopromoción orgullosa porque todos podemos caer presa de la misma actitud que causó la caída de Lucifer.

4. Todo creyente en Cristo Jesús tiene autoridad para liberar a los cautivos del tormento demoniaco.

5. Debemos resistir las fortalezas mentales y llevarlas cautivas a la vida del reino de Cristo.

6. Todos tenemos la comisión de hacer las obras de Cristo de alimentar a los pobres, sanar enfermos, evangelizar a los perdidos, liberar a los cautivos y proclamar la Buena Noticia.

7. Nuestra meta es estar centrados en Cristo, no en el diablo, y ganar para el Cordero la recompensa de su sufrimiento.

8. Se nos delega poder y autoridad sobre el enemigo mediante el triunfo de la cruz de Cristo.

9. Esta batalla, en última instancia, no es nuestra, ¡sino del Señor!

10. Somos llamados a hacer cumplir el reino de lo que Cristo Jesús ya ha logrado en la cruz del Calvario, ¡porque "consumado es"!

CINCO CLAVES PARA EL AVANCE DEL REINO EN CADA ESFERA

Una verdad subyacente para la guerra espiritual estratégica contra espíritus territoriales es que debemos mantenernos bajo la autoridad divina para producir avance del reino en la tierra. Dios te ha dado una esfera de influencia y autoridad, y es importante conocer cuál es esa esfera.

¿Cuál es tu esfera de autoridad? ¿Qué autoridad tienes en tu familia, tu barrio, tu iglesia, tu ministerio o tu ciudad? Tu esfera puede aumentar con el tiempo, de modo que tu autoridad está siempre en cambio. Donde tienes la mayor autoridad es donde tendrás el mayor éxito en la guerra espiritual.

Las siguientes son cinco claves esenciales para el avance del reino en cada esfera de la vida, el ministerio y la sociedad:

1. *Permanencia.* Cultivamos una relación cercana e íntima con Dios. Buscamos al Señor y seguimos una relación con Él.

2. *Apropiación.* Recibimos autoridad divina. Dios te ha dado todo lo que necesitas para tu tarea en el reino.

3. *Acción.* Debemos salir en fe. Comienza a orar donde Dios te haya plantado y sé fiel en obedecer lo que escuches.

4. *Unción.* Nuestros esfuerzos son empoderados por el Espíritu Santo. El Ungido está contigo, y es su poder el que salva y no tus esfuerzos humanos.

5. *Avance.* Vemos que el reino del Señor gana terreno. Marca una diferencia en la esfera que Él te ha confiado.

Por favor, escúchame. No hay un don espiritual especial concreto en la Biblia llamado guerra espiritual. Todos podemos implementar estas claves fundamentales para triunfar en la guerra espiritual. Todo creyente es llamado a discernir, alabar, adorar e interceder en oración. Es la primogenitura de todo creyente, y Dios te invita a hacer tu parte.

PARA REFLEXIÓN Y ORACIÓN

+ De los tres niveles de guerra estratégica, ¿cuál crees que tiene el efecto más devastador sobre la Iglesia? ¿Y en tu vida personal?

+ De las cuatro maneras apropiadas y sabias para confrontar las potestades de maldad, ¿cuál sería la más eficaz para ti?

+ ¿Cuál es la diferencia entre los temas del ministerio de liberación y la guerra espiritual estratégica?

+ ¿Hasta qué grado estás participando al hacer uso de las cinco claves esenciales para el avance del reino?

Toma unos momentos ahora para conversar con Dios acerca de tu deseo de acercarte más a Él con una comunión cercana e íntima.

ORACIÓN PARA LA GUERRA ESPIRITUAL VICTORIOSA

Padre Dios, ¡eres extraordinario! Me has sentado en los lugares celestiales con tu Hijo Jesús, que está entronado majestuosamente por encima de todo principado, potestad y espíritu de maldad, incluso los que están en medio del cielo. No oro simplemente desde la tierra para confrontar a los poderes de oscuridad; más bien asciendo mediante la adoración y la alabanza, y entro en tu trono mismo.

Oro con el corazón de Jesús y declaro que tu objetivo en la tierra de recoger una gran cosecha de almas es también mi objetivo. Deseo ganar para el Cordero la recompensa de sus sufrimientos. Tú me llamas a identificar y mapear los obstáculos espirituales que se interponen en el camino de tus planes y propósitos, y eliminarlos en el gran nombre de Jesús.

Recibo al ejército de ángeles del cielo y la plenitud de los siete Espíritus de Dios para ser liberados en la esfera terrenal hoy. Amado Dios, libera tu poder de avance del reino en mí para influir en mi esfera de vida y ministerio en la sociedad junto con otros creyentes. Gracias por guiarme en la guerra espiritual victoriosa para tu gloria. Amén y amén.

SECCIÓN 12

HACER CUMPLIR LA VICTORIA DEL CALVARIO

Y ellos le han vencido [a Satanás] por medio de la sangre del Cordero y de la palabra del testimonio de ellos, y menospreciaron sus vidas hasta la muerte.   Apocalipsis 12:11

¡Qué privilegio tenemos de colaborar con el Espíritu Santo para hacer cumplir la victoria que Jesús ganó para nosotros en el Calvario! De esto habla esta última sección; sin embargo, resumamos en primer lugar lo que sucedió.

Dios creó los cielos y la tierra sin defecto. Dios también creó a Lucifer, un querubín ungido, y le asignó la tarea especial de la adoración en los cielos. Sin embargo, él se volvió orgulloso de su propia sabiduría y belleza y aspiró a una posición igual a Dios. Lucifer fomentó sistemáticamente la rebelión y sedujo a un tercio de los ángeles para que rompieran su lealtad a Dios, y atacó el trono de Dios. Debido a eso, Lucifer y los ángeles a su cargo fueron expulsados de los cielos: el lugar de morada de Dios.

Entonces, estos seres creados establecieron un reino rival. Jesús dijo que veía a Lucifer caer a la esfera terrenal como un rayo desde los cielos. La saga continuó cuando Génesis 3 relata la tentación de Adán y Eva (el primer hombre y la primera mujer) por Lucifer, la serpiente astuta, que condujo a su caída, el juicio de Dios, y su expulsión del huerto del Edén.

Comenzó la mayor guerra de todas, y la humanidad ha nacido desde entonces en medio de esa lucha. No hay terreno neutral o posición intermedia para nadie. Estamos a un lado de esta gran batalla cósmica, o en el otro. Como he dicho repetidamente a lo largo de este libro, nacemos *en* la guerra, y nacemos *para* la guerra. Ahora, pulsa el botón de pausa, ¡y repite en voz alta esta frase!: "¡Nací *en* la guerra, y nací *para* la guerra!".

Por lo tanto, ¿dónde estamos hoy? El objetivo de Satanás es robar, matar y destruir: mantener ciegos a la verdad a quienes todavía no conocen a Dios, y obstaculizar a los seguidores de Jesús para que no entren en los propósitos plenos de Dios en la tierra, de modo que Él sea glorificado y adorado. Satanás desea obtener todo el control posible de los sistemas del mundo y recibir adoración universal para sí mismo.

El Padre no desea que nadie perezca, sino que todos lleguen a conocer y amar a su Hijo Jesús, quien dijo cuando se iba de la tierra: *Toda potestad me es dada en el cielo y en la tierra. Por tanto, id, y haced discípulos...* (Mateo 28:18-19). Él ha concedido esta misma autoridad a sus hijos para que hagan guerra contra Satanás y sus fortalezas, luchando con ella utilizando potentes armas espirituales, haciendo cumplir la victoria del Calvario para que veamos la mayor cosecha de almas que la historia haya conocido antes del regreso de Jesús.

En los capítulos finales de este libro veremos con una mirada nueva dónde está arraigado nuestro triunfo: la obra terminada de la cruz. Concluimos esta guía moviéndonos con valentía en fe, aplastando la oscuridad bajo nuestros pies, para avanzar el reino de Dios para la gloria de Jesús.

29

LA OBRA DE LA CRUZ Y PRINCIPIOS DE LA BATALLA

¿Te has preguntado alguna vez qué pasaba por la mente de Satanás mientras Jesús caminaba por esta tierra? Había oído a Dios declarar que un Descendiente de Eva aplastaría su cabeza (ver Génesis 3:15), de modo que Satanás seguramente buscaba algún modo de evitar que el Mesías llegara a nacer. Cuando Jesús escapó del plan de Herodes de matar a todos los niños de la edad de Jesús, y más adelante derrotó con firmeza las tentaciones de Satanás en el desierto, Satanás siguió buscando momentos oportunos para hacerle caer (ver Lucas 4:13).

Uno de esos momentos llegó justamente antes de que Jesús fuera a la cruz, y la tentación llegó por medio de uno de los seguidores más apasionados de Jesús: Pedro. La base de Lucifer había sido establecida mediante orgullo, rebelión, desobediencia, engaño, oscuridad y destrucción. Ahora, se enfrentaba al Rey de la gloria que caminaba como Hombre, humilde en sumisión al Padre y obediente en cada punto, brillando con fuerza como la Luz del mundo.

Aunque Jesús echó fuera demonios a lo largo de su ministerio, liberando a individuos de Satanás y sus legiones, esa liberación fue solamente un anuncio del plan de Jesús de destruir la base misma del gobierno satánico. ¿Cuál sería la herramienta para destruir las obras del enemigo? La obra de la cruz.

Jesús habló de su muerte inminente a sus discípulos para prepararlos para lo que iba a llegar; sin embargo, Pedro específicamente no estaba preparado para ser la voz para Satanás. Leamos el relato en Mateo 16:21-23 (NVI):

Desde entonces comenzó Jesús a advertir a sus discípulos que tenía que ir a Jerusalén y sufrir muchas cosas a manos de los líderes religiosos, de los jefes de los sacerdotes y de los maestros de la Ley; también que era necesario que lo mataran y que al tercer día resucitara. Pedro lo llevó aparte y comenzó a reprenderlo:

—¡De ninguna manera, Señor! ¡Esto no te sucederá jamás!

Jesús se volvió y dijo a Pedro:

—¡Aléjate de mí, Satanás! Quieres hacerme tropezar; no piensas en las cosas de Dios, sino en las de los hombres.

Jesús se dirigía hacia la cruz y Satanás intentó interrumpir su misión. Solamente días antes de su muerte, Jesús explicó exactamente lo que iba a suceder: *Ahora es el juicio de este mundo; ahora el príncipe de este mundo será echado fuera. Y yo, si fuere levantado de la tierra, a todos atraeré a mí mismo.* ¡Jesús estaba preparando el puñetazo que derribaría al enemigo!

Jesús reveló a sus discípulos en la última cena: *No hablaré ya mucho con vosotros; porque viene el príncipe de este mundo, y él nada tiene en mí.* Me gusta mucho la frase "él nada tiene en mí". Satanás no tenía nada que pudiera enredar al Cordero de Dios que se entregó voluntariamente en manos de hombres pecadores inspirados por Satanás y sus demonios para provocar sufrimiento y burlas al santo Hijo de Dios. Lo que el príncipe de las tinieblas y sus huestes no pudieron discernir fue que, por cada gota de sangre que causaron que saliera de las venas del Salvador, incontables almas serían liberadas del dominio de esta criatura orgullosa y retorcida.

La obra de la cruz, este altar de sacrificio, destruyó las obras del diablo: pecado y enfermedad, sufrimiento y tormento, rechazo y vergüenza. El Hijo del Hombre tomó sobre sí mismo toda pobreza y abandono sobre ese madero. La simiente humana, previamente encadenada, ahora sería liberada para recibir por la fe todo lo que pertenecía al eterno Hijo de Dios.

Cuando Jesús clamó en la cruz del Calvario "Consumado es" y entregó su espíritu, hizo algo más que morir por los pecados del mundo. Declaró el fin del viejo régimen dirigido por Satanás. El velo del templo se rasgó en dos. Dios y el hombre pudieron volver a disfrutar una dulce comunión. Cuando Jesús resucitó de la muerte, la oscuridad perdió y la vida prevaleció.

Cuando se apareció a sus discípulos después de su resurrección, Jesús dijo: *Toda potestad me es dada en el cielo y en la tierra* (Mateo 28:18). Aquel que es digno recuperó la tierra y la arrebató al príncipe del sistema mundial. Entonces Jesús envió a sus seguidores al mundo como embajadores del cielo para proclamar y revelar su señorío. Jesús dijo: *Estas señales acompañarán a los que crean: en mi nombre expulsarán demonios* (Marcos 16:17, NVI).

Tú y yo tenemos este mandato para hacer cumplir la victoria de la cruz de Cristo Jesús hoy.

PRINCIPIOS DE LA BATALLA

Hay tres principios de la batalla sobre los que debemos estar firmes al salir en fe para destruir las obras del diablo, nuestro enemigo derrotado: lo que sucedió *a causa de* la cruz, *mediante* la cruz y *en* la cruz.

¡Esto es crítico!

A causa de la cruz, toda persona puede recibir perdón de pecados, estar en paz con el Padre, y entrar en una relación de comunión y favor con Dios. En aquellos que aceptan esta obra sustitutoria de Jesús, Satanás ha sido privado de su gran arma contra Dios y el hombre: el pecado, que da como resultado separación entre Dios y el hombre. Sin embargo, en la cruz *el Señor puso sobre él los pecados de todos nosotros* (Isaías 53:6, NTV). Dios ahora perdona a quienes se arrepienten y ponen su fe en Cristo, y castiga a Satanás y sus ángeles caídos por su acto de rebelión usurpador.

Mediante la cruz, Cristo logró tres cosas: derrotó a Satanás, arrebató la autoridad legal de Satanás para gobernar sobre el hombre, y restauró las bendiciones que Satanás robó a la humanidad.

En la cruz, Jesús restauró todo lo que Satanás había robado. Satanás es un ladrón, un engañador, y el padre de la mentira. Nunca ha jugado limpio, y nunca lo hará según las reglas a menos que nosotros, el Cuerpo de Cristo, hagamos cumplir la victoria del Calvario.

Ahora siguen dos consecuencias:

- Satanás se esforzará incesantemente por mantener a los seres humanos, y especialmente a la iglesia, en un estado de ignorancia, oscuridad, debilidad, discapacidad y división.

+ Podemos vencer a Satanás y sus rangos descendentes de oscuridad cuando creemos, proclamamos, practicamos y vivimos el triunfo de Cristo.

Es tarea nuestra exponer la oscuridad del enemigo prendiendo la luz de la obra completada de la cruz de Cristo y haciendo cumplir la victoria que Jesucristo ya ha ganado históricamente.

Usando las palabras del apóstol Pablo, demos gracias a Dios, *que nos da la victoria por medio de nuestro Señor Jesucristo y nos lleva siempre en triunfo en Cristo Jesús, y por medio de nosotros manifiesta en todo lugar el olor de su conocimiento* (1 Corintios 15:57; 2 Corintios 2:14). Esta es la herencia de todo aquel que sigue a Jesús.

Esto me hace recordar un antiguo himno: "En la cruz, en la cruz, donde primero vi la luz, y la mancha de mi alma yo lavé, fue allí por fe donde vi a Jesús, y siempre feliz con Él seré".[1] ¡Amén y amén!

PARA REFLEXIÓN Y ORACIÓN

+ ¿Qué libertad has experimentado últimamente como resultado directo del sacrificio de Jesús en la cruz?

+ ¿Cuál es una manera en que puedes prender la luz de la obra terminada de la cruz?

Toma unos momentos ahora para dar gracias a Jesús por la obra de la cruz y todo lo que ha provisto a causa de la cruz, mediante la cruz y en la cruz.

30

BARRERAS PARA EL AVANCE DEL REINO

Amedida que avanzamos para hacer cumplir la victoria de Cristo en la cruz, encontraremos barreras que obstaculizarán el avance del reino de Dios. Hay cuatro barreras clave que creo que el Espíritu Santo desea ayudarnos a superar: problemas relacionales con Dios, el diablo, el cuerpo de Cristo, y con nuestra teología. Veamos cada una de ellas.

1. PROBLEMAS RELACIONALES CON DIOS

A pesar de años de asistencia a la iglesia y lectura regular de la Biblia, algunos creyentes siguen caminando en ignorancia de los tres aspectos clave de la Deidad: el amor del Padre, el triunfo del Hijo y el poder del Espíritu.

Dios el Padre te ama y está de tu lado (ver Juan 3:16-17; Romanos 8:29-31; Santiago 1:17). Jesús te rescató, te perdonó y te llevó a su reino (ver Colosenses 1:13-14). Y el Espíritu Santo desea demostrar la victoria de Cristo por medio de ti (ver Hechos 1:8; Efesios 1:17-20). Lo que acabo de decir es suficiente para explorar y meditar durante toda una vida.

No conocer a Dios, su verdadera naturaleza y atributos, nos obstaculiza para que su reino avance. Por eso el apóstol Pablo alentó a la Iglesia a estar siempre *creciendo en el conocimiento de Dios* (Colosenses 1:10). No permitas que la ignorancia se interponga en el camino para que hagas tu parte en el reino. Porque *esta es la vida eterna: que te conozcan a ti, el único Dios verdadero, y a Jesucristo, a quien has enviado* (Juan 17:3, énfasis añadido).

2. PROBLEMAS RELACIONALES CON EL DIABLO

No debemos ignorar las maquinaciones del diablo. La palabra *maquinaciones* trae a la mente a un arquitecto con planos o esquemas. Cuando estaba creciendo, el Dr. Bill Bright, fundador de Cruzada Estudiantil para Cristo, creaba pequeños tratados. El más famoso de todos comenzaba con una afirmación clave: "¡Dios tiene un plan maravilloso para tu vida!". Pues bien, Dios no solo tiene un plan para tu vida, sino que el diablo también tiene un plan establecido para ti, y se nos advierte que no seamos ignorantes al respecto.

Necesitamos ser conscientes de las tácticas astutas y las tentaciones relacionales que utiliza de manera cíclica el engañador. Yo veo tres problemas a este respecto que pueden convertirse en barreras para el avance del reino: negamos la obra del diablo, tenemos terreno común con el diablo, y tememos al diablo más de lo que deberíamos.

En primer lugar, una cosmovisión occidental, liberal y modernista niega la realidad espiritual de que hay un diablo que *como león rugiente, anda alrededor buscando a quien devorar* (1 Pedro 5:8). Nosotros los cristianos intentamos encajar y tenemos temor a confrontar a los espíritus que están detrás de la maldad en nuestro mundo y llamarlos por su nombre.

En segundo lugar, tenemos "terreno común" con el enemigo que debe ser destruido. Jugueteamos (y algunas veces participamos plenamente) en pecados y esperamos tener victoria sobre el enemigo. Alguien no puede echar fuera un demonio de lujuria cuando entretiene pornografía en su vida privada. Jesús caminó en la autoridad y el poder que mostró porque no tenía nada en común con el príncipe de este mundo (ver Juan 14:30). Debemos romper cualquier vínculo relacional que tengamos con el diablo para así poder avanzar el reino de Dios atravesando las puertas del infierno.

En último lugar, cuando participamos en la guerra espiritual podemos ser tentados a retraernos por temor al ataque del diablo. ¿Quién quiere resultar herido en la guerra? ¡Nadie! Sin embargo, podemos atribuir más capacidad al diablo para atacarnos y engañarnos que la capacidad que tiene Dios para protegernos. Sí, debemos caminar sabiamente en la batalla, pero podemos caminar con valentía en el poder del Espíritu Santo para avanzar el reino de Dios.

3. PROBLEMAS RELACIONALES DENTRO DEL CUERPO DE CRISTO

Existen también problemas relacionales dentro del cuerpo de Cristo que crean barreras para el avance del reino. Destacaré tres de ellos: no valorar la unidad, la oración, y la historia de la iglesia.

En primer lugar, los líderes espirituales experimentados, a quienes se hace referencia a menudo como ancianos, no están sentados en la puerta de sus ciudades juntos en unidad. En cambio, compiten unos contra otros, reflejando los poderes de la oscuridad, los cuales no valoran la unidad. Por fortuna, hemos visto muchas congregaciones, ministerios, iglesias y líderes del mercado que se juntan en nombre de sus ciudades, pero todavía tenemos mucho espacio para crecer.

En segundo lugar, vigilantes y guardianes a menudo no caminan juntos en unidad, lo cual da como resultado una atmósfera de desplazamiento, que resta valor al auténtico papel de los líderes de lugares de oración y adoración. Sin embargo, debemos humillarnos a nosotros mismos y llegar a un lugar en el que caminemos en una cultura de honor, considerando como propio el éxito de los demás.

En tercer lugar, el cuerpo de Cristo está permitiendo que persistan pecados de amargura y de injusticias históricas. En años pasados, la Iglesia ha ganado terreno en esta área mediante el arrepentimiento identificativo (consulta mis libros *Intercession: The Power and Passion to Shape History* [Intercesión: El poder y la pasión de moldear la historia] y *Strike the Mark* [Dar en el blanco] para tener más información). Con cada nueva generación llega la oportunidad para que se produzcan nuevas ofensas y amargura, lo cual permite una base legal para que gobiernen las huestes demoniacas. Valoremos la historia de la iglesia y aprendamos del pasado, para así no repetir los mismos patrones malsanos que minan la fortaleza de la iglesia.

4. DEFICIENCIAS TEOLÓGICAS QUE FOMENTAN LA DEBILIDAD

Hay tres deficiencias teológicas que pueden ser una importante barrera para el avance del reino: cesacionismo, escapismo, y un desbalance en la creencia acerca de la soberanía de Dios.

En primer lugar, creo que el cesacionismo es el engaño del diablo y un arma muy eficaz en su arsenal. El cesacionismo es una falsa doctrina que afirma que los dones del Espíritu Santo dejaron de actuar con el cierre del canon de la Escritura. Esta creencia produce un cristianismo carente de poder. El Espíritu Santo me susurró lo siguiente hace años atrás cuando yo era joven en mi ministerio pastoral: *Tu cosmovisión de los últimos tiempos determinará tu estilo de vida*. Me preguntaba qué podría significar eso. Ahora me gustaría haberlo comprendido cuando tenía esa edad. Esa afirmación significa mucho para mí en la actualidad. Hacer cumplir la victoria del Calvario requiere los dones y el poder del Espíritu Santo. No permitas que esta perspectiva errante sea una barrera para el avance del reino en tu vida.

En segundo lugar, las teorías de escapismo distorsionan la misión suprema de la Iglesia. La meta de los cristianos no es salir de aquí cuando el camino se ponga complicado. Nuestra meta es traer aquí todo lo que podamos de Dios mientras vivamos. Jesús no enseñó a los discípulos a orar: "Señor, sácanos de aquí", sino que enseñó a sus discípulos a orar: *Venga tu reino. Hágase tu voluntad, como en el cielo, así también en la tierra* (Mateo 6:10). La palabra que me habló el Espíritu Santo nos recuerda: *Tu cosmovisión de los últimos tiempos determinará tu estilo de vida*. Debemos gobernar en medio de nuestros enemigos, liberando la autoridad del reino.

En tercer lugar, ha habido un desbalance con respecto a lo que creemos acerca de la soberanía de Dios. Sí, fuimos *predestinados conforme al propósito del que hace todas las cosas según el designio de su voluntad* (Efesios 1:11). Sin embargo, también se nos ha llamado a ser "colaboradores en el servicio de Dios" y "coherederos con Cristo" para hacer cumplir la victoria del Calvario (1 Corintios 3:9; Romanos 8:17, NVI). ¿Cómo hacemos eso? Usamos nuestras armas espirituales, que hemos examinado ampliamente y seguiremos examinando en el capítulo siguiente.

Estos cuatro problemas acerca de Dios, el diablo, el cuerpo de Cristo y nuestras deficiencias teológicas solamente pueden ser barreras si permitimos que nos obstaculicen en el avance del reino de Dios. Debemos considerarlos, en cambio, obstáculos por superar ¡mientras corremos la carrera que tenemos por delante por medio de nuestro victorioso Rey Jesús!

PARA REFLEXIÓN Y ORACIÓN

+ ¿De cuál de los siguientes puntos necesitas tener una mayor revelación a fin de pelear con más eficacia mientras avanzas el reino de Dios: el amor del Padre, el triunfo del Hijo o el poder del Espíritu?

+ ¿Cuándo te has retraído de una batalla espiritual porque tuviste miedo al ataque del enemigo?

+ ¿Cuál es tu papel en el cuerpo de Cristo para ayudarnos a valorar la unidad, la oración y la historia de la iglesia, y no repetir los mismos patrones malsanos que minan la fortaleza de la iglesia?

+ ¿Cómo han causado división los problemas teológicos que mencionamos antes entre los creyentes, dejándonos carentes de poder?

Toma unos momentos ahora para conversar con Dios acerca de barreras que ves y que se interponen en el camino del avance del reino en tu propia vida. Entonces, pide al Espíritu Santo que te empodere de nuevo para su gloria y su servicio.

31

HACER CUMPLIR LA VICTORIA CON SABIDURÍA Y CON ARMAS

En capítulos anteriores detallé varias armas espirituales que Dios nos ha dado para utilizar y así hacer cumplir el triunfo de Cristo. Hemos examinado la armadura de Dios, las alabanzas de Dios, los ángeles enviados por Dios para ayudarnos, y el poder de la sangre en la cruz de Cristo y al recibir la Cena del Señor.

Hay otras doce armas más que quisiera compartir contigo. Algunas puede que sean muy diferentes a lo que esperas, pero podrás ver que cualquier cosa que nos da el Espíritu Santo puede ser un arma divina contra las potestades de la oscuridad. Ofreceré un ejemplo.

Durante un tiempo reciente de recuperación tras una cirugía, llegaron varias personas para ayudar. También estuve realizando algunos trabajos en mi casa. Mi postura hacia esos visitantes ha sido demostrar amor y bondad siempre que puedo. ¿Son el amor y la bondad armas espirituales? ¡Sí que lo son! El fruto del Espíritu desplaza obras de la oscuridad como odio y temor.

Cuando llegó el técnico de la calefacción y el aire acondicionado, en lugar de que llegara y se fuera lo más rápido posible, supe que estaba muy quebrado porque su familia ha estado atrapada en dificultades de inmigración. Hice lo que pude para ayudarlo y darle esperanza. Otro trabajador en mi casa observó todos mis libros y me preguntó: "¿Podría tener algún tipo de Biblia que no tenga ese lenguaje antiguo?". Fue una gran alegría para mí regalarle la Palabra de Dios en una traducción actual.

Todos podemos hacer esa clase de cosas. ¿Expulsé yo un demonio o batallé contra un espíritu territorial? No, pero ¿sabes qué? Fui ejemplo del carácter de Cristo y lo presenté a Él a quienes todavía no lo conocen. El apóstol Pablo escribió: *Mas a Dios gracias, el cual nos lleva siempre en triunfo en Cristo Jesús, y por medio de nosotros manifiesta en todo lugar el olor de su conocimiento* (2 Corintios 2:14). Triunfamos en Cristo cuando liberamos el olor de Cristo dondequiera que vamos. Esto es guerra espiritual eficaz.

MÁS ARMAS PODEROSAS

A continuación, tenemos más armas espirituales poderosas que Dios nos da para hacer cumplir la victoria de Cristo. ¿Qué armas te sorprenden? ¿Y cuáles de ellas puedes verte utilizando en el futuro?

1. El poder de la predicación (1 Corintios 1:21; 2:4).

2. Los dones del Espíritu: palabra de sabiduría, palabra de conocimiento, fe, sanidad, poder para hacer milagros, profecía, discernimiento de espíritus, lenguas, interpretación de lenguas (1 Corintios 12:8-10).

3. Aclamaciones de gracia (Zacarías 4:6-7).

4. La presencia de Dios (Josué 5:13-15).

5. Unidad (Salmos 133).

6. El poder de la confesión de pecados históricos (Nehemías 1:6-7; Juan 20:23).

7. Perdón y arrepentimiento (2 Crónicas 7:14; Mateo 6:12-15).

8. Actuar en el espíritu contrario (Miqueas 6:8).

9. Sacrificio (Salmos 50:23).

10. Vigilar y esperar (Isaías 40:31; Mateo 26:41).

11. Autoridad de Dios (2 Reyes 18:3-5; 23:4-5).

12. Amar las cosas que Dios ama y honrar las cosas que Dios honra (Génesis 12:3; Mateo 5:3-12; Lucas 14:13-14).

SANAR HERIDAS MEDIANTE LA ORACIÓN DE PROCESO

¿Qué es la oración de proceso? Es una forma de oración que no es una oración de una sola vez que lo arregla todo. Es un esfuerzo intercesor en unidad que implica una buena cantidad de proceso. Necesitamos estudiar y honrar los esfuerzos de quienes han trabajado anteriormente en estas áreas concertadas. La oración de proceso es una ruta que incluye los esfuerzos de quienes han ido antes que nosotros, quienes están trabajando en diferentes áreas, y observar que otros podrían ser parte del proceso en el futuro.

La oración de proceso incluye también un diálogo mutuo y recibir discernimiento del Espíritu Santo en el momento: recibiendo, interpretando, y después aplicando la revelación actual del Espíritu Santo en nuestra oración de proceso. La sanidad de heridas históricas requiere especialmente la oración de proceso.

A lo largo de los años he participado en reuniones para lidiar sistemáticamente con fortalezas, pecados generacionales, y otros problemas que hay que resolver mediante la guerra espiritual colectiva. Por lo general, es obvio qué pecados históricos y traumas han soportado pueblos y regiones y siguen sufriendo en la actualidad.

Tuve el honor de ser un delegado para una de esas reuniones con respecto a los pecados históricos contra el pueblo cherokee, First Nations, y las injusticias que permanecen para estos grupos. Representantes de todos los partidos estaban allí: descendientes de las tribus y los colonos. También he participado en múltiples viajes de intercesión, orando con perspectiva en el lugar por otros problemas concretos de injusticias en diversas tierras y naciones. Sin embargo, normalmente he sido invitado por líderes en esas ciudades y naciones, y no he ido por mi propia iniciativa. ¡No hay lugar para los actos en solitario en estos ámbitos!

Estas reuniones son generalmente más personales, y el tono puede ser un poco más serio y enfocado. Aunque esta clase de sanidad de heridas tiene lugar capa por capa, la auténtica guerra espiritual lidia en definitiva con la raíz de los problemas, desmantela fortalezas y lleva sanidad y libertad al pueblo de la tierra y a la tierra misma.

El siguiente es un modelo posible que puede ser aplicable cuando consideres dar el paso para hacer cumplir la victoria del Calvario en una situación como la siguiente:

1. Crea un "consejo de guerra" con quienes sean experimentados y estén comprometidos personalmente, con líderes como pastores, apóstoles, vigilantes con discernimiento, y otros ministros que estén dispuestos a dedicar su tiempo para caminar juntos relacionalmente y comprender las metas de una reunión. Esta reunión toma tiempo porque todos los involucrados deben tener una voz que pueda oírse. La cultura de humildad y honor es imperativa.

2. Designa a un líder que comprenda el propósito supremo de esta reunión: arrepentimiento, perdón, unidad y reconciliación. Esta persona puede ser un intercesor a nivel estratégico o alguien que comprenda la realidad de lidiar con espíritus territoriales.

3. Permite que el Espíritu Santo destaque a un facilitador que tenga discernimiento especial. Puede ser el líder que mencioné antes, o podría ser una persona diferente equipada con la gracia para asegurar que la asamblea comprenda todo lo que está sucediendo. Este líder puede ser o no parte de las oraciones embajadoras o actos de arrepentimiento.

4. Dirige una reunión de oración en asamblea solemne. Con frecuencia, son reuniones privadas con un proceso guiado ya acordado para el arrepentimiento y el perdón.

5. Arrepiéntanse y perdonen. Todo pecado es transgresión contra Dios, de modo que pídanle perdón primeramente a Dios. Entonces, debe haber arrepentimiento ante los descendientes de esos pecados por actos cometidos contra sus antecesores y actos contra ellos, si es aplicable. Líderes locales que actúan como guardianes de ese lugar deberían representar a quienes pecaron y a quienes sufrieron el pecado. Todos los miembros necesitan participar sinceramente. Por lo general, existen pecados como prejuicio por ambas partes. Dale espacio al Espíritu Santo para moverse y para que el proceso avance hasta su terminación.

El proceso podría ser lento, podría ser profundo, y podría tomar tiempo. Es importante arrepentirnos de cismas destructivos, divisiones y competiciones que causan desunión. Esto es la oración de proceso en su núcleo. No fuerces el proceso; estás participando en la sanidad de generaciones. No hay manera ni palabras en que pueda describir las lágrimas, el trabajo, la alegría y la liberación que se producen al remitir pecados. El proceso elimina el enojo del oprimido mediante el perdón y libera la vergüenza de los opresores, lo cual abrió la puerta del infierno, en cierto sentido, en un territorio.

La sanidad completa probablemente no se producirá en una sola reunión concertada. Incluso se podría tocar un techo; sin embargo, cree siempre que toda oración cuenta y todo sacrificio importa. ¡Simplemente no abandones!

SABIDURÍA EN LA GUERRA ESPIRITUAL

El proceso del perdón está conectado con el proceso de la guerra espiritual. El apóstol Pablo escribió: *A quien ustedes perdonen, yo también lo perdono. De hecho, si había algo que perdonar, lo he perdonado por consideración a ustedes en presencia de Cristo, para que Satanás no se aproveche de nosotros, pues no ignoramos sus artimañas* (2 Corintios 2:10-11, NVI). Una de las artimañas de Satanás es mantenernos atados mediante la falta de perdón. También tiene otros planes que Dios nos llama a discernir, entre los que se incluyen: acusación, distracción, intimidación, engaño, desesperación, herejías, división, manipulación y control, confusión y otras cosas similares.

¿Cómo podemos emprender la acción? Para toda guerra espiritual recomiendo los cinco principios siguientes que te conducirán con sabiduría a aplicar la victoria de Cristo:

1. Ser consciente de sus artimañas (2 Corintios 2:11; 2 Reyes 6:8-23).

2. Tener seguridad en tu autoridad (Lucas 10:19; 1 Juan 4:4; 1 Corintios 10:13).

3. Estar preparado para defenderte utilizando toda la armadura de Dios (Efesios 6:10-11).

4. Salir a la ofensiva, no solo a la defensiva (Mateo 11:12, 16; 18:20; Lucas 14:14-22).

5. Hablar más a Dios que al enemigo. No permitas que el enemigo sea tu enfoque; Dios lo es (Mateo 14:22-36).

He afirmado esto muchas veces, y volveré a decirlo otra vez: naciste en la guerra, y naciste para la guerra. Si tienes la sensación de que has perdido ante el enemigo más veces de las que has ganado, es el momento de que eso cambie. Jesús ya ha triunfado, y nos ha sentado con Él en los lugares celestiales.

Él nos ha posicionado a su lado para tener una perspectiva que nos permite hacer cumplir la victoria del Calvario con sabiduría utilizando sus armas poderosas y delegadas para la guerra espiritual. ¡Amén y amén!

PARA REFLEXIÓN Y ORACIÓN

+ ¿Cuál de las armas en este capítulo te sorprendió más, y cuáles quieres utilizar inmediatamente?

+ ¿De qué manera el fruto del Espíritu es un arma espiritual para la guerra?

+ En tu propia guerra espiritual, ¿a quién te encuentras hablando con más frecuencia? ¿A Dios o al enemigo? ¿Qué cambios quieres hacer de ahora en adelante?

Toma unos momentos ahora para pedir sabiduría a Dios a medida que confrontas al enemigo en la guerra espiritual.

32

EL RESULTADO FINAL

Cuando estás en medio de una pelea, a veces es difícil ver por qué estás peleando. ¡Solamente quieres sobrevivir! En esos momentos, puedes mirar a Jesús, *el cual por el gozo puesto delante de él sufrió la cruz* (Hebreos 12:2). ¿Captaste eso? Mientras Jesús estaba en la cruz, estaba pensando en el resultado final de su sacrificio.

Isaías 59:15-19 (NTV) habla proféticamente de Jesús el Mesías, su misión, y el resumen de todas las cosas:

Sí, la verdad ha desaparecido y se ataca a todo el que abandona la maldad. El Señor miró y le desagradó descubrir que no había justicia. Estaba asombrado al ver que nadie intervenía para ayudar a los oprimidos. Así que se interpuso él mismo para salvarlos con su brazo fuerte, sostenido por su propia justicia. Se puso la justicia como coraza y se colocó en la cabeza el casco de salvación. Se vistió con una túnica de venganza y se envolvió en un manto de pasión divina. Él pagará a sus enemigos por sus malas obras, y su furia caerá sobre sus adversarios; les dará su merecido hasta los confines de la tierra. En el occidente, la gente respetará el nombre del Señor; en el oriente, lo glorificará. Pues él vendrá como una tempestuosa marea, impulsado por el aliento del Señor.

¡Qué pasaje de la Escritura tan poderoso! Este puede ser nuestro patrón para el modo en que participamos en la guerra espiritual: el Espíritu Santo abre nuestros ojos para ver dónde no hay justicia y nos llama a intervenir; nos ponemos nuestra armadura espiritual y liberamos proclamaciones de fe para reprender y ordenar al enemigo que detenga sus planes malvados, actos y actividades; no podemos hacer nada de esto en nuestro propio poder y nuestros esfuerzos, de modo que nos vestimos del poder del Espíritu Santo.

¿Cuál es el resultado? La maldad es derrotada, ¡y el temor del Señor y su gloria cubren la tierra! ¡Amén y amén!

Si estás en medio de una batalla en estos momentos, sintiéndote cansado y desalentado, o si estás al lado de alguien que lucha para obtener una victoria, tengo una palabra para ti: no quites tu mano del arado, permanece enfocado, y no abandones. Leamos las palabras de Pablo en Efesios 3:8-13:

> *A mí, que soy menos que el más pequeño de todos los santos, me fue dada esta gracia de anunciar entre los gentiles el evangelio de las inescrutables riquezas de Cristo, y de aclarar a todos cuál sea la dispensación del misterio escondido desde los siglos en Dios, que creó todas las cosas; para que la multiforme sabiduría de Dios sea ahora dada a conocer por medio de la iglesia a los principados y potestades en los lugares celestiales, conforme al propósito eterno que hizo en Cristo Jesús nuestro Señor, en quien tenemos seguridad y acceso con confianza por medio de la fe en él; por lo cual pido que no desmayéis a causa de mis tribulaciones por vosotros, las cuales son vuestra gloria.*

Pablo nos anima a "no desmayar" acerca de lo que quizá estemos viendo que atraviesa otra persona. Tal vez has estado orando por esa situación y trabajando en ello año tras año en tu país, estado, región y comunidad. También yo he perseguido la victoria sobre algunas cosas durante muchos años. En ocasiones me pregunto por qué sigo intentándolo. ¡Y entonces veo victoria en un área! Y tengo una indicación del Espíritu Santo que confirma que hice bien en ser fiel. ¡Tú también!

Dios tiene un plan y un propósito para tu vida, que incluye estar vestido para la victoria en toda batalla espiritual.

EL TRIUNFO FINAL

Al acercarnos al final de la era, sabemos que la actividad demoniaca seguirá aumentando. El libro de Apocalipsis, que capta la visión que tuvo Juan del futuro, describe la actividad demoniaca que él vio, y lo que yo creo que podemos esperar:

+ Los demonios disfrazados de ídolos son adorados (Apocalipsis 9:20).

+ Las religiones paganas son manifestaciones de Satanás (Apocalipsis 2:13).

+ Falsas enseñanzas son inspiradas por Satanás (Apocalipsis 2:24).

+ El diablo motiva la persecución y el martirio de los cristianos (Apocalipsis 2:10).

+ Satanás es el gobernador entre bambalinas para el anticristo (Apocalipsis 13:1-14; 19:19).

+ Los demonios son liberados para atormentar a los hombres (Apocalipsis 9:1-11).

+ Los demonios están detrás de la guerra (Apocalipsis 16:13-14).

+ Demonios llenan el sistema religioso y político llamado Babilonia (Apocalipsis 18:2), un tipo de sistema mundial organizado e independiente de Dios con Satanás a la cabeza.

Para quienes no tienen la esperanza de Cristo, este es un anuncio triste. *Mas el pueblo que conoce a su Dios se esforzará y actuará* (Daniel 11:32). ¡Este es *nuestro* futuro! ¡Este es *tu* futuro!

Aunque he hablado brevemente de las palabras del apóstol Juan en Apocalipsis 12:11 anteriormente en este libro, quiero regresar a la revelación que muestra lo que causó que Satanás, los ángeles caídos y los demonios fueran vencidos: *Y ellos le han vencido por medio de la sangre del Cordero y de la palabra del testimonio de ellos, y menospreciaron sus vidas hasta la muerte.* Nuestro triunfo final tiene tres partes importantes, que este versículo afirma con toda claridad. Veamos cada una de ellas para aprender cómo venceremos y triunfaremos.

1. LA SANGRE DEL CORDERO

Jesucristo derramó su preciosa y perfecta sangre por nuestros pecados en su muerte expiatoria en el Calvario. Su sangre habla cosas mejores que la sangre inocente de Abel (Hebreos 12:24). La sangre de Jesús clama misericordia por nosotros, no juicio. Es por su sangre como hemos sido redimidos de Satanás (ver Efesios 1:7; Salmos 106:10).

Por su sangre han sido perdonados nuestros pecados, eliminando así la base de acusación de Satanás (ver Efesios 1:7; Colosenses 2:13-15). La sangre de Jesús nos ha justificado (ver Romanos 5:9). Su sangre nos santifica y nos aparta para Dios (ver Hebreos 13:12). Y por la sangre de Jesús el cielo ha sido abierto, el trono mismo del Padre, para que entremos y tengamos comunión con Él (ver Hebreos 9:22-24; 10:19-22).

2. LA PALABRA DE NUESTRO TESTIMONIO

Dios quiere que compartas tu testimonio, y hacerlo te ayudará a vencer. ¿Cuál es tu testimonio? Jesús es tu testimonio: Aquel que ha destruido las obras del diablo y te ha sacado de la oscuridad, ¡llevándote a su luz maravillosa!

Seamos claros en que todos somos llamados a declarar, confesar o testificar de lo que la sangre de Jesús ya ha logrado por nosotros en la cruz. ¿Recuerdas? Por la sangre de Jesús soy perdonado, limpiado, santificado, justificado, redimido de la oscuridad, tengo paz y acceso al trono de Dios, ¡de modo que el acusador de los hermanos es derribado!

¿Qué ha hecho Jesús en tu vida? Testifica. ¿Cómo testificas? Testificas siendo un testigo de lo que has visto hacer a Dios en tu propia vida. ¿Te sanó Dios? Testifica. ¿Te ha salvado? Comparte con otros la Buena Noticia. ¿Te ha liberado? Encuentra a otra persona que esté atada y declara a esa persona el gran poder de Jesús para que así también él o ella pueda ser libre.

Cuando te recuerdas a ti mismo lo que Dios ha hecho y compartes tu testimonio como testigo de la fidelidad de Dios, el Espíritu Santo te empodera para vencer incluso en los días más oscuros. Sin embargo, debería advertirte que la palabra para *testigo* en griego es *martus*, de la cual obtenemos la palabra *mártir*. Ser un testigo implica ser alguien que testifica de Cristo incluso si eso le cuesta la muerte. Veamos la tercera parte de Apocalipsis 12:11.

3. MENOSPRECIAR NUESTRAS VIDAS HASTA LA MUERTE

Muy vinculado a las dos primeras partes de Apocalipsis 12:11 descubrimos que un requisito previo muy necesario para ser un soldado espiritual es la disposición a morir. Cuando Jesús habló de la venida del Espíritu Santo, dijo:

Pero recibirán poder cuando el Espíritu Santo descienda sobre ustedes; y serán mis testigos, y le hablarán a la gente acerca de mí en todas partes (Hechos 1:8, NTV).

El poder para vivir vidas como testigos-mártires capacitó a la iglesia primitiva para expandirse rápidamente y destronar las fortalezas demoniacas (ver Hechos 8:1-8). Consideremos algunos ejemplos de mártires que decidieron menospreciar sus vidas hasta la muerte. Juan el Bautista fue uno de esos testigos (ver Marcos 6:14.29). También lo fue Esteban, según Hechos 7:54-60. Apocalipsis 2:13 habla de Antipas, a quien Jesús llamó "mi testigo [mártir] fiel". Los apóstoles fueron tales testigos (ver Juan 21:18-23; 1 Timoteo 4:5-8, 14-18).

La clave para ser un testigo fiel, incluso hasta la muerte, es seguir el ejemplo de Pablo, quien dijo: "cada día muero" (1 Corintios 15:31). Según Hechos 20:24, Pablo dijo: *Pero de ninguna cosa hago caso, ni estimo preciosa mi vida para mí mismo, con tal que acabe mi carrera con gozo, y el ministerio que recibí del Señor Jesús, para dar testimonio del evangelio de la gracia de Dios.* Podemos ver los tres elementos de Apocalipsis 12:11 en este versículo: el sacrificio de Jesús, testificar de la gracia de Dios y el sacrificio del yo.

Es la sangre de los santos y la sangre de los mártires de Jesús lo que precipitó la destrucción de Babilonia (ver Apocalipsis 17:6). Podemos ver por este versículo que la sangre del Cordero que habla en los cielos también fluye mediante su cuerpo en la tierra. Cuando un mártir es muerto, es la sangre de Jesús la que fluye de manera fresca. Los juicios de Dios se desatan contra los demonios siempre que causan que un santo muera. Las armas de Dios son discípulos totalmente entregados al Espíritu Santo, sin ningún otro plan que el de hacer la voluntad de Jesús.

TERMINAR BIEN

Yo tengo la meta de terminar bien. Mi meta es ser un hombre de integridad y una persona de oración. Mi meta es oír a Dios y enseñar a otros a oír a Dios por sí mismos. Mi meta es ayudar a levantar un ejército de Dios que a su vez sabrá que sus vidas importan y que son llamados a ser personas que hacen cumplir el reino de Dios. ¡Eso eres tú!

Tú eres la razón de que escribiera este libro, porque eres llamado a testificar de lo que el Señor Jesús ha hecho y hacer cumplir la victoria que Él ha ganado.

Mientras nuestras historias se siguen desarrollando, ya tienen un final asegurado por Cristo para aquellos que deciden seguirlo y perseveran hasta el fin. Satanás ya ha sido juzgado (ver Juan 16:11). La iglesia, la Novia del Rey, será parte del ejército triunfante que regresará con el Cordero-León de Dios y derrotará al enemigo una vez para siempre (ver Apocalipsis 19-21). Su fin es el lago de fuego, junto con todas sus legiones (ver Apocalipsis 20:10, 14.15; Mateo 25:40-41).

Entonces Jesús *enjugará toda lágrima de los ojos. Ya no habrá muerte ni llanto, tampoco lamento ni dolor* (Apocalipsis 21:4, NVI). *Y no habrá más maldición*, dice Apocalipsis 22:3. La guerra espiritual tal como la conocemos hoy cesará, y *así estaremos siempre con el Señor* (1 Tesalonicenses 4:17). Pero, hasta ese día, trabajamos con las huestes celestiales para hacer cumplir la victoria de Cristo con las muchas armas que Él nos da.

¿Cuál es la clave suprema para ser eficaces en la guerra espiritual? Es mirar a Jesús, ¡el autor y consumador de nuestra fe! *Y esta es la victoria que ha vencido al mundo, nuestra fe* (1 Juan 5:4).

Haz esta declaración final conmigo tomada de Apocalipsis 5:5: *El León de la tribu de Judá, la raíz de David, ha vencido*. Y, por causa de Jesús, nosotros triunfamos con Él. ¡Amén y amén!

PARA REFLEXIÓN Y ORACIÓN

+ ¿Qué clase de actividad demoniaca estás viendo en la tierra hoy día? ¿Cómo proporciona Apocalipsis 12:11 nuestra respuesta a esta maldad?

+ El Espíritu Santo te da el poder para vivir una vida como mártir-testigo para destronar fortalezas demoniacas (Hechos 8:1-8). ¿Cómo ves ese tipo de estilo de vida?

+ ¿Qué significa para ti terminar bien?

ORACIÓN PARA LA GUERRA ESPIRITUAL VICTORIOSA

Magnífico Padre celestial, quiero que tu fama y tu gloria se difundan por toda la tierra. Estoy de acuerdo en que solamente un nombre debería ser levantado sobre todo nombre: el nombre de Jesús. Estoy de acuerdo en que toda lengua confesará solamente un nombre: el nombre de Jesús. Jesús lo ha cambiado todo.

Gracias, Jesús, porque tomaste sobre ti mismo mi pecado para que yo pudiera ser hecho justo. Gracias, Jesús, por convertirte en maldición para que yo pudiera recibir la abundancia de las bendiciones de mi Padre.

A causa de la sangre derramada en el Calvario, soy un receptor de tu gran gracia. Jesús, cuando tú declaraste "consumado es" desde la cruz, tu obra fue completada. Ahora, como creyente del Nuevo Testamento, soy llamado a hacer cumplir tu victoria. Tomo mi lugar en tu ejército con la sangre del Cordero, la palabra de mi testimonio, y pongo mi vida por ti diariamente para que puedas vivir por medio de mí. Para esta gran tarea, recibo la gracia del Señor Jesucristo, el amor de Dios el Padre, y la comunión del Espíritu Santo, quien está conmigo hasta el fin. Amén y amén.

NOTAS

CAPÍTULO 1: LA GRAN BATALLA ENTRE DOS REINOS

1. C.S. Lewis, *Cartas del diablo a su sobrino* (Madrid: Ediciones Rialp, 2024). Extracto usado con permiso.

CAPÍTULO 4: EL ABC DE LOS ÁNGELES

1. Martin Luther, *The Table-Talk of Martin Luther*, trans. y ed. William Hazlitt, Esq. (Londres: Bell & Daldy, 1872), p. 245.
2. Juan Calvino, *Institución de la Religión Cristiana Vol. I*, trad. John Allen (Philadelphia: Presbyterian Board of Christian Education, 1936), pp. 183-184.
3. "Angels", Catholic Online, consultado en línea 2 de septiembre de 2022, https://www.catholic.org/saints/angels
4. Geoffrey Dennis, *The Encyclopedia of Jewish Myth, Magic and Mysticism* (Woodbury: Llewellyn Publications, 2007), p. 13.
5. Billy Graham, *Ángeles: Agentes secretos de Dios* (Garden City: Doubleday & Company, Inc., 1975), p. 18.
6. Mi libro *Angelic Encounters* te dará un espectro más amplio sobre este tema. Sin embargo, según materiales no apócrifos, el canon de la Escritura, solamente encontramos a Lucifer, Gabriel y Miguel.

CAPÍTULO 6: LA TRAMPA DEL ORGULLO Y LA INSEGURIDAD

1. Pueden encontrarse discusiones más profundas todavía en mis libros *Deliverance from Darkness* y *El discernidor*.

CAPÍTULO 9: LA JERARQUÍA DEL DOMINIO DE SATANÁS

1. Te animo a que leas mi libro y kit de materiales sobre *El discernidor*, que examinan con mayor profundidad este tema tan revelador.
2. Ed Silvoso, *That None Should Perish: How to Reach Entire Cities for Christ Through Prayer Evangelism* (Ventura: Regal Books, 1995), p. 154.
3. Consulta *Strike the Mark* y *Prayers that Strike the Mark*, el libro y el kit de materiales en los que examino metódicamente la base legal de los derechos de las potestades del aire para gobernar.
4. Silvoso, *That None Should Perish*, p. 154.

SECCIÓN 5: EL TRIUNFO DE CRISTO: LA DERROTA DEL DIABLO

1. Stephen S. Smalley, *1, 2, 3 John*, Word Biblical Commentary 51 (Waco: Word, 1984), 170.

CAPÍTULO 10: CÓMO DESTRUYÓ JESÚS LAS OBRAS DEL DIABLO

1. Ver mi libro *Deliverance from Darkness* que profundiza extensamente en este tema.
2. John Piper, *The Pleasures of God: Meditations on God's Delight in Being God* (Colorado Springs: Multnomah Books, 2000), p. 165.

SECCIÓN 6: TUS ARMAS DE GUERRA

1. "He Lives" es uno de los himnos favoritos de Semana Santa, escrito por Alfred H. Ackley (1887–1960) la noche de Semana Santa en 1932. "He Lives", Rev. A. H. Ackley, *Triumphant Service Songs* (Chicago: Rodeheaver-Hall Mack, 1934), p. 286.

CAPÍTULO 13: CÓMO PODEMOS SER FUERTES: UNA MIRADA NUEVA A EFESIOS 6:10-14

1. Clinton E. Arnold, *Powers of Darkness: Principalities and Powers in Paul's Letters* (Downers Grove: InterVarsity Press, 1992), pp. 27–28.
2. Clinton E. Arnold, *Power and Magic: The Concept of Power in Ephesians* (Grand Rapids: Baker Books, 1997), p. 117.

CAPÍTULO 15: EL PODER QUE ESTÁ DETRÁS DE LA ARMADURA

1. Silvoso, *That None Should Perish*, p. 154.
2. Sugiero la lectura de mi libro *El arte perdido de practicar su presencia* y los materiales correspondientes, donde hablo del transmisor y el receptor y cómo encenderlo y apagarlo.
3. William Cowper, "What Various Hindrances We Meet", 1779, de dominio público.

CAPÍTULO 16: VERDAD Y JUSTICIA

1. George Mallone, *Arming for Spiritual Warfare: How Christians Need to Recognize and Fight the Enemy within the Church* (Eagle Guildford, Surrey: Eagle, 1991), p. 28.
2. *Ibid.*, p. 29.
3. Derek Prince, "The Breastplate of Righteousness", transcripción, Derek Prince Ministries, consultado en línea 18 de septiembre de 2023, https://www.derekprince.com/radio/677
4. *Ibid.*

CAPÍTULO 18: INSPIRACIÓN DE JOSUÉ Y JONÁS

1. Tal vez quieras leer más sobre este tema en mi libro *Tormenta de oración*.

CAPÍTULO 24: LA IMPORTANCIA DE LA CENA DEL SEÑOR

1. Jonathan Black, *The Lord's Supper: Our Promised Place of Intimacy and Transformation with Jesus* (Mineápolis: Chosen Books, 2023), pp. 30-31.
2. Lewis E. Jones, *Power in the Blood*, 1899, de dominio público.

CAPÍTULO 25: CÓMO VENCEMOS POR LA SANGRE

1. Derek Prince, "By This I Overcome the Devil", Derek Prince Ministries, consultado en línea 19 de septiembre de 2023, https://www.derekprince.com/cards/c-pc03-100
2. Charles Spurgeon, "Pleading", The Spurgeon Center for Biblical Preaching at Midwestern Seminary, 28 de octubre de 1871, https://www.spurgeon.org/resource-library/sermons/pleading/#flipbook/.

CAPÍTULO 26: LA TERRITORIALIDAD DE LAS HUESTES DEMONIACAS

1. Puedes leer más sobre encuentros como este en mi libro *Encuentros angelicales* y el material correspondiente.

CAPÍTULO 27: MAPEO ESPIRITUAL

1. George Otis, Jr., *The Last of the Giants: Lifting the Veil on Islam and the End Times* (Tarrytown: Chosen Books, 1991), p. 85.
2. Harold Caballeros, "Defeating the Enemy with the Help of Spiritual Mapping", *Breaking Spiritual Strongholds in Your City*, ed. C. Peter Wagner, (Tunbridge Wells: Monarch, 1993), p. 125.
3. C. Peter Wagner, "Summary: Mapping Your Community", *Breaking Spiritual Strongholds in Your City*, ed. C. Peter Wagner, (Tunbridge Wells: Monarch, 1993), p. 224.
4. Cindy Jacobs, "Dealing with Strongholds", *Breaking Spiritual Strongholds in Your City*, ed. C. Peter Wagner, (Tunbridge Wells: Monarch, 1993), pp. 80-81.
5. Kjell Sjöberg, "Spiritual Mapping for Prophetic Prayer Actions", *Breaking Spiritual Strongholds in Your City*, ed. C. Peter Wagner, (Tunbridge Wells: Monarch, 1993), p. 99.
6. Kjell Sjöberg, *Winning the Prayer War* (Chinchester: Sovereign World, 1991), p. 60.

CAPÍTULO 28: CÓMO CONFRONTAR SABIAMENTE A LAS POTESTADES DE OSCURIDAD

1. C. Peter Wagner, *Spiritual Warfare Strategy: Confronting Spiritual Powers* (Shippensburg: Destiny Image Publishers, 2011), p. 98.

CAPÍTULO 29: LA OBRA DE LA CRUZ Y PRINCIPIOS DE LA BATALLA

1. R. Kelso Carter, "En la cruz", 1896, de dominio público.

ACERCA DEL AUTOR

James W. Goll es el fundador de *God Encounters Ministries* y *Global Prayer Storm*. Es autor de éxitos de ventas internacionales, consejero de líderes y ministerios, y artista discográfico. James ha viajado por todo el mundo ministrando en más de cincuenta naciones compartiendo el amor de Jesús: impartiendo el poder de la intercesión, el ministerio profético y la vida en el Espíritu. Ha grabado numerosas clases con conjuntos curriculares correspondientes, y es el autor de más de cincuenta libros, entre los que se incluyen *The Lifestyle of a Prophet, The mistery of Israel and the Middle East, El arte perdido de la intercesión, El vidente* y *El discernidor.*

James estuvo casado con Michal Ann por treinta y dos años antes de que ella se graduara para entrar al cielo en el otoño de 2008. Tiene cuatro hijos adultos casados, y un número creciente de nietos. Su meta es "ganar para el Cordero las recompensas de su sufrimiento". James tiene su hogar en Franklin, Tennessee.

PARA MÁS INFORMACIÓN

James W. Goll
God Encounters Ministries
P.O. Box 681965
Franklin, TN 37068
Teléfono: 1-877-200-1604
Oficina: 615-599-5552

Sitios web:

GodEncounters.com
GlobalPrayerStorm.com
MentoringWithJames.com

Correo electrónicos

info@GodEncounters.com
linktr.ee/GodEncounters

Redes sociales:

Facebook.com: @JamesGollPage y
@GodEncountersMinistries
Instagram: @JamesGoll y @GodEncounters
YouTube: @JamesGollOfficial
Apple Podcasts: *God Encounters Today Podcast*
Rumble.com/c/SeekingInsight
Vimeo.com/JamesGoll
GEM Media
XPMedia.com/channel/encounter293
KingdomFlame.com/tag/james-goll

www.ingramcontent.com/pod-product-compliance
Lightning Source LLC
Chambersburg PA
CBHW051416090426
42737CB00014B/2691